中国社会科学院创新工程学术出版资助项目

英属北美殖民地
烟草种植园经济研究

张红菊◎著

中国社会科学出版社

图书在版编目（CIP）数据

英属北美殖民地烟草种植园经济研究／张红菊著．—北京：
中国社会科学出版社，2017.3
ISBN 978 - 7 - 5161 - 9926 - 8

Ⅰ.①英… Ⅱ.①张… Ⅲ.①烟草 - 北美殖民地经济 -
种植园经济 - 研究 Ⅳ.①F371.061

中国版本图书馆 CIP 数据核字（2017）第 042129 号

出 版 人	赵剑英
责任编辑	李庆红
责任校对	王佳玉
责任印制	王 超

出 版	中国社会科学出版社
社 址	北京鼓楼西大街甲 158 号
邮 编	100720
网 址	http：//www.csspw.cn
发 行 部	010 - 84083685
门 市 部	010 - 84029450
经 销	新华书店及其他书店

印 刷	北京明恒达印务有限公司
装 订	廊坊市广阳区广增装订厂
版 次	2017 年 3 月第 1 版
印 次	2017 年 3 月第 1 次印刷

开 本	710×1000 1/16
印 张	17.5
插 页	2
字 数	247 千字
定 价	66.00 元

凡购买中国社会科学出版社图书，如有质量问题请与本社营销中心联系调换
电话：010 - 84083683

目　录

引　言

在美国历史长河中，种植园经济是一个十分重要的主题。南部的种植园是美国历史发展和文明成长中的一个重要因素，在美国历史上具有极为重要的地位和作用。对于南部而言意义更为重大，它是美国近代南部社会和文明中最重要的和最典型的元素，强烈地影响到南部社会的每一个方面：政治的、经济的、社会的、文化的、司法的和宗教的。美国的种植园从17世纪英国在北美殖民之初开始出现，在19世纪上半期兴起的"棉花王国"中达到极盛，南北战争以后随着黑人奴隶制的瓦解发生变异而走向衰落，直到20世纪30年代罗斯福新政以后在新的条件下又获得新的发展。本书将追溯和探讨美国南部种植园经济的起源和早期发展，即在英属殖民地时期，这种对后来影响巨大的经济形式是怎样在北美南部落地生根和发展壮大的。种植园不但是英属北美殖民地经济的一个最为重要的组成部分，同时也是美利坚文明形成的一个重要条件和组成部分。英属北美大陆殖民地南部的经济是以农业为基础，而种植园是农业的基本生产单位和组织形式，早期种植园的发展奠定了以后南部的道路和特色。

一　本书的研究对象

本书的研究对象是英属北美殖民地的种植园经济，地域范围集中在盛行种植园经济的英属北美殖民地的南部，主要包括弗吉尼亚、马里兰、北卡罗来纳、南卡罗来纳和佐治亚五个殖民地，将以烟草种植园为主要典型进行研究，但又不局限于烟草种植园经济，还将涵盖水稻、蓝靛等其他类型的种植园，时间范围主要在 17 世纪和 18 世纪。18 世纪 70 年代后期，随着美国革命的爆发以及革命对奴隶制的冲击，烟草种植园经济逐渐走向衰落，"棉花王国"起而代之。

虽然英属北美南部各个殖民地开拓的时间、背景各不相同，各个殖民地也是各自为政、独立发展的，但是由于它们都不约而同地发展了种植园经济，具备共同的特性，因此可以把它们视为一个整体进行研究。种植园经济在北美大陆有一个逐渐扩散的过程。17 世纪初，在英国开辟北美大陆第一个永久性殖民地——弗吉尼亚之后不久，种植园就产生了，首先出现的是烟草种植园。烟草不仅挽救了英国这块处于风雨飘摇之中、前途未卜的殖民地，而且不断成长和扩散，成为弗吉尼亚的经济命脉。17 世纪 30 年代随着马里兰殖民地的开拓，烟草种植园又向马里兰发展，同样成为马里兰的经济支柱。17 世纪烟草种植园主要在南部潮水带发展。17 世纪晚期开始越过潮水带，向高地扩张。同时在南部的卡罗来纳殖民地，出现了水稻种植园并在下南部迅速发展。18 世纪 40 年代作为水稻种植园的补充，又出现了蓝靛种植园。随着殖民地时期的结束，南部种植园经济的发展和扩张告一段落。大体来说，可以把殖民地时期的南部分为上南部和下南部，上南部主要包括弗吉尼亚和马里兰两个殖民地，以烟草种植园为主，由于以大西洋岸的切萨皮克海湾为中心，又称切萨皮克殖民地或切萨皮克地区（Chesapeake）；下南部则以南卡罗来纳为典型，主要种植水稻和蓝靛。无论上南部的烟草，还是下南部的水稻和蓝靛，都采用了种植园的生产和组织形式，属于以出口为导向的大宗商品作物生产。

种植园是本书的一个核心概念，南部各个殖民地的经济正是因为具备了这个共同要素才被视为一个整体研究的。但是，什么是种植园呢？关于这个问题，却没有明确一致的答案。无数研究者根据自己的理解赋予了种植园各种各样的定义。据 B. 希格曼考证说，关于种植园的定义有 21 种之多。但关于"种植园"的基本含义是明确的。据考证，英文中的"plantation"一词，本是来源于拉丁语的"plantare"和"plantatio"两词，"plantare"的含义是"种植"
（to plant），而"plantatio"是指人们的"种植活动"（the act of
planting）。① 这表明了"种植园"这个概念最原始和最基本的含义，
即是种植的一块园地。但是这并不能说明近代的种植园所具有的特
定含义。究竟什么才是种植园呢？它与农场和庄园等常见的农业生
产中的概念有什么区别呢？既然称为种植园而不是农场或庄园，必
然有其特定的意义所在。美国官方在建国以后关于"种植园"所确
定的标准是：主人必须拥有 20 名以上的奴隶和 100 英亩以上的土
地，这个标准为以后历次人口普查所采用。但这个标准显然不适合
殖民地时期。美国著名的南部史学家刘易斯·格雷对"种植园"这
个概念有一段概述，他说"种植园是在统一指挥和控制下，利用尽
可能多的非自由劳动力，进行大宗商品作物生产的资本主义农业组
织形式"②。这个定义或许对世界近代资本主义的种植园经济具有普
遍适用的意义，但是考察种植园在北美大陆最初出现的情形，似乎
也不太适合。北美大陆的种植园最早是怎样出现的呢？北美大陆的
种植园最早产生于英国殖民之初的弗吉尼亚，由于以种植烟草为主，
目的在于出售，与通常种植小麦或其他谷物的"农场"（farm）和
"农场主"（farmer）相比，当时的殖民者把自己称为"种植园主"
（planter），把他们开辟的土地称作"种植园"（plantation）。③ 因此，
种植园最初出现之际，只是一个种植如烟草一样的作物的农业单位
而已，是为了与一般的以自给自足为目的、实行多样生产的传统农
场相区分而言的。除此以外，最初出现的"种植园"还有另外一层
意义。它还有定居、开拓、拓殖的意思，正如拉尔夫·布朗在其所
著《美国历史地理》一书中写的那样："最好记住'种植园'一词
所指的，原是从林地中清除开垦出来的一块耕地。""在清除林地的

① 何顺果：《美国"棉花王国"史》，中国社会科学出版社 1995 年版，第 37 页。

② 同上书，第 52—53 页。

③ Mary Kupiec Cayton, etc., edited, *Encyclopedia of American Social History*, New York: Simon & Schuster Macmillan, 1993. Reproduced in History Resource Center. Farmington Hills, MI: Gale Group. http://galenet.galegroup.com/servlet/HistRC/.

过程中，荒野上那些小小人群和孤立营地，逐渐变成了种植园最明显的形式。"① 由此可见，种植园在最初产生之际，并没有多少特殊的含义，主要是指在开拓的一块土地上相对集中地生产市场所需要的大宗商品作物，如烟草、水稻、蓝靛等，它并没有特定的劳动制度。采用以奴隶制为代表的强制劳动是种植园在以后的发展中出现的一个显著特征。但也不是所有的种植园都采用强制劳动。只是采用强制劳动的种植园经济效益大，在经济发展中的贡献也格外突出，并且会产生广泛的影响，因此具有无比的重要性，成为研究的关键。关于种植园的各种限定如强制劳动制度等是后来学者根据以后种植园发展中出现的一些主要特征总结出来的，主要是 18 世纪和 19 世纪的种植园所具备的。种植园的原初意义并没有那么多。本书要研究的是早期的种植园，因此遵从种植园在北美大陆这块土地上最初产生时的基本含义。

种植园虽然是在近代资本主义时期而著名的，但它的历史却很悠久，美国南部种植园的祖先最早可以追溯到古代印度的甘蔗种植，以大面积的商业地产耕作为典型，一支大的劳动力队伍在集中控制下被分成成群的村落。阿拉伯商人在公元 7 世纪把印度的这种经营形式介绍到东地中海，尤其在黎凡特，到 11 世纪、12 世纪又被入侵者带到西地中海。西班牙和葡萄牙殖民者在 15 世纪初把非洲黑人奴隶输入到伊比利亚半岛、加那利群岛、马德拉群岛和佛得角岛屿的种植园中，在接下来的世纪里又输入到加勒比、中美洲和南美洲的巨大的甘蔗帝国里。17 世纪 40 年代英国在巴巴多斯建立了使用大量黑人奴隶劳动的甘蔗种植园。到 1680 年数百名英国人把巴巴多斯的可耕土地都开拓为甘蔗种植园，平均每 200 英亩甘蔗地使用 100 个奴隶，在不生产甘蔗的季节，他们种植粮食作物。英属北美大陆殖民地的种植园则首先开始于弗吉尼亚和马里兰的烟草种植。

烟草不仅是南部殖民地的主要种植物和产品，也是英属北美大陆

① ［美］拉尔夫·布朗：《美国历史地理》（上册），秦士勉译，商务印书馆 1990 年版，第 170 页。

13 个殖民地的主要产品之一，是北美殖民地的大宗出口作物。烟草种植园经济不仅是北美南部种植园经济的开端，而且还是整个殖民地时期南部种植园经济的主导。前面已经提到，南部殖民地的种植园经济可以分为上南部的烟草种植园和下南部的水稻和蓝靛种植园，但是以烟草种植园为主。烟草不仅是上南部的主要出产物，从整个南部殖民地而言，烟草种植园在整个种植园经济中都居主要地位。不仅如此，从整个英属北美 13 个大陆殖民地而言，烟草也一直是主要的出产品之一，烟草的出口值在北美 13 个殖民地各类出产品中一直位居第一。在商业资本主义时期，商业和贸易在各国眼中具有极其重要的地位，出口和贸易更是西欧各国建立殖民地的初衷，殖民地出产什么、产品如何可以说是殖民地的基本价值所在。由此可见，烟草对于英国、对于北美 13 个大陆殖民地，尤其是南部殖民地的重要意义。可以说，从经济意义上而言，南部殖民地是北美 13 个大陆殖民地的重心，种植园经济是南部殖民地的主要经济形式，而烟草种植园经济又是南部种植园经济最重要的组成部分。烟草种植园经济对弗吉尼亚和马里兰所在的切萨皮克地区更是影响重大，要了解切萨皮克社会和经济的发展，就必须了解烟草种植业和种植园农业的发展和扩张。烟草从 17 世纪 20 年代早期开始广泛种植时，就决定了这一地区的移民、人口增长、殖民模式、劳动制度、手工业、制造业、大西洋商业、殖民地内部市场的发展、居民的生活水平以及政府政策等诸多方面的特征和发展速度。殖民者把烟叶作为钱币使用，用来缴税、信贷、借债、评估货物的价值。总之，烟草的重要性可以从当时人们所说的一句话中窥见一斑："除烟草外，我们在海内海外没有其他产业。烟草是我们的酒、肉、衣服和钱币。"① 切萨皮克社会的发展随烟草生产的兴衰而变化。因此，本书的研究将以烟草种植园为主，兼及水稻和蓝靛种植园。烟草种植园经济是本书的主要研究对象。

---

① James Horn, *Adapting to a New World*, *English Society in the Seventeenth – Century Chesapeake*, The University of North Carolina Press, 1994, p. 142.

二 研究现状

在中文资料中尚未见到对本选题的专门研究。国内只见到一篇论文与本选题较为关联，即胡新军所写《殖民时期的烟草业与切萨皮克社会经济的发展》，该文约有两万字，主要从整体上探讨了 17 世纪、18 世纪促使烟草业发展的不同动力和烟草业对当地社会经济、人口、文化等的影响。该文叙述了切萨皮克烟草业的发展分期，认为在殖民地时期切萨皮克的烟草业经历了三个阶段，即 17 世纪初至 80 年代的繁荣时期、17 世纪 80 年代至 18 世纪初期长达 30 年的停滞时期和 18 世纪初期至独立战争前的又一发展时期。该文认为，烟草业在 17 世纪之所以能够迅速发展，主要是依靠有利的国际市场时机、烟草的高价格和丰厚的利润吸引了大量廉价的白人契约奴为劳动力、大量肥沃廉价土地的存在以及劳动生产率的不断提高、运费不断降低等有利条件发展起来的，上述有利条件的消失是 17 世纪 80 年代萧条出现的主要原因。在烟草业发展动力中，17 世纪殖民地内部各种因素的动力作用比外部的市场力量更为重要，认为切萨皮克的烟草业靠自己的发展为自己开辟道路。而到了 18 世纪，烟草业的发展动力发生了变化，18 世纪烟草业的发展在很大程度上来自外力，18 世纪欧洲烟草市场其中主要是法国市场的兴盛，为烟草业的发展提供了又一次发展机会，英格兰与苏格兰商人的大量信贷则支持了这一发展。而 18 世纪后期烟草业的严重负债状况导致了整个社会对英国的不满和对立，是美国革命的前提。该文分析了烟草业对切萨皮克社会经济、人口、移民等的影响，认为烟草经济最直接的影响是移民、人口的发展和由此带来的劳动力制度的变化，移民和殖民地人口的增长随烟草业的兴衰而波动，在烟草业繁荣时期，移民增加，萧条时期移民减少。影响更为深远的是烟草业带来了劳动力制度的变化，即黑人奴隶制的确立和发展，"烟草业在北美大陆上造就出了奴隶制"。烟草财富使当地白人社会形成金字塔状的社会结构。① 该文首次使我们对在美国殖民地时期占据重要地位的烟草业的基本发展状况有所认识，重点探讨了烟草业发展的动力问题，是一篇很有价值的论文，但尚显单薄，作者未涉及烟草业的基本生产单位和赖以依存的重要历史特征——种植园，未深入内部进行剖析。

　　何顺果的《关于美洲奴隶种植园经济的性质问题——释马克思的"接种论"》一文站在马克思主义的立场，通过认真考察和分析马克思在《剩余价值理论》中对美洲奴隶种植园经济所做的论述，从理论上辩证地对美洲奴隶种植园经济的性质做了阐释。美洲奴隶种植园经济的性质问题是一个重大的理论问题。以往的史学家往往直接把美洲奴隶种植园经济与古代的奴隶制联系起来，以为其性质应该由奴隶制来决定。马克思指出，虽然美洲的奴隶种植园采用的是奴隶制的劳动制度，但是其"生产方式不是从奴隶制产生的，而是接种在奴隶制上面的"。这就彻底解决了美洲奴隶种植园所采用的生产方式的历史起源问题：不是起源于奴隶制，因此其性质不应由奴隶制来决定。马克思把它放到近代世界市场这一环境中考察，认为由于美洲奴隶制种植园"从一开始就是为了做买卖"，即"为了世界市场而生产"，是一种剩余价值的生产，因此其性质是资本主义的。但这种剩余价值的生产主要是通过强迫劳动实现的，劳动对资本的从属只是"形式上的"，因此是绝对剩余价值的生产。但是，真正的资本主义即成熟的资本主义生产，必须建立在自由雇佣劳动的基础上，而奴隶制种植园"排除了自由雇佣劳动，即排除了资本主义生产的基础本身"，因此还不是一种成熟的资本主义生产形态，只是一种过渡形态的、不成熟的资本主义生产形式。任何新生事物的产生都有一个过程，资本主义生产方式的产生也不例外。该文最后明确做出结论，指出美洲的奴隶种植园经济是资本主义性质的生产，特别是内战前美国南部的奴隶种植园经济，乃是利用奴隶劳动从事剩余价值主要是绝对剩余价值生产的、尚

---

　　① 胡新军：《殖民时期的烟草业与切萨皮克社会经济的发展》，载齐文颖主编《美国史探研》，中国社会科学出版社2001年版，第137—164页。

处于过渡形态的不成熟的资本主义生产形式，它是当时以英国和西欧为中心的世界资本主义体系的组成部分，从属于这个中心并服务于这个中心。[①] 该文对本书的研究具有重要的理论指导价值。

除以上两篇文章外，其余所见都是对种植园经济发展中的个别相关的问题有所涉及，主要集中在对黑人奴隶制的探讨上，有几篇文章，如懋炎《美国独立前的奴隶来源和奴隶制度》（《历史教学问题》1958 年 12 月）；许良国《美国独立战争中的黑人问题》（《中央民族学院学报》1979 年第 4 期）；刘祚昌《美国奴隶制度的起源》（《史学月刊》1981 年第 4、第 5 期）；何顺果《关于早期美国黑人的地位及其演变》（《北大史学》1993 年第 1 期）；赵耀军《北美独立战争与黑人奴隶制度》（《河北学刊》1994 年第 3 期）；梁茂信《美国革命时期黑奴制合法地位的确立》（《历史研究》1997 年第 6 期）；高春常《英国历史传统与北美奴隶制的起源》（《历史研究》2001 年第 2 期），等等。此外，还有译文《美国种植园奴隶制的产生》（科萨列夫著，赵德育等译，《世界历史译丛》1980 年第 1 期），等等。著作方面，在世界史、美国史的一些著作中一般只粗略地提到该问题，一带而过，谈不上深入探讨。因此，总体而言，国内对美国殖民地时期的南部烟草种植园经济尚无深入的、有分量的专门研究。

如果说我国对美国殖民地时期种植园经济的研究是寥若晨星的话，那么以美国学者为主的国外学者对该问题的研究则已是繁星满天。作为英国在北美新大陆开辟的第一块永久殖民地，切萨皮克很早就引起了美国学者的注意，并对之进行研究。美国学者对切萨皮克殖民地的研究大体可以划分为以下几个时期：

1. 19 世纪 80 年代至第一次世界大战前夕

19 世纪下半期，随着美国史学研究专业化、科学化的发展趋势，第一代专业历史学家，包括一些尚是业余的学者，开始对切萨皮克殖民地进行研究，并出现了第一次繁荣。1879 年约翰·T. 沙夫出版了

---

① 何顺果：《关于美洲奴隶种植园经济的性质问题——释马克思的“接种论”》，《世界历史》1996 年第 1 期。

3 卷本《马里兰史：从早期至今》（John T. Scharf，*History of Maryland from the Earliest Period to the Present Day*，Baltimore，1879）。考古学家爱德华·达菲尔德·尼尔（Edward Duffield Neill）在 1867—1878 年出版了一系列著作，引用了很多未公开出版的原始资料，写出了《老弗吉尼亚：詹姆斯一世统治时期》（*Virginia Vetusta*，*during the Reign of James the First*，Albany，N. Y. 1885）和《查尔斯时期的弗吉尼亚：查尔斯一世和查尔斯二世统治下的殖民地，公元 1625—1685 年》（*Virginia Carolorum*：*the Colony under the Rule of Charles the First and the Second*，*A. D. 1625 – A. D. 1685*，Albany，N. Y. 1886）。约翰霍普金斯历史与政治学研究系列出版了关于切萨皮克的研究成果，比如杰弗里·布拉肯特的《马里兰的黑人：对奴隶制度的研究》（Jeffrey Brackett，*The Negro in Maryland*：*A Study of the Institution of Slavery*，约翰霍普金斯大学《历史与政治学研究》第 6 卷，Baltimore，1889）。

1896 年菲利普·布鲁斯出版了《17 世纪弗吉尼亚经济史：以原始与当时记录为基础探查人们的物质条件》一书，开启了研究非政治制度的历史（Philip Bruce，*Economic History of Virginia in the Seventeenth Century*：*An Inquiry into the Material Condition of the People*，*Based upon Original and Contemporaneous Records*，2 Vols.，New York，1896）。1910 年菲利普·布鲁斯完成了他的两卷本著作《17 世纪弗吉尼亚制度史》（*The Institutional History of Virginia in the Seventeenth Century*，New York，1910）。菲利普·布鲁斯被认为是早期最有影响的切萨皮克历史学家，研究深入，体现了这个时代历史研究所能达到的宽度。此外，苏珊·金斯伯利主编了《伦敦弗吉尼亚公司档案》（Susan M. Kingsbury，*Records of the Virginia Company of London*，4 Vols.，Washington D. C. 1906 – 1935）；詹姆斯·柯蒂斯·巴拉著《弗吉尼亚奴隶制度史》（James Curtis Ballagh，*A History of Slavery in Virginia*，Baltimore，1902）；约翰·拉塞尔著《弗吉尼亚的自由黑人》（John Russell，*The Free Negro in Virginia*，Baltimore，1913）。

另一位很有影响的历史学家托马斯·沃腾贝克在 20 世纪初期出版了三本著作：《弗吉尼亚的贵族与平民》（书名或为《老领地社会

阶层的起源与发展》，1910 年），《斯图亚特王朝统治下的弗吉尼亚：1607—1688》（1914 年），《弗吉尼亚殖民地的种植园主》（1922 年）（Thomas J. Wertenbaker，*Patrician and Plebeian in Virginia*，or，*The Origin and Development of the Social Classes of the Old Dominion*，Charlottesville，Va.，1910；*Virginia under the Stuarts*，1607 – 1688，Princeton，N. J.，1914；*The Planters of Colonial Virginia*，Princeton，N. J.，1922）。这三本著作影响很大，1958 年冠以《弗吉尼亚殖民地的形成》重新出版发行（*The Shaping of Colonial Virginia*，New York，1958）。沃腾贝克在关注传统的政治历史、弗吉尼亚的代表制政府和政治自由的同时，也关注 17 世纪弗吉尼亚社会的方方面面，比如社会经济、税收财产、土地规模等，他得出结论说弗吉尼亚的第一个世纪必然是由小土地所有者组成的以自耕农为主的社会，但是这种政治秩序随着使用奴隶劳动的大种植园主的增加而被破坏，独立小农在"黑人大潮"中被挤压。相对于当时的历史学家主要集中在政治、法律制度，沃腾贝克是通向未来的桥梁，应该被视为关于切萨皮克研究的第二代历史学家。

　　总体来说，早期切萨皮克学者留下了数量可观的著述，尤其在资料编辑方面做了很多工作。但他们的研究主要集中在法律、政治制度方面，没有把切萨皮克作为一个单独的社会和经济体来看待，只看到两个不同的殖民地：弗吉尼亚和马里兰，马里兰是业主殖民地，而弗吉尼亚很快从公司殖民地转变成英王直属殖民地。极少人同时写两个殖民地，即使写了两个殖民地，也没有将其看作一个地区。

　　2. 从第一次世界大战时期到第二次世界大战前夕

　　这一时期关于切萨皮克的历史研究总体不如"一战"前多，但也在前一时期研究的基础上，进一步拓宽了研究范围，并对一些问题进行了更细致深入的探讨。这一时期的研究范围继续扩大，例如前面提到的杰出学者沃腾贝克继续拓展研究，在 1922 年出版了《弗吉尼亚殖民地的种植园主》（*The Planters of Colonial Virginia*，Princeton，N. J.，1922）一书，将研究转向经济和社会层面；1940 年路易斯·赖特出版了《弗吉尼亚的第一代绅士：殖民早期统治阶层的知识分子素质》（Louis B. Wright, *The First Gentleman of Virginia*：*Intellectual Qualities of the Early Colonial Ruling Class*, San Marino, Calif. , 1940），这是研究弗吉尼亚殖民地文化史的早期尝试，认为 17 世纪中期以后弗吉尼亚就出现了一个知识分子精英阶层。在细致深入的专题研究方面，例如 1926 年艾弗里·克雷文著《弗吉尼亚和马里兰农业史中的土壤耗竭因素，1606—1860》，专门对弗吉尼亚和马里兰农业发展中的土壤耗竭这一问题做了细致探讨（Avery Craven, *Soil Exhaustion as a Factor in the Agricultural History of Virginia and Maryland*, *1606 – 1860*. University of Illinois Studies in the Social Sciences, XⅡ I , No. 1 , Urbana, Ⅲ. , 1926）。弗特瑞斯·威考夫（Vertress J. Wyckoff）的几篇文章则对马里兰农业做了比较深入的探讨，分别是：《马里兰殖民地的烟草法》（*Tobacco Regulation in Colonial Maryland*, John Hopkins Studies, ex. Vols. , N. S. , No. 22, Baltimore, 1936），《17 世纪马里兰殖民地的种植园面积》、《17 世纪马里兰的物价》（"The Sizes of Plantation in Seventeenth – Century Maryland", "Seventeenth – Century Maryland Prices", *Agricultural History*, Vol. 12, 1938, pp. 229 – 310），《17 世纪马里兰的船只与运输》（"Ships and Shipping of Seventeenth Century Maryland", Md. Hist. Mag. , Vol. 33, 1938, pp. 334 – 341, Vol. 34, 1939, pp. 46 – 63, pp. 270 – 283, pp. 349 – 361）。威考夫还和斯坦利·格雷合著了《17 世纪的国际烟草》（Vertress J. Wyckoff, Stanley Gray, "The International Tobacco in the Seventeenth Century", *Southern Economic Journal*, Ⅶ, 1940 – 1941, pp. 1 – 26）一文。其研究更多地注意经济史以及由此带来的社会结果，及农业技术周期、市场方法，而不是社会的阶级划分。

除此以外，这一时期还出现了综合研究，例如刘易斯·格雷的《1860 年以前的美国南部农业史》（Lewis C. Gray, *History of Agriculture in the Southern United States to* 1860, 2 Vols. , Washington, D. C. 1933），查尔斯·安德鲁的《美国殖民地时期史》（Charles M. Andrew, *The Colonial period of American History*, 4 Vols. , New Haven, Conn. , 1934 – 1938），探讨了早期切萨皮克殖民地与不断增强的帝国

体系的关系，认为殖民地的弱小与对英国的依赖极大地限制了其对英国权威的政治反抗。在对殖民地历史进行综合研究的趋势下，20 世纪 30 年代也开始把切萨皮克作为一个整体来研究，例如塞勒斯·H. 卡拉克的《17 世纪的治安官：英格兰与切萨皮克殖民地的治安官比较研究，1607—1689 年》，是较早把切萨皮克殖民地视为一个整体的研究成果（Cyrus H. Karraker, *Seventeenth Century Sheriff*: *A Comparative Study of the Sheriff in England and the Chesapeake Colonies*, *1607 - 1689*, Chapel Hill, N. C. , 1930）。与之前、之后时期相比，"一战"至"二战"之间的这段时期，总体来说研究是比较薄弱的。

3. 20 世纪 50 年代至今

自 20 世纪 50 年代以来美国学者对南部史研究产生越来越浓厚的兴趣，南部史研究重新得到重视，并取得了很大进展。尤其是从 20 世纪 70 年代以来美国学者的注意力转向南部和切萨皮克地区，成为研究英属北美殖民地的历史学家的中心兴趣所在。包括殖民地时期在内的南部研究的开拓和兴盛逐渐揭开了南部历史神秘的面纱，使我们得以了解南部历史发展中的诸多问题，尤其平衡了我们以往对北美殖民地理解的严重不平衡的状况。这一时期美国学者对弗吉尼亚和马里兰的研究主要集中在人口、经济和社会方面。与新英格兰研究的重点很不相同，新英格兰研究的主要课题是宗教、政治和智力等，这些没有成为南部殖民地研究中的中心课题。几十年来美国学者在南部研究中取得了很大进展，关于切萨皮克经济的问题已完成了很多的基础研究，使我们得以了解切萨皮克经济发展的很多方面。

关于烟草种植业的研究，美国学者普来斯、兰德、克瑞文、摩根、克莱门斯、米德尔顿、布林等分别从不同角度研究切萨皮克的烟草经济，已经很清晰地描绘了烟草种植的主要历史状况。雅各布·普来斯（Jacob M. Price）主要从商业贸易角度对切萨皮克烟草业进行了一系列介绍和研究，其主要著作有：《烟草贸易》（*Tobacco Trade*）；《在切萨皮克烟草贸易中格拉斯格的成长，1707—1775》（"The Rise of Glasgow in the Chesapeake Tobacco Trade, 1707 - 1775", *WMQ*, 3d Ser. , Vol. 11, 1954）；《对俄烟草冒险：为英国殖民地的烟草寻找北方市场中的企业、政治和外交，1676—1722》（*The Tobacco Adventure to Russia：Enterprise，Politics，and Diplomacy in the Quest for a Northern Market for English Colonian Tobacco，1676 – 1722，Philadalphia，1961*）；《切萨皮克经济的成长和欧洲市场，1697—1775》（"*The Economic Growth of the Chesapeake and the European Market，1697 – 1775*"，The Journal of Economic History *Jour. Econ. Hist.* ，Vol. 24，1964，pp. 496 – 511. ）；《法国和切萨皮克》（*France and the Chesapeake：A History of the French Tobacco Monopoly，1674 – 1791，and of Its Relationship to the British and American Tobacco Trades*，Ann Arbor，Mich，1973）。此外，阿瑟·皮尔斯·米德尔顿（Arthur Pierce Middleton）和保罗·克莱门斯（Paul G. E. Clemens）也从不同角度对切萨皮克的烟草贸易进行了研究，阿瑟·皮尔斯·米德尔顿著有《烟草海岸》（*Tobacco Coast：A Maritime History of Chesapeake Bay in the Colonial Era*，Newport News，Va. ，1953）一书；保罗·克莱门斯在《大西洋经济与马里兰殖民地东海岸，从烟草到谷物》一书中对烟草贸易的增长做了简要的论述（Paul G. E. Clemens，*The Atlantic Economy and Colonial Maryland's Eastern Shore，from tobacco to grain*，Ithaca，N. Y. ：Cornell University Press，1980）。阿兰·库利科夫著《烟草和奴隶：南部文化在切萨皮克的发展，1680—1800》（Allan Kulikoff，*Tobacco and Slaves：the Development of Southern Cultures in the Chesapeake，1680 – 1800*，Williamsburg，Virginia，the University of North Carolina Press，1986）。布林著《烟草文化》一书则深入到文化层面对烟草业的影响做了探讨（T. H. Breen，*Tobacco Culture：The Mentality of the Great Tidewater Planters on the Eve of Revolution Chesapeake，1680 – 1800*，Chapel Hill，1986）。詹姆斯·霍恩所著《适应新世界：17 世纪切萨皮克的英裔社会》（James Horn，*Adapting to a New World：English Society in the Seventeenth – Century Chesapeake*，The University of North Carolina Press，1994）对 17 世纪英国向切萨皮克的移民、烟草和切萨皮克经济的发展以及切萨皮克殖民地社会的形成、人口特征等做了详细探讨。这些学者对烟草业的发展阶段、发展动力及其对当地经济、社会、文化的

影响做了详细探讨。关于种植园的问题也有不少细致的研究，如保罗·克莱门斯的《一个十八世纪切萨皮克烟草种植园的经营》（Paul G. E. Clemens, "The Operation of An Eighteenth – Century Chesapeake Tobacco Plantation", *Agri. Hist.* , Vol. 49, July, 1975）、吉恩·拉塞的《一个典型的种植园主：马里兰的爱德华·劳埃德四世，1770—1796》（Jean B. Russo, "A Model Planter: Edward Lloyd Ⅳ, *1770 – 1796*", *WMQ*, Vol. 49, No. 1, January 1992）、阿兰·加雷的《乔纳森·布赖恩的种植园帝国》（Alan Gallay, "Jonathan Bryan's Plantation Empire: Land, Politics, and the Formation of a Ruling Class in Colonial Georgia", *WMQ*, Vol. 45, No. 2, April 1988）等。2010 年，劳伦娜·赛贝奇·沃尔什出版了《荣誉、快乐与利益动机：切萨皮克殖民地的种植园管理，1603—1763》（Lorena Seebach Walsh, *Motives of Honor*, *Pleasure*, *and Profit*: *Plantation Management in the Colonial Chesapeake*, *1607 – 1763*, Williamsburg, Virginia, the University of North Carolina Press, 2010）一书，是美国学者对这一问题的最新研究成果。关于种植园经济的相关课题——契约奴制、黑人奴隶制的研究成果也比较多。文章如戴维·盖伦森所写《美国契约奴役的成长和衰落：一个经济分析》（David W. Galenson, "The Rise and Fall of Indentured Servitude in the Americas: An Economic Analysis", *The Journal of Economic History*, Vol. 44, Issue1, March 1984）、温思罗普·乔丹的《1700 年以前美洲的黑人奴隶》（Winthrop D. Jordan, "Enslavement of Negroes in America to 1700", Stanley N. Katz etc. , edited, *Colonial America*, *Essays in Politics and Social Development*, New York: Alfred A. Knopf, Inc. , 1983）、奥思卡·汉德林和玛丽·汉德林《南部劳动制度的起源》（Oscar and Mary F. Handlin, "Origins of the Southern Labor System", *WMQ*, Vol. 7, Issue 2, April 1950）、奥尔登·沃恩《弗吉尼亚的黑人：第一个十年的记录》（Alden T. Vaughan, "Blacks in Virginia: A Note on the First Decade", *WMQ*, Vol. 29, Issue 3, July 1972），等等。由艾拉·伯林所著 1998 年出版的《成千上万人的离去：北美奴隶制的前两个世纪》（Ira Berlin, *Many Thousands Gone: The First Two Centuries of Slavery in*

North America，Cambridge，Mass：The Belknap Press of Harvard University press，1998）一书则详细记述了 17 世纪、18 世纪北美黑人奴隶制的发展状况。美国学者还注意到了烟草种植园经济发展中的经济多样化问题，例如，哈罗德·吉尔的《弗吉尼亚殖民地的小麦文化》（Harold B. Gill，JR.，"Wheat Culture in Colonial Virginia"，*Agri. Hist.*，Vol. 52，No. 3，July 1978）、戴维·克林根曼的《谷物在烟草殖民地发展中的意义》（David Klingaman，"The Significance of Grain in the Development of the Tobacco Colonies"，*Journal of Economic History*，Vol. 29，No. 2，June 1969）等，探讨了在烟草种植园经济发展中出现的以小麦种植为主的经济多样化的特征。

但从整体上看，也许受当代西方史学"碎化"的影响，西方学者的研究尚显分散、细琐，缺乏整体性的综合研究，使我们难以把握和了解英属北美南部殖民地种植园经济的总体发展状况和特征。因此从我们自己的视角出发，开展对这一问题的研究仍是十分必要的。中外学者们已有研究，为本书的研究提供了丰富的资料，奠定了坚实的基础。

三 本书的研究规划

本书将以历史唯物主义和辩证唯物主义为指导，对英属北美南部殖民地的种植园经济这一重要问题做整体、综合的考察和研究。笔者认为，英属北美南部各个殖民地虽然是各自独立发展的，经济发展上也有所差异，但是由于它们都具备种植园农业这个共同要素，可以作为一个整体的考察对象，这有助于我们从整体上把握和了解美国南部种植园经济的起源和早期的发展状况与特征。由于烟草种植园经济的重要性，本书的研究将以烟草种植园为主，同时涵盖殖民地时期的另外两种种植园：水稻种植园和蓝靛种植园。

全书除引言、结语外，共分五章。

第一章将考察烟草种植园经济兴起的一般概况。包括"烟草海岸"的形成及推动烟草业发展的动力；在烟草种植园经济兴起过程中的两个基本要素：移民和土地制度的探讨；作为一种外向型经济，烟草的价格和销售也是重要的考察内容；作为英属殖民地兴起的一种经济形式，宗主国英国和殖民地政府的态度和政策也是烟草种植园经济兴起和发展过程中不可忽视的影响因素。

对于近代的种植园经济而言，其所具有的两个最大特点：一是为世界市场生产大宗商品作物，二是其劳动制度，实行的是黑人奴隶制的强制劳动。要探讨种植园经济，不能不探讨黑人奴隶制。由于烟草等大宗作物的生产过程十分烦琐，需要投入大量的劳动力，并且在殖民地时期，荒野上土地的开发也需要大量的劳动力，因此劳动力来源和劳动制度一直是种植园经济发展中一个重要的制约因素。奴隶制种植园的形成、发展和影响也将是本书研究的重点和探讨的线索。虽然奴隶制种植园曾经是我国学者关注的一个焦点，但是关于奴隶制种植园的形成过程和早期发展状况，却尚无专门研究。

黑人奴隶制和种植园并不是天然结合在一起的，也不是相始终的。不但黑人奴隶制在北美南部殖民地有一个形成的过程，而且种植园对劳动力的采纳也有一个逐渐选择的过程。提到种植园经济，我们一般将其与黑人奴隶制联系起来，以为只有奴隶制的种植园，种植园都是采用奴隶制的。其实不然。奴隶制的介入是在种植园有所发展之后的事。在采纳黑人奴隶制的劳动制度之前，在北美烟草种植园经济发展中，白人契约奴曾经作为种植园劳动力的重要来源，契约奴制也成为烟草种植园经济中出现的第一种重要的劳动制度。

关于烟草种植园里的契约奴劳动制度，以前鲜有探讨，本书将在第二章考察白人契约奴制度的起源、规模、契约奴的劳动状况等重要内容。

17世纪晚期，黑人奴隶制取代契约奴制成为南部烟草种植园中的主要劳动制度。第三章将详细探讨奴隶制种植园的形成和发展状况，即奴隶制是怎样与种植园结合起来并促使种植园经济获得大发展的，以及在英属北美南部殖民地形成的黑人奴隶制的特点。在烟草种植园发生劳动力转型、黑人奴隶制与烟草种植园实现结合并促使烟草种植园发展的同时，在以南卡罗来纳殖民地为中心的下南部，先后出现了采纳奴隶制劳动的水稻种植园和蓝靛种植园。

　　第四章着重探讨奴隶制种植园的规模、管理制度、在南部社会经济中的重要地位以及对南部社会产生的重大影响。在上南部的烟草种植园和下南部的水稻种植园，对黑人奴隶的管理稍有不同。

　　1775 年 4 月北美独立战争的爆发、1776 年 7 月 4 日北美 13 个殖民地宣布脱离英国而独立，这必然对南部的种植园经济产生重大影响，成为南部烟草种植经济发展的转折点。第五章是本书的尾声，将探讨独立战争对南部种植园经济发展的影响，以及独立战争对黑人奴隶制带来的重大冲击。

　　总之，以烟草为主的种植园经济是北美种植园经济的源头和第一个发展阶段。本书的研究工作不仅旨在揭开美国殖民地时期南部种植园经济发生、发展的奥秘，以奴隶制烟草种植园的形成和发展为研究重点和探讨线索，从历史学、经济学角度对其中的土地制度、劳动制度、管理制度等重要问题进行深刻剖析，使我们对美国早期种植园经济的发展特征有一个清晰和明确的认识；而且，这一工作还对美国早期史、美国南部史、美国农业史和烟草业史，以及整个美洲种植园和大西洋种植园经济的研究均有重要的促进意义。

第一章

烟草种植园经济的兴起

一　烟草的传播与"烟草海岸"的形成

　　烟草为一年生草本茄科作物，性喜湿热。美洲就是它的原产地。在欧洲人到来之前，印第安人吸烟至少已有 1000 年的历史。他们常常用一种叫 tabago 的管子吸烟，烟草的英文名 tobacco 即由此而来。在哥伦布发现新大陆三天后，他就在日志里提到了烟草的使用。1492 年哥伦布踏上古巴岛，"发现许多人进出自己的村庄，有男有女，每人手里拿着一根烧着的木炭棒和一些草叶子吸取他们喜欢的青烟"①。于是，烟草由哥伦布带到欧洲，开始了西欧抽烟的历史。而后随着西、葡、法、英诸国的船队、商旅和探险家的足迹，不到百年，就传遍世界各地，成为人类的一大嗜好品，市场对烟草的需求也随之剧增。美洲的烟草可以分为两个最重要的品种，一个是黄花烟草（Nicotiana Rustica），植株小，在北美印第安人中使用；另一个是红花烟草（Nicotiana Tabacum），最早大概产于巴西内陆，逐渐向北、向东传遍南美洲，然后进入中美洲，传至加勒比海的诸岛屿，这是后来烟草消费者主要需求的品种。

　　在 1607 年詹姆斯敦殖民地建立以前，欧洲的花园里已经开始种植从美洲带回来的烟草种子。烟草到达英格兰也远早于弗吉尼亚殖民地的建立。海员引进烟草的使用。沃尔特·罗利爵士便是当时一个最

---

　　① ［西］萨尔瓦多·德·马达里亚加：《哥伦布评传》，朱伦译，中国社会科学出版社 1991 年版，第 198 页。

有名的吸烟者，他把吸烟作为一种消遣在上层人士中推广普及。在 17 世纪烟草的使用方式除吸（smoking）以外，还有咀嚼（chewing）和鼻烟（snuff）。

烟草种植园的最早出现和兴盛并不在北美南部，而是在西印度群岛。在北美大西洋岸，弗吉尼亚本土的烟草品种是黄花烟草，印第安人称作"appoke"，与西印度群岛的烟草相比，高不足 3 英尺，叶子狭窄短小，而且味道辛辣，很多英国移民认为它"味道太差"。一个早期的作者表达了他不喜欢这个品种："它不是最好的品种，弱小、贫瘠、味道辛辣。"① 因此种植的结果并不令人满意。1612 年②白人移民约翰·罗尔夫③，从西印度群岛引进了叶大味美的优质烟草种子，在詹姆斯敦自家的花园里试验种植，取得成功。罗尔夫是一个吸烟者，他种植烟草"部分出于喜爱，以至于长时间种植，部分也为了给冒险者培植出一种商品"。④ 1614 年第一批烟叶运往英国。⑤ 殖民地的其他移民相继效仿种植烟草。由此开始，烟草不仅挽救了英国在北美的这块尚处于风雨飘摇中的殖民地，而且引起了殖民地的繁荣。弗吉

---

①　Edward C. Kirkland, *A History of American Economic Life*（New York：F. S. Crofts & Co.，1946），p. 69.

②　关于约翰·罗尔夫成功引种烟草的具体年代，笔者所见到的资料里有不同说法，有人认为是 1611 年，有人认为是 1612 年，还有人认为是 1613 年。此处采用使用最多的说法。

③　约翰·罗尔夫（1585—1622），1585 年 5 月 6 日生于英格兰诺福克，在移民美洲之前，关于其生平几乎不可知，1609 年携带妻子离开英国，首先在百慕大暂时停留，女儿出生又夭折，到弗吉尼亚后，像多数当时的新移民一样，妻子死亡。1612 年引种烟草成功。1613 年罗尔夫遇到有势力的印第安首领波哈坦的女儿波卡洪塔斯，并得到其父亲的同意于 1614 年结婚。这桩联姻带来了与波哈坦部落长达 8 年的和平共处。波卡洪塔斯在 1616 年前往英国途中不幸死亡，罗尔夫回到弗吉尼亚，在 1622 年印第安人袭击弗吉尼亚的英国殖民地时，在战斗中死亡（*American Eras*, 8 Vols., Gale Research, 1997 - 1998. Reproduced in History Resource Center. Farmington Hills, MI：Gale Group. http：//galenet. galegroup. com/servlet/HistRC/）。

④　Louis D. Rubin, Jr., *Virginia：A Bicentennial History*, New York：W. W. Norton & Company, Inc., 1977, pp. 7 - 8.

⑤　与烟草引种年份一样，第一次出口的年份也有 1613 年、1614 年、1615 年等不同的说法。此处采用 1614 年。

尼亚一直渴望的有利可图、可供出口的大宗商品作物被发现了。

北美洲南部的自然条件非常适合烟草的种植。这里位于亚热带气候区,以大西洋海岸的切萨皮克海湾为中心,河流密布,不但为远洋而来的殖民者提供了天然良港和便利的运输条件,而且河谷地带的肥沃土壤是烟草生长的理想环境。切萨皮克湾是大海深入到内陆的一个巨大的海湾,5—20英里宽,195英里长,为远洋船只提供了绝好的天然海港,而且整个海湾几乎可以全部航行。在海湾西岸有4条主要河流把陆地分割成一系列的半岛,分别是詹姆斯河、约克河、拉帕汉诺克河和波托马克河。沿海湾和大西洋沿岸整个地区还分布有无数的支流、溪流、沼泽地和小岛。殖民者被水路的规模和广泛所打动。詹姆斯河被描述为是"基督教徒所发现的最为著名的河流之一,其河道160英里长,大型载货船只可以安全停泊"[1]。无数河流和漫长的海岸线为殖民者提供了快捷、便利、低廉的运输。船只可以直接由海洋深入内陆,到达种植园的港口,直接装载烟草、货物等出海。这里还有无限的土地以供扩张。烟草种植消耗地力快,需要广大的土地,以供开辟。

切萨皮克的地理条件不仅十分适合种植烟草,而且此时外部市场条件也非常有利。烟草传入欧洲已有一个世纪,作为一种奢侈品逐渐在上层人士中普及开来,一个有巨大潜力的欧洲烟草市场正在形成,欧洲对烟叶的需求很大。当时烟草价格非常高,据1615年的记载,烟草的价格"大约是胡椒的10倍,而最好的烟草与同重量的白银等值"[2]。在17世纪20年代中期以前,一磅烟叶可以卖到3先令,一个人种植烟草获得的收入是种植小麦的六倍。[3] 一个人一

---

① James Horn, *Adapting to a New World*, *English Society in the Seventeenth - Century Chesapeake*, The University of North Carolina Press, 1994, pp. 124 – 125.

② R. Alfred, "The Consumption of Tobacco Since 1600", *Economic Journal*, implement, No. 1, 1926, pp. 57 – 58. 转引自齐文颖主编《美国史探研》,中国社会科学出版社2001年版,第146页。

③ Edward C. Kirkland, *A History of American Economic Life*, New York: F. S. Crofts & Co., 1946, p. 68.

年可以净赚 200 英镑，一个拥有 6 个劳动力的人可以净赚 1000 英镑，一个男子种植烟草足以换取五个人的食物和两个人的衣物。弗吉尼亚人迷恋种植烟草不再奇怪。在最初殖民的十年里，弗吉尼亚到处种植烟草，詹姆斯敦的街道和市场旁都种上了烟草。工匠和牧师都有小块的烟草地。这些弗吉尼亚人把自己称为"种植园主"（planter），把他们的拓殖地称作"种植园"（plantation）——只是一个种植像烟草一样的作物的农业单位而已，除此以外没有更多的含义，是与通常种植小麦或其他谷物的"农场"（farm）和"农场主"（farmer）相对比而言的。弗吉尼亚从中获取了巨大的利润。烟草种植把其他作物种植排挤出去，尤其是小麦，甚至使殖民地面临再一次经受早年的饥饿的威胁，殖民地政府不得不做出规定，要求每一个种植园主种植足够的粮食以供养自己。尽管如此，弗吉尼亚有时仍需进口一部分食物。1617 年弗吉尼亚向英国出口的烟草达20000 磅。① 那里的需求和市场虽然较小，但已经建立起来。1620年弗吉尼亚出口 60000 磅烟叶，② 1627 年出口达 50 万磅。③ 由于烟草种植地力消耗快，成功的烟草种植需要足够的土地。种植者很快发现一块土地只能有大约三年的满意的收获，然后要休耕几年，恢复地力，因而需要不断开辟新的土地。烟草种植的这个特点使殖民地开始迅速扩张。伴随着烟草种植的迅速扩张，弗吉尼亚殖民地也迅速壮大起来，数十年间从一个岌岌可危的狭小据点发展成一个稳定的农业殖民地。17 世纪 20 年代末烟草价格下降，进入 30 年代，殖民区域保持在詹姆斯河流域以及詹姆斯河和约克河之间的半岛地区。

这样，依靠有利的市场时机和适宜的自然条件，高价格和丰厚利润的吸引，弗吉尼亚发展了烟草种植业。到 17 世纪 30 年代，烟草牢

---

① Edward C. Kirkland, *A History of American Economic Life*, p. 69.

② P. J. Marshall, edited, *The Oxford History of the British Empire*, Oxford: Oxford University Press, 1998, Vol. 1, p. 183.

③ I. A. Newby, *The South: a History*, Orlando, Florida: Holt, Rinehart and Winston, Inc., 1978, p. 44.

固地成为弗吉尼亚的主要种植物和收入的主要来源。

　　1632 年马里兰殖民地的建立掀起了向切萨皮克移民的浪潮。1634
年 2 月第一批移民共 150 余人到达，建立圣玛丽城。这些移民借鉴了
弗吉尼亚的殖民经验和烟草种植技术，英国在切萨皮克湾的第二个殖
民地马里兰也很快种植了烟草，采取了种植园的拓殖制度，烟草在马
里兰很快获得了同在弗吉尼亚一样重要的地位。到 1639 年，马里兰
出口的烟草达到 100000 磅。这两个切萨皮克殖民地在经济发展上十
分相似。在马里兰，同在弗吉尼亚一样，烟草种植园主沿河岸两侧开
拓种植园，分散开来。17 世纪 50 年代发展了烟草打顶和屋内熏干技
术，使烟草产量提高，刺激了移民，边疆扩展的速度尤其加快。在接
下来的四分之一世纪里切萨皮克边疆扩展的速度可以说是美国边疆史
上最快的，每年超过 3%。以致令 17 世纪七八十年代到达切萨皮克的
旅行者感到忧虑和害怕，因为这里疯狂扩张，不顾后果，没有秩序。
在林地中刚刚清理出来的小块土地上，散乱地分布着一行行的烟草和
玉米，动物在地里乱跑，简陋不堪、摇摇欲坠的房屋和粗陋的仓库
（早期的烟草房）孤零零地矗立着，完全没有城镇，所有这一切，在
他们眼里，都使文明的英国生活方式经受危险。

　　随着英国殖民区域的不断扩大，印第安人被迫后退，开放了成千
上万英亩的土地来种植烟草。到 17 世纪中期，定居区域也即烟草种
植区域向北越过约克河，到达格洛斯特—中塞克斯半岛（Gloucester -
Middlesex peninsula）和北内克（Northern Neck）。大量弗吉尼亚的殖
民者穿越波托马克河，进入马里兰，17 世纪五六十年代切萨皮克的边
疆沿西海岸移动，直到塞文河（Severn River）上的普罗维登斯
（Providence）。人口中心决定性地从最早的詹姆斯河谷向北转移到约
克河、拉帕汉诺克河和波托马克河流域，穿越了切萨皮克海湾。烟草
种植也从最初局限在詹姆斯河沿岸和切萨皮克湾东岸的一小片区域，
很快向北扩展到新的河谷地带，包括约克河、拉帕汉诺克河和波托马
克河的河谷，然后沿河流向西扩展。烟草种植园在切萨皮克湾前部形
成弓形，沿着海湾东岸延伸，直到与早期弗吉尼亚的种植园接壤。到
17 世纪 80 年代，在大西洋西海岸的切萨皮克湾，在弗吉尼亚和马里

兰殖民地，一个以种植烟草为主的"烟草海岸"初步形成。殖民地的烟草出口也逐渐增加。1639 年弗吉尼亚和马里兰两个切萨皮克殖民地共出口烟草 150 万磅。[1] 到 17 世纪 60 年代后期烟草出口增加到大约 1500 万磅，到 17 世纪 80 年代中期大约增至 2800 万磅，[2] 17 世纪末出口约 4000 万磅。[3] 随着烟草生产和交易成本的降低，商人和种植园主得以降低零售价格，进一步刺激了需求和市场。烟草在英国的普遍使用就是例子。不管政府多么担心这个国家的"健康、礼貌和财富"，到 17 世纪 30 年代初期烟草已销售到英国的各个角落，任何人只要花几便士就可以享受到抽烟的滋味。广大市场的开拓是重要的，没有市场就无从谈起生产的扩大，更无从谈起向切萨皮克的大规模移民。烟草种植区域的扩大、烟草海岸的形成和烟草产量的增加，一方面降低了烟草的价格，另一方面也促使了烟草消费的普及和烟草市场的扩大。烟草从 17 世纪初的奢侈消费品在几十年间成为日益普及的大众消费品。

17 世纪烟草种植区域的发展主要在潮水带。这里需要补充的是，切萨皮克湾以南的大西洋沿岸，由两部分地形组成：一是海岸平原，即通常所称的"潮水带"（Tidewater），也被称为低地（Lowcountry），海岸平原土壤多种多样，以沙质为主，几乎不含石块。这也被认为是最适合种植烟草的地带。其向海一带有潟湖、沼泽和沙嘴。二是山麓地带，即彼德蒙特地区（Piedmont），又被称为高地（Upcountry），这里地势较高，是丘陵起伏的地区，具有由古老基岩形成的黏重土壤，比较肥沃。在潮水带和彼德蒙特地区之间有一条明显的分界线，即"瀑布线"，是由众多河流在从山麓地带流向沿海平原时，由于地势降低、落差骤然变大而形成的，彼德蒙特的西线是阿巴拉契亚山的山麓。烟草种植区域和殖民区域的扩张在 17 世纪主要集中在潮水带。扩张随着 17 世纪 80 年代开始的烟草长期萧条、英国移民的逐渐减少

---

[1]　I. A. Newby, *The South: a History*, Orlando, Florida: Holt, Rinehart and Winston, Inc., 1978, p. 44.

[2]　P. J. Marshall, edited, *The Oxford History of the British Empire*, Vol. 1, p. 183.

[3]　I. A. Newby, *The South: a History*, p. 44.

而停止下来。殖民地在 17 世纪的扩张大致到此。在以后的年代主要占领潮水带已经殖民的区域内部的少量可耕土地，同时有少量移民向西越过瀑布线，进入彼德蒙特，开启了 18 世纪向彼德蒙特大规模扩张的先河。

彼德蒙特是潮水带和阿巴拉契亚山脉之间的广大地区。大约在殖民中期，即 17 世纪 90 年代，殖民者开始进入这个地区，由于条件限制，初期殖民速度比较慢。1714 年弗吉尼亚总督亚历山大·斯波茨伍德在拉皮丹（Rapidan）建立一个定居地。1721 年在彼德蒙特建立了首批三个县，分别是斯波茨凡尼亚（Spotsylvania）、布伦瑞克（Brunswick）和汉诺威（Hanover）。1726 年雅各布·斯托夫带领一群德国人和瑞士人进入谢南多厄河谷。但是到 18 世纪 20 年代末弗吉尼亚的人口仍然主要居住在潮水带，只有大约 8% 的人口居住在潮水带以外。从 18 世纪 30 年代开始，扩张速度加快。主要原因在于彼德蒙特的土壤只适合种植奥里诺科（Oronoco，烟草的变种）烟草，随着殖民者栽培出质量较好的奥里诺科烟草，受到法国人的喜爱，法国市场因此对奥里诺科烟草的需求旺盛，价格也高。同时苏格兰商人进驻这一地区，建立仓库，不仅为彼德蒙特的产品提供了稳定的输出渠道，而且供给物资，提供信贷。种植园主因而抓住有利时机，加快发展。到 18 世纪 70 年代上詹姆斯航运区（the Upper James Naval District）出口的烟草大约占弗吉尼亚的一半。[①] 彼德蒙特的人口因而也迅速增加，18 世纪 30 年代末，彼德蒙特的人口超过弗吉尼亚人口的 1/4。到革命前夕，彼德蒙特人口占到弗吉尼亚人口的大约 45%。烟草种植区从波托马克河延伸到蓝带山脉，向南到北卡罗来纳边界。在半个世纪内，约有 200000 名居民在此定居。[②] 18 世纪中期，谢南多厄河谷也被占满。到革命时期，在今肯塔基和田纳西已经建立了永久的定居地。彼德蒙特基本被占领完毕，移民到达阿巴拉契亚山麓。殖民地时期末，南部仍是一个迅速

---

①　Philip D. Morgan and Michael L. Nicholls, "Slaves in Piedmont Virginia, 1720 – 1790", *William and Mary Quarterly*, Vol. 46, No. 2 (April 1989), p. 216.

②　Ibid., p. 215.

增长的地区。随着烟草种植园扩张到彼德蒙特，把彼德蒙特和潮水带联系起来。"烟草海岸"得以进一步深入，至此完全形成。烟草种植在彼德蒙特的扩张使烟草产量和出口量再次增加，1741年弗吉尼亚和马里兰向英国输出烟草5900万磅。[1] 1770年出口超过10700万磅。到革命前的几年每年约出口1亿磅。[2]

纵观一个多世纪以来烟草海岸的逐步形成和扩大，可以说，烟草海岸的形成史也是切萨皮克殖民地的拓殖和发展史，二者几乎是合二为一的，烟草种植区域的发展和殖民地的发展是同步的，随着弗吉尼亚和马里兰殖民地的发展和扩大，一个烟草种植区域逐渐形成和扩大。换句话说，弗吉尼亚和马里兰殖民地也是随着烟草种植区域的发展和扩张而得到发展壮大的。

烟草种植主要集中在弗吉尼亚和马里兰两个殖民地，但也不完全属于这两个殖民地，在北卡罗来纳殖民地也有种植。在英国正式批准建立卡罗来纳殖民地之前的十年，即1653年，几个弗吉尼亚人就进入北卡罗来纳的阿尔伯马尔地区，把烟草种植园向南推进到这一地区。1669年英国正式建立卡罗来纳殖民地，第一批移民同年到达。于是这一地区的殖民者，由旧殖民地的烟草传统所哺养，在北卡罗来纳开始种植烟草，形成第三个烟草殖民地。1677年这个小小的殖民地生产了800大桶烟草。1697年英国从卡罗来纳进口烟草1000磅，1700年进口8000磅，1742年进口55.8万磅，但是1746年仅进口8.1万磅，1770年进口19万磅，1774年进口量则增加到119.1万磅。[3] 从美国历史统计所反映的数据看，卡罗来纳向英国的烟草出口是不稳定的，时断时续，时高时低，波动较大。1753年北卡罗来纳各港口运出

---

① U. S. Department of Commerence, Bureau of the Census, *Historical Statistics of the United States*, *Colonial Times to* 1970, U. S. Government Pringting office, Washington, D. C., 1975, Part 2, p. 1190.

② *Yearbook of the United States Department of Agriculture*, 1919 (Washington Government Printing Office, 1920), p. 158.

③ U. S. Department of Commerence, Bureau of the Census, *Historical Statistics of the United States*, *Colonial Times to* 1970, U. S. Government Pringting office, Washington, D. C., 1975, Part 2, pp. 1189 – 1190.

的烟草约为 10 万磅，1772 年增至约 150 万磅。但北卡罗来纳的实际烟草产量可能要多，因为有不少烟草是经弗吉尼亚的港口运出的。实际上烟草与谷物一起，成为北卡罗来纳的大宗商品作物。到 1775 年即殖民地末期，烟草的出口值达到 8 万英镑，约占北卡罗来纳总出口额的 20%。[1] 北卡罗来纳的烟草种植主要在阿尔伯马尔县和靠近弗吉尼亚的几个县。由于缺乏优良的海港，北卡罗来纳的种植园主只得依靠弗吉尼亚的港口和商人进行贸易，两个殖民地联系紧密。北卡罗来纳生产的大多数烟草或者运至弗吉尼亚，或者经过弗吉尼亚，受到弗吉尼亚殖民地的制约。从 1679 年开始，弗吉尼亚通过一系列法律，历经整个业主时期，禁止输入卡罗来纳的烟草，否则处以没收产品的惩罚。1705 年弗吉尼亚重新审订了 1679 年的法律，1726 年又增加了处罚。[2] 烟草是北卡罗来纳的现金作物，弗吉尼亚的禁止进口立法是一个残酷的打击，迫使卡罗来纳秘密进行贸易。弗吉尼亚的这些法律，加上印第安人的威胁（持续到大约 1715 年）及业主土地制度的不规范，从一定程度上造成了北卡罗来纳在整个南部处于落后状态。作为北卡罗来纳的大宗作物，烟草比谷物稍逊。谷物在北卡罗来纳位居第一。因此，烟草种植仍然以切萨皮克湾的两个殖民地即弗吉尼亚和马里兰为中心。

切萨皮克种植的烟草是由西印度引进的品种即红花烟草，在种植过程中，由于土壤等差异，这个品种逐渐发生分化，形成更小的品种，不同类型的土壤生产不同类型的烟草。主要有三个品种：甜香型（Sweetscented），只在弗吉尼亚东南部生长，被认为是三个品种之中最好的品种，在伦敦可卖高价；叶子鲜亮型（Brightleaf oronoco），生长在马里兰沿帕图森特一带和西海岸中部，主要出口到北欧，18 世纪后期作为甜香型的替代在英国的需求增加；暗褐色变种（Dullbrown oronoco），是第三个品种，在弗吉尼亚北部、马里兰沿波托马克河岸和东海岸生长，被切萨皮克种植园主认为是较低

① W. Neil Franklin, "Agriculture in Colonial North Carolina", *The North Carolina Historical Review*, Vol. 3, Num. 4 (October, 1926), p. 553.

② Ibid., p. 554.

劣的品种，但是由于味道强烈受到法国消费者的喜爱，主要出口到法国。[1] 除这三个主要品种以外还有一些小的品种，往往以其出产的种植园为名称，只是一时流行。

在每年的 1 月，烟草种子播种在林地的床基上。腐烂的枝叶提供了丰富的养料，树木遮挡阳光，可以保护幼苗。5 月初，幼苗被移植到田地里，已经准备好赖以生长的土堆。种植能手一天可以移栽数千株幼苗。然后开始漫长、烦琐的照料和管理过程。作物生长时，要锄掉杂草，要把叶子翻过来查看是否长了破坏性的虫子。这种虫子一年繁殖两代。当植株长到一定高度时，要去顶，剪掉新长的叶子。在缺乏严格规定的情况下，保留 12 片叶子的植株在肥沃的土地上可以良好生长。较贫瘠的土壤只能保留 8 片或者 10 片叶子。当植株可以砍掉时，即到了收获的季节，种植园主可以长舒一口气。必须选择一个晴朗干燥的天气砍掉植株。然后是进仓，悬挂晾干。仓库要保持通风，根据天气变化，要不时地开窗、关窗。在晒干的过程中，是否用火不得而知。经过数日的晾制以后，从晾晒架上取下植株，然后把叶子从茎干上取下，按质量分类，装进大桶。大桶的制造、厚度和尺寸大小都有专门的详细规定。装满烟叶的大桶被集中到便利装船运走的仓库里。如果种植园距水路码头有一段距离，就还要有一项繁重的工作，即把大桶运到码头，最初靠人力推着大桶在崎岖的道路上滚动前进，后来设计了一种可以让马或驴推动大桶前进的器械。当做这些工作时，要清理田地，开始准备下一次的耕作，种植粮食等提供食物的作物。此外，还有种植园里其他的临时工作。种植园以烟草生产为中心，把一年的时间完整地利用起来。

在早期，烟叶的质量常常被加工方法所损害。第一批英国殖民者对正确的烟叶加工方法一无所知，后来到达殖民地就投入烟草种植的移民同样也无从得知。在这种环境下要建立一套正确完整的烟叶加工技术是困难的。殖民者从地里收获烟草之后，在加工处理的过程中，

---

[1]　Mary Mckinney Schweitzer, "Economic Regulation and the Colonial Economy: The Maryland Tobacco Inspection Act of 1747", *The Journal of Economic History*, Volume 40, Issue 3 (Sep., 1980), p. 553.

往往失去了最好的部分。粗心和无知使烟草的价值失去一半。直到
1620 年烟草还被堆积在地上，简单地晒干，捆成捆，运到国外的市场
上。在必要的捆扎的过程中，烟叶受到损害，有些贪婪的种植园主在
包装内塞入质量低劣的烟草，更加影响了北美殖民地烟草的质量和声
誉。17 世纪 50 年代发展了烟草熏干技术，种植园里建起专门的烟草
房，在里面晾晒烟叶。在 17 世纪，西班牙的烟草被认为质量上乘，
英国的吸烟者愿意以更高的价格购买。以后随着北美殖民地居民烟草
种植和加工经验的增加，以及制度的不断完善，北美殖民地生产的烟
草质量有所提高，市场声望得到保证。

二　人口、移民与土地

　　烟草种植和"烟草海岸"的形成离不开土地和人力。土地和人力
是其中最基本、最重要的因素。土地不仅要肥沃、适合烟草种植，更
重要的是土地分配方式，实行什么样的土地制度。种植园首先意味着
一片或大或小的土地。一个个烟草种植园的建立是基于一定的土地制
度之上的。土地制度优越与否，在很大程度上决定了能否吸引移民，
以及殖民的方式和速度，也就是说，将影响到种植园的建立。因此土
地制度具有根本的意义。要探讨"烟草海岸"的形成和烟草种植园经
济的发展，不能不探讨南部殖民地的土地制度，即土地的分配方式和
所有制形式。

　　殖民地的土地制度有一个在探索中不断形成和变化的过程。从根
本上而言，殖民地的土地都归英王所有，这是在 1606 年特许状中明
文规定的，但是殖民地居民享有"自由永佃权"（free and common soc-
cage），即对土地的实际占有权和使用权以及"大部分所有权之权
能"，可以继承、转让。这表明英王对殖民地的土地所有权只是"名
义上的"，为殖民地土地制度的改变埋下了伏笔。①

---

　　①　何顺果：《美利坚文明的历史起源》，《世界历史》2002 年第 5 期。

第一个殖民地弗吉尼亚殖民地的创建是由伦敦弗吉尼亚公司进行的，公司在詹姆斯敦最初采取的是半军事性的"共耕制"（joint planting system），即土地归公司控制，移民在公司统一组织和指挥下劳动作息，收获物由公司统一分配。在这种管理制度下，移民的劳动积极性难以发挥。为了刺激居民的生产兴趣，改变殖民地的懒散状况，并吸引更多的移民，从1614年开始殖民地总督托马斯·戴尔着手改革，实行两种土地授予形式：一是引入"自由租用制"（free tenancy），其办法是允许移民以租用者身份从公司所辖领地内租用土地3英亩自行耕种。二是所谓"私人种植园"（private planta-tion）的开发，即允许个人（或团体）以私人身份用自己的经费，在詹姆斯敦周边地区开发新的种植园，这种土地授予形式是由几位贵族于1618年主动提出，经殖民当局特别批准的，故在历史上称"particular plantaion"（特殊种植园），亦称"independent adventurer"（独立冒险者）。第一份这类土地授予建立于南安普顿（South Amp-ton），它位于奇卡霍米尼河（Chickahominy）河口，该种植园最初接纳了300名租地人。① 种植园主陆续在詹姆斯河两岸建立一个又一个的种植园。自由租地者虽只获得了3英亩土地，但只要经营得当就足以供应一年之需。这两种土地授予形式的实行，是由"共耕制"转向个体经营的标志。

对殖民地发展影响重大的是"人头权"授地的实行。1618年11月弗吉尼亚公司总部指示新任总督乔治·亚德利（George Yeardley）在殖民地实行土地私有化的改革，采用"人头权"（the head right sys-tem）的原则，实施计口授地。② 1619年开始实行。③ 其主要内容包括：①凡1616年之前自费移居弗吉尼亚的"老移民"（ancient plant-

---

① 何顺果：《美利坚文明的历史起源》，《世界历史》2002年第5期。

② 原文献见：W. Keith Kavenagh edited, *Foundations of Colonial America: A Documentary History*, New York: Chelsea House Publishers, 1973, Vol. 3, pp. 1876–1883.

③ Mary Beth Norton, David M. Katzman, etc, edited, *A People and A Nation: A History of the United States*, Boston: Houghton Mifflin Company, 1994, Volume 1, 第47页提到1617年弗吉尼亚公司就实行人头权制度，但无从考证。

ers）可获得每份 100 英亩的土地，并永远免除其代役租（rent）；
②这类"老移民"若花的是公司的经费，在 7 年服役期满后也可获土
地 100 英亩，但每年要缴纳 2 先令代役租；③所有 1616 年以后自费
移居弗吉尼亚的移民，每个人获得份地 50 英亩，但每年只缴纳代役
租 1 先令；④1616 年以后由公司资助移居来的移民，在公司土地上完
成 7 年服役之后也可获得土地 50 英亩，但其间所有产品要在他和公
司之间对半分；⑤所有商人，只要他们继续从事商业贸易活动，可获
得一幢房屋及 4 英亩土地；⑥所有支付了运输费用的移民，每人可获
得土地 50 英亩；⑦公司官员不仅可按规定领取授予他的土地，而且
还将得到租佃者的劳力支援，其土地是由公司专门为其保留的；⑧那
些由公司或私人投资团体支付移置费用的契约奴，以及那些后来被卖
给种植园主的契约奴，将领取一定的"自由费"（freedom dues）。① 虽
然规定繁多，但不难看出，这项改革的核心内容是每位新到移民可以
获得 50 英亩土地，每年缴纳 1 先令代役租。"人头权"是弗吉尼亚公
司创立的一种重要的土地授予制度，为殖民地吸引了移民，加速了殖
民地的发展。对于拥有很少或根本没有土地的普通英国农民而言，人
头权授地是移民美洲的一个强有力的刺激。对于富有的绅士而言，意
味着可以建立有大量劳工劳动的大农场以获得更好的发展。以后这种
制度陆续为马里兰、卡罗来纳等其他南部殖民地所采纳，只是每人的
土地授予面积和承担的义务有所变化。马里兰于 1640 年采纳了"人
头权"制度②，移民按人头每获得 100 英亩土地，缴纳 2 先令代
役租。③

　　在人头权制度的吸引下，1619 年就有 1200 多名移民从英国
来到弗吉尼亚。以整个切萨皮克地区而言，1630—1680 年共有
75000 名英国人移入。在 17 世纪三四十年代平均每十年移民
8000—9000 人，从 1650 年到 1680 年增加到每十年移民 16000—

---

① 何顺果：《美利坚文明的历史起源》，《世界历史》2002 年第 5 期，第 6 页。

② Mary Beth Norton, etc. edited, *A People and A Nation*, *A History of the United States*,
Boston：Houghton Mifflin Company, 1994, p. 48.

③ 李剑鸣：《美国的奠基时代》，人民出版社 2001 年版，第 177 页。

20000 人。① 1680—1699 年，又到达了 30000 名移民。总计，在 17 世纪从英国到达切萨皮克的移民大约共有 120000 人。② 移民高峰期是 1630—1660 年的大约一代人中。南部殖民地是此时期进入北美的移民的主要移入地。18 世纪以前，从英国前来美洲的移民多数进入了南部各殖民地，据估计，在 1630—1700 年来到北美的 150000 名移民中，有 116000 名在南部落户。③ 弗吉尼亚的人口，1630 年仅有约 2500 人，1640 年增加到 10442 人，1650 年增加到 18731 人，1660 年增加到 27020 人，1680 年有 43596 人，1700 年时有 58560 人。④ 马里兰的人口，1640 年时仅有 583 人，1650 年有 4504 人，1660 年增加到 8426 人，1680 年增至 17904 人，1700 年时有 29604 人。⑤ 合计，1700 年切萨皮克地区有居民 88164 人。

17 世纪切萨皮克人口的增长主要依靠移民。在 17 世纪尤其是在 17 世纪 40 年代以前切萨皮克的人口死亡率很高。例如在 1619—1624 年到达的 4000 余名移民中，只有不到 1200 人活了下来，⑥ 多数死于疾病。新世界的自然条件和生存环境对移民而言是一个巨大的挑战。尤其夏季到来时，他们要忍受炎热、潮湿和成群的昆虫的袭击。如罗伯特·贝弗利所说："这个殖民地的自然特征是炎热和潮湿。气候和健康问题给殖民者留下了深刻的印象，无数低地、沼泽、溪水和河流所带来的炎热和潮湿被认为是有害的。"乔治·加德纳说，殖民者受

---

① P. J. Marshall, edited, *The Oxford History of the British Empire*, Oxford: Oxford University Press, 1998, Vol. 1, p. 177.

② P. J. Marshall, edited, *The Oxford History of the British Empire*, Vol. 1, p. 176.

③ Greene, Jack P., J. R. Pole, eds., *Colonial British America: Essays in the New History of the Early Modern Era*, Baltimore: The Johns Hopkins University Press, 1984, p. 135.

④ U. S. Department of Commerce, Bureau of the Census, *Historical Statistics of the United States, Colonial Times to 1970*, U. S. Government Pringting office, Washington, D. C., 1975, Part 2, p. 1168.

⑤ U. S. Department of Commerce, Bureau of the Census, *Historical Statistics of the United States, Colonial Times to 1970*, Part 2, p. 1168.

⑥ Louis D. Rubin, Jr., *Virginia: A Bicentennial History*, New York: W. W. Norton & Company, Inc., 1977, p. 9.

到"疾病或死亡的威胁,空气对健康极其有害"。在 17 世纪 20 年代,殖民地以高死亡率而著名,约 40% 的殖民者死亡,通常死于各种热带疾病,如疟疾等。到 17 世纪 40 年代后期,随着死亡率的下降,移民的涌入,殖民地人口才开始很快增长。

除高死亡外,性别比例严重不平衡也阻碍了人口的自然增长。在传统农业社会中,农业劳动主要由男子承担,尤其是年轻力壮的青年男子,通常被认为是最适合农业劳动的。烟草种植业对劳动力的需求也概莫能外。因此殖民地输入的移民以男性为多。在 17 世纪 30 年代男移民比女移民多六倍,虽然 1650 年以后有更多的女移民到来,但在以后的年代男女比例仍然是接近 3∶1。性别比例高度不平衡限制了家庭的形成,平均每户家庭的孩子有限,20%—30% 的男性终生单身。① 这一问题由于女移民结婚相对较晚又更为严重。同男性一样,女移民中的多数是以契约奴的身份到达殖民地的,在结婚之前不得不首先完成服役期(4—7 年),往往直到二十多岁才结婚,同在英国时差不多。女性缺乏并没有导致婚龄提前和出生率提高。所有这些因素,高死亡率、性别比例不平衡、晚婚都严重限制了人口的自然增长。直到 17 世纪末期弗吉尼亚和马里兰的人口才开始自然增长。可以说,在整个 17 世纪,切萨皮克地区一直处于移民社会阶段。因此,弗吉尼亚和马里兰主要依靠来自英国的移民流实现人口增长和经济发展,如果没有持续不断的移民,这两个殖民地将难以存在和发展。切萨皮克烟草业的发展在整个 17 世纪都对廉价劳动力有持续的需求,移民为烟草业的发展提供了基本的劳动力。

17 世纪的移民主要来自英国本土,来源地区广泛:伦敦以及所属县、英格兰中部和南部、西部,还有少数移民来自北部各县。至少半数移民具有城镇背景,来自小市镇、县城、正在发展的各省首府、港口或大城市。伦敦在 17 世纪主导了殖民地的商业,移民中的

---

① P. J. Marshall, edited, *The Oxford History of the British Empire*, Oxford: Oxford Universty Press, 1998, Vol. 1, p. 182.

大多数，无论贫穷或富裕，都是从伦敦移民美洲的。例如来自斯坦福德郡（Staffordshire）的查理·帕克，在 1685 年移民北美之前在阿尔德盖特（Aldgate）居住了半年。很多移民并不是伦敦本地居民，而是在移民之前的几个月或半年内迁居伦敦的。移民典型地呈现出两步跳的特征，首先移民到伦敦，其次再移民殖民地。因此，大多数移民在到达弗吉尼亚和马里兰之前都有离开家乡、在陌生的地方生活的经历。

　　进入 18 世纪，切萨皮克人口增长更为迅速，除继续到来的移民洪流外，自然增长是此时期人口增长的更重要原因。随着切萨皮克的生活和健康条件得到改善，性别比例趋于平衡，人口自然增长率逐渐提高。1668 年，在切萨皮克的白人人口中，只有 19% 出生在本地，到 1700 年这一比例增加到 55%，到 1750 年超过 90%。① 对 18 世纪早期马里兰的乔治王子县一群妇女的生育水平的调查表明，比同期英国妇女的生育率高 3 倍以上，同一个丈夫可以生育 10—11 个孩子。当孩子成人时，父母都还健在。到 18 世纪 40 年代在黑人人口中也出现类似情况。与此同时，18 世纪出现了移民的又一次高峰，包括强制移民和自愿移民。在 1690—1750 年大约有 250000 人进入英属北美大陆殖民地，其中半数以上是黑人，即大约输入 140000 个黑人奴隶，主要进入南部殖民地。他们或者直接来自塞内甘比亚（Senegambia）和安哥拉之间的非洲地区，或者来自加勒比的种植园。在欧洲裔移民中，至少有 25000 名罪犯从英国运入美洲殖民地，其中大多数进入弗吉尼亚和马里兰殖民地，他们绝大多数按照刑期服役 7—14 年。② 从地区来源看，18 世纪的白人移民除来自英国外，还有大量来自欧陆。

　　1716 年弗吉尼亚殖民地有 7 万多人口，定居者已进入彼德蒙特。③ 1730 年弗吉尼亚人口共有 114000 人，1750 年有 231033 人，1760 年

---

① P. J. Marshall, edited, *The Oxford History of the British Empire*, Vol. 2, p. 280.

② Ibid. .

③ Louis D. Rubin, Jr. , *Virginia: A Bicentennial History*, p. 31.

达到339726人，1770年增加到447016人。^①1749年时弗吉尼亚有44个县，定居的区域深入大河谷的西南部，达到今田纳西和肯塔基，到1763年弗吉尼亚有54个县，到1782年数量增至72个。马里兰的人口，1710年有42741人，1720年有66133人，1740年增加到116093人，1750年有141073人，1760年增加到162267人，到1770年达到202599人。^②人口的增加势必改变人口的分布，弗吉尼亚和马里兰的人口在潮水带和彼德蒙特分布更为均衡。

在17世纪、18世纪到达切萨皮克的移民中，可以分为自由移民和非自由移民两大类。非自由移民显著是殖民地时期向北美移民的一个特征。除从非洲大陆输入的黑人外，非自由移民还包括白人契约奴移民。白人契约奴移民在17世纪到达切萨皮克的移民中尤其居多。他们通常以服役4—7年来偿还路费。关于契约奴移民、黑人奴隶输入的情况，后文将辟专章做详细阐述。此处谈一谈自由移民的情况。

自由移民，即自己偿付路费的移民。他们的经济状况和社会地位整体上好于偿付不起路费的契约奴移民，不过内部也存在差异。17世纪到达切萨皮克的自由移民主体是年轻的单身男性，主要来自英国的伦敦、英格兰东南部以及沿泰晤士河谷直至西部的各县。18世纪的自由移民来源地区更加广泛，扩大到欧洲大陆。至于自由移民的身份，则各种各样。有仅能付起路费的男性，为了逃避债务希望到殖民地寻找更好的运气；也有富有的商人、绅士和皇家官员等。例如詹姆斯·特平（James Turpin）是伦敦自由之塔（Liberty of the Tower）的一个烟草商，1675年移民弗吉尼亚；埃德蒙得·戈达德（Edmund Goddard）是伦敦市民、酒商，最早来自萨福克（Suffolk）。他们在殖民地发展成为种植园主—商人阶层的骨干。贵族的小儿子以及爵位低等的贵族是自由移民的另一个重要来源。殖民事业的倡导者和殖民地的领袖都积极鼓励上等人士移民新世界，相信他们会成为殖民地的自然领

---

① U. S. Department of Commerence, Bureau of the Census, *Historical Statistics of the United States, Colonial Times to* 1970, U. S. Government Pringting office, Washington, D. C. , 1975, Part 2, p. 1168.

② Ibid..

袖。例如为了创建马里兰的贵族体制，巴尔的摩业主对资助 5 名以上移民到殖民地的人授予庄园主和地主，其所具有的"尊贵和特权"与英国相同。1635 年的《马里兰参考》包括一个"向该殖民地移民的绅士冒险家"的名单，其目的是鼓励类似的移民。但是绅士移民的大多数并不具有在殖民地成为永久的官员的野心，他们更关注的是从烟草种植园、商业以及其他事业的经营中获取利润。从此而言，殖民地的绅士很难与商人分开。各县的统治者，像兰开斯特县的约翰·卡特和弗吉尼亚下诺福克县的托马斯·威洛比都是如此。他们的上等出身使他们在进入殖民地伊始就获取了较高的社会地位，但是他们首先是而且最重要的是烟草商人和大种植园的管理者，形成种植园主—商人的紧密结合。

自由移民是切萨皮克种植园主的最重要来源之一，他们受到殖民地丰富的土地和烟草繁荣的吸引移民北美，在到达殖民地后也大多主要从事烟草种植业，成为种植园主。由于自由移民身份各异，种植园主的身份来源也多种多样，如英国及欧陆的贵族，以贵族中的中下层为主，还包括商人等。种植园主的另一个重要来源是服役期满后获得自由的原契约奴移民，这在后文中将予以论述。

人头权授地虽然为殖民地吸引了移民，但在执行中逐渐暴露出弊端：一个人几度入境，每次都领取一份"人头权利"；船长用船员的名字冒领土地；船主、商人和种植园主分别用同一个移民的名义领取土地；同一个人在不同的县同时领取土地；两个主人共同买下一个契约奴，却领取两份土地；殖民地书记官员利用职权以 1—5 先令一份的价格出售"人头权利"；更有胆大者用墓碑上的名字骗取土地。这些情况在实行人头权授地的南部各殖民地都有出现。1683 年马里兰业主取消人头权授地，代之以缴纳保证金领取土地的办法。在弗吉尼亚，1715 年以后"人头权"授地也失去了原来的重要性，出售成为分配土地的主要方式，大地产在弗吉尼亚受到鼓励。一方面，"人头权"使少数人积聚了大量土地；另一方面，当局授予个人的土地面积越来越大。17 世纪 30 年代平均每份土地的面积为 400 英亩，在 1666—1679 年达到 890 英亩。1701 年 9 月议会下院提出一个授地方案，最小的一份授地仅 80 英亩，而最大的一份则达到 4342 英亩。[①]
在北卡罗来纳，1729 年变为皇家殖民地后，"人头权"虽未被废止，
但已不是重要的措施，购买也成为居民获得土地的主要方式。土地价
格因时因地而异。18 世纪初，在马里兰可用 5 英镑（英币）买到 100
英亩土地，在弗吉尼亚购买 100 英亩土地则只需要 10 先令。后来获
取土地日益困难，土地价格总体在上涨。例如弗吉尼亚萨里县詹姆斯
河流域的土地，在 17 世纪 70 年代每英亩平均售价为 44.8 磅烟草，
17 世纪 90 年代为 51.1 磅烟草，布莱克沃特河流域的土地，17 世纪
70 年代每英亩平均价格为 9.8 磅烟草，20 年后上涨到 16.9 磅烟草。[②]
到美国革命时期，一些好的土地价格可以达到每英亩 20 先令，甚至
更高。[③] 不过，在殖民地时期的南部，大部分时间土地价格是比较低
廉的。

虽然人头权制度被废止或逐渐丧失了重要性，出售和购买取而代
之，但几乎与人头权同时开始实行的另一种土地授予方式却没有停
止，直到 18 世纪还在执行，即特殊的大土地授予，或授予显赫的个
人，或授予团体。马里兰是业主殖民地，其业主卡尔弗特最初想在马
里兰培植出一个土地贵族阶层，实行土地分封制，实际也是授予。他
分封了大约 60 个庄园，1670 年业主规定，每县均为业主保留 6000 英
亩的庄园土地，1679 年业主再度指示在每县建立 2 座庄园，到 1767
年，共有庄园 23 座，面积 190000 英亩。[④] 1727 年上任的弗吉尼亚总
督古奇将边疆土地大量授予富有的种植园主以鼓励和推进殖民地的开
发。他说，把西部广阔的土地授予富有的种植园主意味着将会鼓励
"富有的一类人"迁移到西部，以获得他们的保护。1730 年以后要求
一个土地投机者必须在每一千英亩土地上安置一个家庭才能获得土地
所有权。弗吉尼亚参事会在 1743—1760 年授予个人和团体的土地达

---

① 李剑鸣：《美国的奠基时代》，人民出版社 2001 年版，第 178 页。

② 同上书，第 187 页。

③ Jackson Turner Main, *The Social Structure of Revolutionary America*, Princeton：Princeton University Press，1965，p. 45.

④ 李剑鸣：《美国的奠基时代》，人民出版社 2001 年版，第 177 页。

到 300 多万英亩。

大地产发展起来。在弗吉尼亚北内克县，第六个费尔法克斯勋爵在 1745 年拥有土地 5.25 百万英亩，在其下，罗伯特·卡特及其后代作为费尔法克斯家族的代理人拥有土地 30 万英亩。在弗吉尼亚南部，威廉·伯德父子拥有土地 18 万英亩，招募法国胡格奴教徒和瑞士移民进行开发，把里士满作为指挥基地。[①] 根据种植园主的遗产记录做出的估计，约 10% 最富有的弗吉尼亚人拥有该殖民地一半的土地。[②] 拥有庞大地产的种植园主并不能完全经营如此多的土地。他们往往自己亲自经营其中的一部分，而把其余的分成小块进行出租或转卖。例如，马里兰的庄园大部分由佃农耕种。1683 年业主给马里兰总督发出指令，要求将庄园土地出租，佃户可以订立为期 31 年或 3 代人的租约，每 100 英亩每年缴纳 100 磅烟草或 1 蒲式耳玉米；每份租地的最高限额为 200 英亩，如果佃户答应每 100 英亩每年缴纳 200 磅烟草的租金，其子孙后代可以得到永久租佃权。一份租地的面积通常为 100 英亩，但许多佃农不止租种一份。根据对马里兰 8 座庄园的 308 份租地的统计，平均每个佃农租种的土地为 140.33 英亩。后来马里兰的租金有所变化，在 1720—1765 年，每 100 英亩的租金为 10 先令至 10 英镑不等。巴尔的摩附近的一块地每英亩租金达到 1 英镑现金。18 世纪下半叶，弗吉尼亚的租金为每 100 英亩 8—10 英镑。弗吉尼亚南部和南、北卡罗来纳殖民地租金较低，[③] 在一些地区租金只需每英亩 2 先令或 3 先令。[④] 但佃农并不是贫困的人，有些略有家资和土地的人，或为了获得经济利益，或为了靠近亲戚朋友，同样租种土地，进行经营。有的佃农后来获得了自己的土地，但仍然保持原来的租约。例如在马里兰的庄园就有少部分佃农获得自己的土地。在比弗

---

① P. J. Marshall, edited, *The Oxford History of the British Empire*, Vol. 2, p. 284.

② Jackson Turner Main, *The Social Structure of Revolutionary America*, p. 65.

③ Lewis Cecil Gray, *History of Agriculture in the Southern United States to 1860*, New York: Russell & Russell, 1966, p. 406.

④ Jackson Turner Main, *The Social Structure of Revolutionary America*, p. 45.

丹等 8 个庄园的 307 名佃农中，拥有土地者达 115 人，占 37.47%。① 从殖民地总体而言，没有土地、仅靠租地为生的佃农是少数，大约占 30%，而拥有土地的种植园主是多数，占 70%。在弗吉尼亚，有大约 30% 的白人拥有土地在 100 英亩至 500 英亩之间，平均拥有土地面积是 230 英亩，有 1/5 的白人种植园主拥有 500 英亩的土地。② 在殖民地时期，土地总体而言还是比较容易获得的。切萨皮克殖民者通过授予、购买等途径获得了大小不等的土地，然后以此为基础，开辟成为种植园，种植烟草作为现金作物。少数种植园主经营的种植园则是租种的。

　　土地的开发受到一系列因素的影响：土壤的质量、航船是否可以到达、与英国商人的商业联系、与其他种植园尤其是种植园主—商人阶层的种植园的相邻情况，等等。通常，新土地是由居住在相邻地区的种植园主开发的，他们在几年前是边疆居民。例如，弗吉尼亚格洛斯特县沿约克河和莫波杰克湾（Mobjack Bay）的开拓为拉帕汉诺克河沿岸土地的开拓提供了一个极好的跳板。富有的种植园主例如里查德·李上校和威廉·布罗卡斯上尉以及拉尔夫·沃姆利以前都居住在弗吉尼亚约克县，在 17 世纪中期迁移到拉帕汉诺克河南岸的罗斯希尔克·里克（Rosegill Creek）附近，同时殖民地其他地区已经创业的种植园主也来加入。他们为新县兰开斯特的建立带来了资本和政治上的领导权。到 1653 年，在第一批殖民者进入这一地区之后的几年内，有 91 户分布在拉帕汉诺克河的两岸，集中在溪流、入河口附近，从斯汀戈雷（Stingray Point）到弗来什（Freshes Upriver）绵延 45 英里。

　　18 世纪烟草种植园向彼德蒙特扩张，不仅新到的移民涌入这一地区，潮水带人口也纷纷向西迁移，他们带来了现成的烟草生产和种植园管理经验，彼德蒙特得以迅速开拓。潮水带的上层人士不仅在彼德蒙特购买土地，再卖给拓殖者，而且很多人自己迁移到西部，在彼德蒙特和山坡地带建立新的地产。伦道夫、贝弗利、博林、卡特、科

---

① 李剑鸣：《美国的奠基时代》，人民出版社 2001 年版，第 183 页。

② Jackson Turner Main, *The Social Structure of Revolutionary America*, p. 65.

克、佩奇等家族都迁到了西部。对于那些不太富有的人来说，西部也是发展的机会。例如彼得·杰斐逊，其父亲已经在潮水带为其置办了一处地产，他是一个强健、活跃的人，善于耕作，有才能，他与威廉·伦道夫的孙女简·伦道夫结婚，从而具有了良好的社会关系，后来他和乔舒亚·弗赖伊制作了一张弗吉尼亚和马里兰的地图，成为几十年里西部地区的权威之作。他在詹姆斯河瀑布线以西获得了一块土地的专利，其儿子托马斯·杰斐逊就诞生在这里。在奥兰治县的山脚下，安布罗斯·麦迪逊娶了斯波茨伍德上校的一个同伴的女儿弗朗西斯·泰勒为妻，在一块 5000 英亩的土地上定居，使用奴隶劳动进行耕作。约翰·亨利在里士满以北的汉诺威县是种植园主兼牧师、法官，其儿子帕特里克就出生在这里。再向北，波托马克河和拉帕汉诺克河之间的广大地区，本是詹姆斯二世授予卡尔佩珀的土地，现在为费尔法克斯所有，奥古斯汀·华盛顿在波托马克河岸获得 10000 英亩土地，他自己并不是种植园主家族的领袖人物，但他的儿子乔治与丹尼尔·帕克·卡斯蒂斯的遗孀玛莎·丹德里奇结婚，从而与伯德家族结为联盟。1726 年雅各布·斯托夫带领一群德国人和瑞士人进入谢南多厄河谷。1727 年亚当·米勒率领一群朋友从宾夕法尼亚南下，在马萨纳特山（Massanutten）和蓝带山之间定居。然后在 1732 年乔伊斯特·海特率领一队阿尔萨斯人到今温切斯特附近、原授予约翰·凡·米特的 100000 英亩的土地上拓殖。同年约翰·刘易斯带领一队苏爱人越过山脉，到今斯汤顿镇附近，在威廉·贝弗利所有的土地上开拓。很快由显要的潮水带的种植园主在西部开拓了一个广大的区域。1749 年俄亥俄公司成立，两年后格林布赖尔公司（the Greenbrier Company）被授予格林布赖尔河岸边、今西弗吉尼亚境内的 10 万英亩的土地，詹姆斯·帕顿和他的同伴获得了沿俄亥俄河和新河的 10 万英亩的土地。[①] 移民进入今西弗吉尼亚州、肯塔基州、田纳西州和俄亥俄州的地区。

移民首先要清理和开辟土地。由于北美林木茂密，移民要做的第

---

① Louis D. Rubin, Jr., *Virginia: A Bicentennial History*, New York: W. W. Norton & Company, Inc., 1977, pp. 38 - 39.

一件事，是从林中开辟土地，并清除周围的树木，以便作物获得充足的日照。殖民者从印第安人那里学来了开辟耕地的技巧。在树干上剥去一圈树皮，使汁液流出，让树枯死。然后将树连根拔出，或者在枯萎的树干之间种植作物。至于林间的灌木杂树，则通常付之一炬。这种方法直到18世纪仍然流行于边疆地区。后来移民用斧头砍掉树木。因此清理和开辟土地是一件十分艰苦和繁重的工作，速度十分缓慢。切萨皮克的种植园主一般先开垦一小块，种植3—4年烟草，土地肥力减弱后休耕，再开垦另外一块土地耕种。几年后休耕地上又长满杂草灌木，于是又回过头来再度开垦和利用这块土地，直到所有的土地都耗尽地力。然后他们或从头开发休耕的土地，或者迁移到更远的地方。因此实际耕种的土地并不等于是一块地产或种植园的所有土地。"一个谨慎的种植园主每次用于种植烟草的数量不敢超过一定的数量，出于预见性，他必须不断增加自己的土地。"因此，"'烟草地'这一名词很快就成了'新地'的同义词"①。

白人移民的到来、烟草种植的快速扩张意味着北美土著居民——印第安人的不断萎缩和后退。英国在切萨皮克殖民之际，南部零落地分布着几支印第安人群落：①弗吉尼亚潮水带的波哈坦部落（Powhatans），有8000—9000人，包括几个小的部落，居住在大约200个村庄里，由波哈坦统治，但管理松散，根据约翰·史密斯的估计，其中约5000人居住在距詹姆斯敦六十英里以内的地方②；②在北卡罗来纳，居住着塔斯卡罗拉人（Tuscarora），属于易洛魁的一支；③在南卡罗来纳、佐治亚等地居住着更大的一支印第安人群落，白人称之为克里克人（Creeks）。③另外，还有苏斯魁汉诺克斯族（Susquehannocks）沿河定居在马里兰北部。在瀑布线以西，阿巴拉契亚山脚下是讲苏安语（Siouan）的马纳豪克斯族（Mannahoacs）和莫纳堪斯族

---

① ［美］丹尼尔·布尔斯廷：《美国人：开拓历程》，生活·读书·新知三联书店1993年版，第118页。

② I. A. Newby, *The South: a History*, Orlando, Florida: Holt, Rinehart and Winston, Inc., 1978, p.62.

③ Ibid., p.61.

（Monacans）的印第安人。

烟草种植需要大量土地并且不断扩张，而北美的土地原属于印第安人世代居住的，土地成为白人与印第安人争夺的中心。从 1622 年开始，白人和印第安人时而发生冲突。1622 年波哈坦部落无法忍受白人占据其土地，对白人发起第一次袭击，杀死 347 名殖民者。1644 年再次袭击，杀死大约 500 名殖民者。但是白人殖民者进行的报复更为残酷。到 1669 年波哈坦部落仅剩下不到 2000 人，被全部驱赶到詹姆斯河和约克河瀑布线以西，[①]力量削弱到无法再向白人反抗。伴随着白人的推进，是印第安人的后退。印第安人的消失是剧烈的和残暴的。居住在查尔斯顿南部海岸的雅马西部落，在 1715 年以后的两年间大部分被南卡罗来纳人所杀死或役使为奴隶。

不过，印第安人除死于直接冲突外，还有多数死于天花、麻疹、流感、霍乱、猩红热和黄热病等疾病。他们对白人从外部世界带来的这些疾病缺乏抵抗力。传染病流行严重时甚至导致印第安村落整村整村地消失。由此，大西洋沿岸地区的印第安人迅速减少，印第安人的土地大多被白人占领。

三　英国的态度和政策

自 16 世纪下半期在英国的政治经济生活中出现"改进"（"Improvement"）思想，在 17 世纪 40 年代具有相当影响，也是早期英国在切萨皮克殖民的指导原则。小里查德·哈克卢特（Richard Hakluyt the younger）就认为美洲"应该为我们生产欧洲、非洲和亚洲等我们所能至的地方的所有商品，供应所有我们急需的商品"[②]。北美南部各个殖民地是英国历尽千辛万苦开辟的殖民地，"殖民地应该为宗主国的利益而存在的，在这个意义上，殖民地应该生产宗主国所需要的东

---

① I. A. Newby, *The South: a History*, p. 63.

② P. J. Marshall, edited, *The Oxford History of the British Empire*, Vol. 1, p. 174.

西，应该向宗主国提供可以出售产品的市场"。因此，北美殖民地的经济发展是与英国的利益与政策紧密相关的，殖民地的经济发展不可能不受到英国政策的干预。

切萨皮克走向烟草种植的道路，并非殖民公司在殖民之初所希望的，更受到英国的强烈反对。根据"改进"思想，主张在弗吉尼亚发展多种经济，种植多种作物，发展多种行业，以取代英国传统上从欧洲和亚洲进口的产品，降低支出。伦敦的投资人也希望建立一个由高水平的熟练工匠和手工业者组成的城镇社会，制造英国稀缺的商品，比如从森林中提取钾碱，种植葡萄，酿制葡萄酒，利用当地的桑树，养殖蚕类，发展丝织业，种植水果，等等。弗吉尼亚公司的发展计划主要是依靠地理理论做出的，根据其所处的纬度位置描述气候，投资者认为，弗吉尼亚与地中海在同一纬度，将有完全相同的环境，必然能够生产与法国、葡萄牙和西班牙相同的产品。但是，殖民地实际上的发展完全出乎英国当局和殖民公司的预料。

早在弗吉尼亚殖民地开拓之前，在烟草传入英国时，面对引进的新植物，在英格兰，同在欧洲其他地方一样，引起了一场激烈的讨论。在烟草传播的早年，英格兰普遍认为烟草是有害的，至少是无用的产品。最著名的烟草反对者是英王詹姆斯一世，他把烟草称作"臭杂草"，1604 年还专门发表了《对烟草的强烈抗议》（*A Counterblaste to Tobacco*）一文。虽然对争论无济于事，但是表明了斯图亚特王朝对吸烟的措辞和看法。他警告说烟草的特别味道是其有毒的证明，并要求其臣民不应该仿效"野蛮的、无信仰的、低级的印第安人的野蛮和肮脏的行为，尤其是这种极坏的、臭气熏天的习惯"①。也有人维护吸烟行为，认为烟草可以治病，有药物功效，吸烟是一种令人愉快和适意的消遣。辩论双方都郑重其事。烟草在 17 世纪也许相当于今天的鸦片。查理一世对待烟草的态度与詹姆斯一世没有什么区别。当弗吉尼亚生产烟草并运往英国时，英国的反

---

① Edward C. Kirkland, *A History of American Economic Life*, New York: F. S. Crofts & Co., 1946, p. 66.

应可想而知。当时的英国政治家一直反对弗吉尼亚投入那么多的人力种植烟草，无不遗憾或以抗议的态度对待这个以烟草为基础的殖民地。在皇家的很多宣告中都表明了这种意见。在 1621 年下议院关于烟草问题的一次争论中，普遍爆发了对烟草的反对情绪。议员一个接一个地猛烈抨击烟草是"极坏的"，是他们深恶痛绝的东西，应该从王国内完全清除出去。他们宣称应该对弗吉尼亚的支持者采取某种手段。迟至 1637 年枢密院仍然写到，国王希望从弗吉尼亚获得的不是烟草，而是更好的结果。

但是道德争论对殖民地的发展和烟草的使用未发生多少作用。市场对烟草的需求似乎没有止境。弗吉尼亚继续扩大烟草种植，英国也无法停止进口烟草。斯图亚特王朝对"建立在吸烟基础上的"殖民地深感遗憾，为了道德和重商主义的原因，努力把殖民地向其他方面引导，都归于徒劳。但是英国逐渐改变了对殖民地烟草生产的态度，并且制定了一系列的政策措施来保障殖民地的发展。态度改变的原因在于利益驱使。英王发现从殖民地输入烟草不但可以减少从其他国家进口烟草所花的费用，而且还可以从关税征收中增加收入。英国市场上最初消费的烟草是从西班牙殖民地供应，1615 年英国为进口这些产品流失了 20 万英镑。[1] 并且烟草已经是很多人收入的一个来源，牵涉各方面的利益。商人从烟草的运输和贸易中获利，殖民者从种植中获利。国内外烟草消费者的人数日益增长。英格兰和爱尔兰也都种植烟草。此外，烟草还有医药用途。

英国的政策主要有以下几个方面：

首先是赋予切萨皮克殖民地烟草生产的垄断权，限制并减少从其他国家输入烟草，禁止英国本土生产烟草。早期切萨皮克的烟草面临着几方面的竞争。西班牙的优质烟草最先在英国市场上占据高价。到 1619 年，弗吉尼亚公司已经运送相当数量的烟草到英国，但是质量较差。弗吉尼亚殖民地的烟草在英国市场上面临西属美洲生产的烟草的竞争，引起弗吉尼亚公司及其附属公司萨默斯公司的注

---

① Edward C. Kirkland, *A History of American Economic Life*, p. 67.

意。排外或限制进口的问题是英王和国会几年来争论的重要议题。
1624 年英王接受了限制进口的政策，作为垄断烟草贸易的一部分。[①]
虽然 1625 年以后的几年这一政策的执行摇摆不定，但是弗吉尼亚和
马里兰烟草生产和出口量的迅速增长使西班牙的竞争意义相对减弱。
到 1685—1688 年，平均每年输入的西班牙烟草仅为 16000 磅，而
从英国殖民地输入的烟草平均每年为 1450 万磅。17 世纪 30 年代英
属西印度生产的烟草是切萨皮克另一个重要的竞争对手，但是 17 世
纪 30 年代末期由于烟草价格下跌，使西印度的烟草种植园主蒙受巨
大损失，1640 年以后很快转向蔗糖生产，烟草种植没有坚持下来，
这减少了同切萨皮克的竞争。在烟草生产早期另一个有威胁性的竞
争是英国本土的烟草生产。但是王室利益是从烟草进口中征收税收，
发展新的殖民地事业，在 1619 年 12 月英国王室宣告禁止英格兰和
威尔士生产烟草。[②] 除了几次小的干扰外，这一政策一直执行到
1779 年，直到美国革命爆发以后才解除了禁令，允许爱尔兰和英格
兰生产烟草。在禁止英国本土生产烟草的同时，英王于 1624 年 9 月
颁布命令鼓励殖民地的烟草种植。[③]

　　早在 1619 年以前，烟草种植就出现在伦敦及其郊外。虽然王室
已经宣告禁止英国本土的烟草生产，但是到 17 世纪 30 年代后期烟草
种植仍然出现在约克、林肯、诺丁汉、乌斯特、瓦立克、蒙茅斯、格
洛斯特、威尔特郡，以及肯特、艾塞克斯、中塞克斯和萨里郡的各
县。利益的吸引战胜了道德的评判。1619 年签发的两个王室公告规定
禁止未缴纳税收和未经官方检查和标志的烟草在英格兰出售。[④] 同年
枢密院命令禁止在"伦敦或威斯敏斯特附近种植烟草"。1621 年，命

　　① L. C. Gray, "The Market Surplus Problems of Colonial Tobacco", *Agricultural History*,
Vol. 2, Num. 1 (Jan., 1928), p. 7.

　　② W. Keith Kavenagh, edited, *Foundations of Colonial America: A Documentary History*,
New York: Chelsea House Publishers, 1973, Vol. 3, p. 2321.

　　③ Ibid., p. 2324.

　　④ Herbet L. Osgood, *The American Colonies In the Seventeenth Century*, New York: The Mac-
millan Company, 1907, p. 29.

令扣押没收这一地区种植的所有烟草，1625 年禁令推广到英格兰所有地区。两年后，枢密院命令毁掉"在乌斯特、格洛斯特和威尔茨种植的所有烟草，尤其要惩罚乌斯特郡的 17 个地方、格洛斯特郡的 40 个地方以及威尔茨郡的沃顿和巴塞特"。同年稍晚，禁止种植烟草的命令推广到包括"英格兰、爱尔兰及其所属任何岛屿"。[①] 但是强行禁止的命令在执行中遇到困难，被认为是对个人自由的限制，政府官员发现很难阻止冒犯者照旧种植烟草，并拿到伦敦市场上同"殖民地的烟草一样出售"。为此，英国多次发出警告和命令。1627 年查理一世警告英国继续生产烟草会威胁到殖民地未来的经济发展。三年后弗吉尼亚殖民者发现英国种植的烟草比以前还多。1631 年和 1634 年，查理一世重申了 1627 年的警告。1635 年，枢密院再次立法制止英国境内的烟草生产，甚至在第二年赋予"负责破坏烟草的警察"以逮捕的权力，尤其在格洛斯特郡和乌斯特郡签发了专门的逮捕令，传达到各个县，"目的在于破坏烟草"。虽然大量的烟草被毁掉，但是烟草种植没有能够完全禁止，一些地方仍在种植。1639 年"破坏烟草的任务"被认为是有"巨大困难和危险的任务之一"。[②] 种植者在相对缓和时期仍然种植烟草，直到内战爆发执行机构也没能够完全禁止英国的烟草种植，在内战和共和时期更是几乎没有官方约束。由于烟草种植业的规模扩大，以致在王政复辟以后再次禁止时遭到至少为期三年的抵抗斗争。迟至 1703 年在布里斯托尔附近仍然有少量的烟草种植。[③] 虽然如此，在禁止本土种植的政策下，英国本土的烟草生产毕竟受到抑制而减少很多，英国的烟草生产不再是一个重要的竞争因素。赋予北美殖民地烟草种植的垄断权是切萨皮克烟草种植得以发展繁荣的一个重要因素。

其次是实行贸易垄断。1621 年 10 月，英王断然命令殖民地生产

---

① Theodore Saloutos, "Efforts at Crop Control in Seventeenth Century America", *The Journal of Southern History*, Vol. 12, Issue1（Feb., 1946），p. 53.

② Ibid., p. 54.

③ L. C. Gray, "The Market Surplus Problems of Colonial Tobacco", *Agricultural History*, Vol. 2, Number 1（Jan., 1928），p. 9.

的所有烟草都要输入英国。① 在斯图亚特时期又认识到只有把外国的船只从运输贸易中排除，才能确保这一政策得到良好实行。随着时间的推移，英国对殖民地贸易的垄断措施不断完善。这集中体现在几次颁发的航海条例中。这些航海条例虽然不是专门针对烟草贸易的，但烟草贸易被纳入系列的贸易垄断措施之下。1651 年国会制定第一个《航海条例》，1660 年又制定《运输与航海鼓励条例》，1663 年制定《主要物产法令》。这些名称稍异的条例、法令其实质是一样的，都是旨在实行贸易垄断。这些条例、法令的主要内容是：①严禁在外国注册的船只在属于英帝国的港口进行贸易；②殖民地不得从欧洲大陆国家直接进口制成品，这种贸易首先必须经过英国港口；③奖励殖民地生产英国所稀缺的物资；④将若干在国际贸易中十分重要的商品定为"列举品"，这些货物只能运往英国港口，南部殖民地生产的烟草、稻米是历次不可或缺的"列举品"。1696 年英国又制定《大航海条例》，规定在殖民地设立 12 个海事法庭，授予海关官员更广泛严格的搜查权，规定殖民地总督要宣誓执行航海条例。

但是贸易垄断的实际执行情况最初并不如意，尤其在英国内战和共和时期几乎没有得到有效执行，王政复辟以后也没有立即实行，而是拖延了几十年，但是执行逐渐加强，在 18 世纪基本得到执行，只是有时受到推诿。

贸易垄断政策整体上虽然是英国限制殖民地发展和自由贸易的措施，但是对南部殖民地的烟草生产而言，也具有积极意义，使其获得了稳定可靠的市场。

最后是关税政策。这也是英国改变对北美殖民地生产烟草的态度的关键所在，英国王室的兴趣在于关税所带来的收入。烟草在运往其他市场之前必须首先运到英国，这一政策的意义只有在了解了税收与退税政策以后才能理解。1615 年在弗吉尼亚烟草运到英国市场之前修订了关税政策，全部关税是每磅 2 先令，但这一政策与早年颁给弗吉

---

① L. C. Gray, "The Market Surplus Problems of Colonial Tobacco", *Agricultural History*, Vol. 2, Num. 1 (Jan., 1928), p. 9.

尼亚公司的特许状中规定的各种各样的免税政策相抵触，因而在弗吉尼亚公司统治的最后几年，这是一个争论不休的问题，导致几项政策临时的调整。1620 年对弗吉尼亚的烟草税收是 1 先令，1623 年降到 9 便士，1632 年降到 4 便士，1640 年又降到 2 便士，这一标准实行了两年以后内战爆发，使关税提高，并且另外增加了繁重的消费税。但是这打击了消费，直到 1644 年 3 月对烟草的税收改为关税 1 便士，消费税 2 便士，1657 年又将消费税降到 1 便士。[1]

王政复辟后的第一届国会取消了对英属殖民地烟草的消费税，但是每磅烟草征收 5% 的手续费（old ad valorem poundage rate of five percent），相当于 1 便士的专门税收，同时规定在烟草输入 9 个月以后征收 1 便士的特别税，在指定期限内再出口时特别税予以返还，同时返还一半的手续费（poundage）。因此，此时期英国消费的烟草关税是每磅 2 便士，而再出口的烟草获得 1.5 便士的返还。这一比例实行到 1685 年，又增加了 3 便士，使税收提高到 5 便士，1697 年再次增加，到 1703 年税收增加到约 $6\frac{1}{3}$ 便士，一直实行到 1748 年，税收又提高到约 $7\frac{1}{3}$ 便士，1758 年再次提高至约 $8\frac{1}{3}$ 便士。总之，1685 年以后烟草税有很大增加，直到殖民时期结束，相当于殖民地烟草价格的 3—7 倍。但是由于再出口时的返还政策，很大程度上修正了税率的提高。随着 1685 年以后烟草税的不断提高，王政复辟时期制定的 1.5 便士的返还政策一直执行到 1723 年，这一年规定对再出口的烟草税收应该完全返还。[2] 因此，1685 年以后事实上只对在英国本土消费的烟草征收高税率，而尽可能把负担从与欧洲大陆的贸易中转移。

事实上，随着时间的推移，与欧洲大陆的贸易变得越来越重要。1693 年和 1698 年估计英国烟草总进口量的约 2/3 被再出口。在乌特

---

[1] L. C. Gray, "The Market Surplus Problems of Colonial Tobacco", *Agricultural History*, Vol. 2, Num. 1（Jan., 1928），p. 10.

[2] Ibid., pp. 10 - 11.

勒克和平之后，再出口的比例继续增长，直到美国革命爆发前的最后5年，输入到英格兰的烟草大约83%被再出口，输入到苏格兰的再出口率达到近98%，因此对整个英国来说进口的烟草约90%被再出口，只有约10%的烟草在国内消费，承受繁重的税收。[①] 例如在1730年英国从北美殖民地输入的3500万磅烟草中，再出口量为3300万磅；1770年，烟草输入量为7800万磅，再出口量为7300万磅。[②] 17世纪末，弗吉尼亚烟草原来的竞争者——西班牙反而每年从英国市场上购买烟草2000桶，法国购买1.8万—2万桶。这些国家原来主要通过荷兰输入烟草，但是在莱斯威克和平（Ryswick）和西班牙王位继承战争开始期间，英国同法国发展了一大部分的直接贸易。英国商人还与巴尔干半岛的国家发展了贸易，主要出口品质较低劣的暗褐色烟草。在17世纪最后20年，弗吉尼亚和马里兰还与俄国发展了重要的贸易关系，沙皇颁布了垄断特许状，希望让享有垄断权的人教会他的人民加工烟草的秘密。英国烟草商人受到很好的保护，18世纪初英国外交机构试图迫使沙皇放弃垄断政策，开展自由贸易，类似的协议也向西班牙、葡萄牙和瑞典开放。西班牙王位继承战争破坏了英国与法国和巴尔干国家的大部分直接贸易，这些国家转向荷兰供应烟草。荷兰人购买叶子鲜亮型的高品质的Oronoke烟草，把它与荷兰和德国各邦生产的大量的低质烟草混合起来，使低质量的Oronoke烟草只能在市场上当作药材使用。荷兰人还学会把烟草秸秆蒸煮打碎，以制造成烟草的填充物，加上各种各样比例的英国和荷兰烟叶，他们还把一半的英国烟草和一半的荷兰烟草混合起来，做成烟卷，以满足垄断法国市场的需要。结果，1706年荷兰的烟草产量增加到2000万磅，波美拉尼亚和布兰登堡生产2000万磅，另外，斯特拉斯堡、法兰克福和匈牙

---

① L. C. Gray, "The Market Surplus Problems of Colonial Tobacco", *Agricultural History*, Vol. 2, Num. 1 (Jan., 1928), p. 11.

② U. S. Department of Commerence, Bureau of the Census, *Historical Statistics of the United States*, *Colonial Times to* 1970, U. S. Government Pringting office, Washington, D. C., 1975, Part 2, p. 1190.

利生产 2000 万磅。[①] 英国的烟草再出口受到一定的损害。

四　烟草的价格和销售

在弗吉尼亚殖民地开拓的最初十年，弗吉尼亚公司垄断了殖民地的商业，虽然 1606 年和 1609 年的特许状允许向公司缴纳一定费用的个体商人进入贸易领域。后来，弗吉尼亚公司的特定成员为了商业垄断专门组织了辅助的公司。但是，这种辅助性的商业垄断被证明是不成功的，1620 年决定解散其事务，向公众开放商业。在公司统治的最后三年，辅助性的殖民公司和个人冒险家占据了烟草贸易的大部分，此后的几年里殖民地的烟草出口被迫依赖不定期到来的个人商船。他们从一个种植园到另一个种植园收购烟草，种植园主发现自己处于不利位置，因为如果不按照这些商人给予的条件出售自己的烟草，也许就不再有商船到来，烟草也无法售出。而缺乏市场知识，也使种植园主在讨价还价方面处于不利地位。早期试图在詹姆斯敦或圣玛丽建设海港城镇或集中的市场的努力由于商人的干涉也失败了。不断增加的竞争，特别是荷兰人的竞争，逐渐使种植园主极端依赖不定期到来的商船。在荷兰战争期间，采取大多数英国商船组成船队的方式，有统一的护航，同时由于商船队的到来，在一些方面改善了市场条件。但是，虽然由于战争频仍和私人海盗袭击促使商人组成了商船队，但这种方式并没有固定下来。而且，这种方式也使商人容易串通，限制了竞争。因此，1695 年马里兰总督尼古拉斯抱怨伦敦港以外港口的船只倾向于比大多数伦敦港的船只到来得早，他们与其他一些先来者一起，散布消息说，市场不需要很多的烟草，价格也低。他宣称："商人通过这些不好的消息制造自己的市场，常常不利（于种植园主）。"1704—1707 年，在西班牙王位继承战争期间，伦敦的殖民地代表夸

---

① L. C. Gray, "The Market Surplus Problems of Colonial Tobacco", *Agricultural History*, Vol. 2, Num. 1 (Jan., 1928), p. 12.

里上校（Colonel Quary）对此负责：在十四个月内，有四个分离的商船队分别到达烟草殖民地。他说首先到达殖民地的所谓的"烟草船队"（也许是外港的），对英国商品制定高价，结果使种植园主延迟烟草出售，直到伦敦商船队到来。而伦敦商船队主要由寄售制的商人船只组成，只带来少量商品，因为他们认为早到的船队已经提供了种植园主所需要的物资。而返回英国的"烟草船队"却发现没有市场，因为购买者推迟到伦敦船只的到来，导致烟草过剩，他认为只派一个船队是解决问题的办法。早期不规则交易的烟草贸易不仅对种植园主不利，而且使商人也冒很大的风险，尤其在竞争明朗以后。商人远航而来，不能确保是否能够收购到足够的货物装满货船，为此常常延长在殖民地的停留时间，为了收购货物，他们不得不从一个地方航行到另一个地方，花费很大。回到英国以后，由于没有已经联系好的市场，商人不得不寻找买主，在此期间既耽误时间，又增加了风险。

为了建立一个更有效率的市场销售机制，英国政府采取的重要一步是商人在特定殖民地之间的专门分工，由此形成了"弗吉尼亚商人"和"卡罗来纳商人"两个独立的商人集团。伦敦的"弗吉尼亚之行交易所"，指弗吉尼亚商人为交易而聚会的专门场所。由于烟草是弗吉尼亚和马里兰的唯一重要产品，与这些殖民地交易的商人必然是在烟草的分类、加工和出售方面都很专长的烟草商人，并且与英国和欧陆的市场有固定联系。从很早开始直到整个殖民地时期，烟草商人在有关烟草的立法方面产生很大影响，常常被行政官员请来咨询，而且，他们在烟草业的发展中具有相当地位。

另一个重要步骤是在烟草商与生产者之间建立固定的关系，首先是采取寄售制度，这由早期不定期到来的货船沿种植园收购烟草的实践发展而来。进口制度平等而又简单，购买某一个种植园主的烟草的同一艘商船通常受种植园主的要求从英国或其他地方带来一定的货物。在寄售制度下，种植园主把烟草委托给一个英国商人，商人把烟草分成等级出售，商人预付运输费用、市场开支和各种收费及关税，将烟草出售后，再扣除运输、储藏等费用和自己的佣金，然后把其余所得即净利润存到种植园主的账户上。商人仅仅充当种植园主的代理人，也是固定的顾客。由于烟草的价格由出售烟草的伦敦商人确定，种植园主处在一个不利的位置上。商人还为种植园主执行各种特别的要求，如购买碗碟、布料鞋靴、缝制服装等，甚至代为看望在英国的亲属。这种与进口相联系的直接交易在几十年中是经济方便的。由于英国商人的欢迎，寄售制度发展很快，为商人节省了时间，使商人免去了一定的市场风险。但是情况逐渐发生变化，种植园主开始从其他途径而不是从商人手里购买商品，而且从种植园主的立场看，严重的滥用和不利也随着寄售制度在发展。对商人的欠债使种植园主很大程度上依赖商人的仁慈，迫使他接受商人提供的条件，即使商人是诚实可信的，结果也常常令人失望，寄售制度过分依赖于商人的诚实与公正，商人在烟草出售中的作弊行为越来越多，种植园主也开始对账目产生怀疑。1785 年詹姆斯·麦迪逊写信给李，抱怨说种植园主和本地的商人都"接到了在这个季节的出售中，每一种商品都带有明显的可耻的欺骗行为（的消息）"①。当然种植园主与商人之间的怀疑和不信任也是由来已久的，遍及整个殖民地时期。大约在 19 世纪中期，据卡贝尔（N. F. Cabell）记载，殖民地时期农场主对商人的态度与今天极其相似，"在地球上，没有一个文明人劳动所得的报酬像殖民地时期弗吉尼亚的种植园主那样糟糕……商人应对这种损害的产生负主要责任，超过种植园主一切无知的经验主义、错误的判断和懒惰，商人代表每年集会决定这一年的烟草价格"②。

在寄售制度下，种植园主被迫承担不仅由价格变化所带来的风险，而且包括运输、税收和交易的各种费用，这些费用的总数是殖民地价格的几倍，而且，烟草是由批发商以长期信贷的方式卖给零售商的，种植园主要承担风险。如果购买者破产或者资不抵债，种植园主不仅失去了烟草，还要承担繁重的税收、运输、储存等费用。根据 1733 年的统计，每桶烟草支出的此类费用为 18—19 英镑。1737 年出版的一个典型的烟草出售账目记录了在伦敦一桶净重 732 磅的烟草的

① L. C. Gray, "The Market Surplus Problems of Colonial Tobacco", *Agricultural History*, Vol. 2, Num. 1（Jan., 1928）, p. 17.

② Ibid..

出售情况，各类费用达十几种，合计超过 20 英镑。列举如下：[1]

英国关税：	16 英镑	18 先令	2 便士
马里兰出口税：	0 英镑	2 先令	9 便士
运费：	1 英镑	15 先令	0 便士
其他费用：	0 英镑	2 先令	1 便士
进口报关单等（To entry inwards, etc）：	0 英镑	1 先令	6 便士
出口报关单等（To entry outwards, etc）：	0 英镑	2 先令	0 便士
桶：	0 英镑	2 先令	0 便士
搬运费等：	0 英镑	1 先令	0 便士
仓库租借费：	0 英镑	3 先令	6 便士
佣金：	0 英镑	2 先令	0 便士
寄信费用：	0 英镑	1 先令	0 便士
汇票〔To drafts（4 ibs. of tobacco）〕：	0 英镑	0 先令	9 便士
失重损失（To loss of weight）：	0 英镑	8 先令	3 便士
2.5% 的手续费税费和售价（To commission of 2.5 percent on duties and on selling price）：	0 英镑	12 先令	0 便士
合计：	20 英镑	12 先令	0 便士

其中的一些零碎费用是种植园主烦恼的一个重要根源。他们认为其中的一部分是商人自己的利润。

18 世纪早期，潮水带被完全占领，烟草业开始向西部内地扩展，这些新土地上的种植园主发现与英国商人保持直接联系是困难的，这个因素，加上对寄售制度的不满，导致殖民地即时购买制（outright

---

① L. C. Gray, "The Market Surplus Problems of Colonial Tobacco", *Agricultural History*, Vol. 2, Num. 1（Jan., 1928）, p. 18.

purchase）的广泛发展。伦敦港以外（外港）的商人尤其是苏格兰商人在很大程度上提倡这种发展。苏格兰在 1707 年与英格兰联合之前就开拓了相当部分的非法贸易，1707 年联合以后贸易量迅速增长，到 1775 年他们大约掌握了输往大不列颠烟草总量的一半。实行寄售制和即时购买制的烟草比例在变化，后者的重要性急剧增长，到殖民地时期末，3/4 的烟草是在殖民地即时购买的。1769 年商人罗杰·阿特金森写道："寄售制度瓦解了……而苏格兰人吸引了注意力。"[1] 除了商人—商船组成的不同的、专门的销售机制以外，还有一种发展倾向，即通过雇佣货船空间进行运输，使运输功能专门化，运输工具的使用比较灵活，也更为经济。

与英国的烟草销售的商业机制相对应，殖民地也发展了商业机制。首先，拥有码头的大种植园主早期开始为邻近不靠近可航行的河流或没有码头的小种植园主运送烟草，他们发现兼做商人十分有利，因此而产生了一个商人—种植园主阶层。作为种植园主，交易费用降低，一些风险转移，而且可以掌握交易的时间，与市场更为接近。在返航途中捎带契约奴，不仅降低了为之支付的运输费用，人头权又提供了获得更多土地的途径。作为商人，可以有更大的保障获得烟草，如果烟草不能装满船只的话，还可以装运桶板、护墙板和其他木材到西印度。由于与英国的联系，商人—种植园主阶层不仅投资于种植园，而且投资其他各种事业。因此很多殖民地的种植园主像威廉·伯德，同时又是出口商、进口商、殖民地官员、零售商、木材业老板、印第安商人、磨坊主。总之种植园主—商人的经营繁多，运作方式各种各样。

在殖民地后期，在烟草殖民地发展了一个专业的商人阶层，一些人是英国公司的较低层次的合作伙伴，或者是在殖民地的代表，获得薪水，一些是有海外商业关系的独立商人。随着烟草种植业向西部扩张，其中的一些商业机构在边远地区建立连锁商店，出售商品和奴

---

[1]　L. C. Gray, "The Market Surplus Problems of Colonial Tobacco", *Agricultural History*, Vol. 2, Num. 1（Jan., 1928）, p. 19.

隶，以长达九个月或更长时间的信贷，换取烟草和其他产品。

烟草价格是烟草种植和贸易的一个核心。无论对种植园主而言还是对商人而言都无比重要。在弗吉尼亚殖民者刚刚开始种植时，烟草在英国市场上还是一种奢侈的消费品。在 1622 年以前，平均每年从西班牙进口西印度生产的高等级烟草大约 6 万磅，可能比走私的数量要多。1619 年记述西班牙烟草通常每磅卖 18 先令，考虑到英国货币在那一时期的高价值，这是一个极高的价格。在早期弗吉尼亚生产的烟草质量不如西班牙的烟草，虽然在英国的价格簿上标价是每磅 10 先令，事实上在 1619 年下半年还不到这一价格的一半。但是 1620 年在伦敦市场上的价格是 8 先令。[①] 由于高价格，烟草主要是富人消费，在伦敦街道上以烟斗为单位零售。但是英国市场上的烟草价格和北美殖民地的烟草价格是不一致的，不可避免地存在差距。由于英国市场最初的高价格，弗吉尼亚公司 1618 年指派代表到殖民地，规定在公司仓库，烟草的交易价格为好等级 3 先令，次等级 8 便士。这样的价格刺激了殖民地烟草种植的狂热，烟草产量和出口量迅速增加，从 1614 年第一船殖民地烟草运抵英国，到 1622 年出口增加到 6 万磅，6 年后是 50 万磅，在以后十年翻了三番，1637—1640 年的 4 年，平均每年出口 1395063 磅。供应量增加使原来的高价格突然降低，即使英王和弗吉尼亚公司做出努力，试图保持烟草的高价格也无济于事。切萨皮克殖民地的烟草价格从 1618 年的平均每磅 27 便士降到 1620 年的 12 便士，1621 年又涨到 20 便士，1620 年代后期价格进一步跌落，1631 年降到 4 便士，1637 年降到 3 便士。[②] 1630 年哈威总督抱怨有些商人在弗吉尼亚以每磅不到 1 便士的价格收购烟草。从此以后烟草再也没有回升到最初的高价，直到革命爆发，烟草价格在每磅 3 便士

---

① L. C. Gray, "The Market Surplus Problems of Colonial Tobacco", *Agricultural History*, Vol. 2, Num. 1 (Jan., 1928), p. 1.

② U. S. Department of Commerce, Bureau of the Census, *Historical Statistics of the United States*, *Colonial Times to* 1970, U. S. Government Pringting office, Washington, D. C., 1975, Part 2, p. 1198.

的最高值和半便士甚至更低的价格之间波动，很少能高于 2 便士。①
事实上有时这个最低价也只是名义上的，因为烟草实际上卖不掉。烟
草价格在很长时期里呈现不规则的波动。

烟草价格到 1630 年猛跌，此后几年内价格一直很低，殖民地通
过各种立法试图解决这个问题。1638 年烟草产量是 1637 年至 1640
年间平均产量的 2.5 倍，大量的烟草抛向本已经跌落的市场，使价
格再次跌落。1638 年切萨皮克的烟草价格是每磅 3 便士，1643 年
是 1.8 便士。烟草价格这样低，以致种植园主无法依靠种植烟草维
持生活，导致一系列力图使烟草价格回升的立法，但是在接下来的
两三年里无论政府怎样努力，烟草价格一直没有回升，直到 1644 年
产量降低。

英国内战爆发引起了短暂的价格降低，但是与荷兰人的非法交
易在一定程度上维持了价格，直到王政复辟以后只有少数年代价格
很低。17 世纪四五十年代烟草价格在 3 便士到 2 便士之间波动。17
世纪 60 年代后期开始萧条时期，除 1663 年价格微有上涨外，持续
到 1667 年。可能由于英国内战和护国主统治期间，向殖民地的移民
增加，导致烟草种植面积扩大，产量提高。另外，1660 年以后航海
条例的加强推行，限制了与荷兰人的贸易，1666 年产量异常增加更
加剧了形势的严峻。加上伦敦瘟疫、市场混乱，1665 年烟草船队根
本没有出发到殖民地。1667 年暴风雨毁掉了弗吉尼亚 2/3—4/5 的烟
草，荷兰人又毁掉了 20 艘烟草船只，烟草价格萧条的形势才有所
缓和。

弗吉尼亚 1677 年烟草大丰收，相当于平常三年的产量，马里兰
也出现"从未听说过的"最大产量，导致另一场危机。1680 年弗吉
尼亚总督卡尔佩珀写信给英国当局，烟草的价格之低令他"吃惊"，
持续如此低价将使"这个曾经的高贵的殖民地致命的迅速的毁灭。"
但是那年的产量又是很大，加上市场已经饱和，使烟草变得实际上没

---

① L. C. Gray, "The Market Surplus Problems of Colonial Tobacco", p. 2；同时参见
U. S. Department of Commerce, Bureau of the Census, *Historical Statistics of the United States*,
Colonial Times to 1970, Part 2, p. 1198, Series Z 583 - 584, Series Z 578 - 582.

有价值。此后几年价格持续低迷，导致 1682 年弗吉尼亚新肯特县、格洛斯特县和中塞可斯县的砍伐烟草的暴乱。暴乱者破坏了约 1 万桶烟草，使价格在 1683 年上涨。从此时到 1702 年西班牙王位继承战争爆发，是烟草价格比较好的时期，需求增加，产量减少，使烟草贸易再兴盛。

从 1703 年开始了历史上烟草价格最为萧条的时期之一，持续十年。战前的高价刺激了生产，滞销逐渐严重。战争切断了同西班牙、法国、佛兰德斯和部分巴尔干国家的贸易，只有荷兰是主要的国外市场。荷兰人喜欢叶子鲜亮型的烟草，荷兰市场上棕色品种的烟草供应过量，随着战争的进行，形势越来越恶化。1704 年几千桶寄售的烟草根本没有给种植园主带来任何收益，即使有一些收益还不够支付运费。1705 年种植园主抱怨道："今年的烟草价格特别低，以前闻所未闻。"形势继续恶化，1710 年在马里兰，商人不愿预支烟草的任何费用。在弗吉尼亚，烟草名义上是每磅 1 便士，但大量烟草实际上卖不出去。战争将要结束时，威廉·伯德写到，贫穷的人们不能赚足够的钱来购衣，而大种植园主越来越深地陷入债务中。很多人被迫卖掉部分土地和奴隶来偿还债务，还有一些人向卡罗来纳等地迁移。

战后好价格持续了 4 年，但是带来生产的扩张，使价格在 1720 年再度跌落，直到 1724 年，歉收导致当年价格临时回升。紧接着是 1724—1734 年连续 10 年的严重萧条。因而从 1720 年开始烟草业的极端萧条持续了 14 年，只有一年例外。总之，进入 18 世纪，从 1703 年开始在长达 32 年的萧条中，只有 4 年和另外 1 年价格较好。

1734 年以后烟草业进入 25 年的繁荣时期，只有极少年份价格低落。奥地利王位继承战争和七年战争也未对价格带来严重影响，因为烟草贸易对英法都很重要，在此后两次战争期间，在英法之间达成间接、非正式的安排，英国和中立国载有烟草的船只在从英国到法国途中可以特殊通过，免受追捕。商业统计显示，两次战争没有对烟草贸易量造成太大影响，烟草价格也未受影响。弗吉尼亚的通货膨胀和战争的进行导致 1760 年普遍的物价上升，直到 1764 年。但是烟草价格并没有上升多少，从 1760 年或 1761 年直到 18 世纪 80 年代以来烟草价格基本是持续的低落时期，只有几年价格较好。①

　　烟草价格是切萨皮克烟草经济发展状况的晴雨表，直接关乎种植园主的利益和烟草的种植情况。纵观从 17 世纪开始一个多世纪以来烟草价格的变化，切萨皮克最初走上烟草种植的道路显然受到烟草高价格的吸引，烟草的高价格是切萨皮克走上烟草发展之路的一个极其重要的因素。它在当时挽救了命运未卜的殖民地，使殖民地逐渐走向稳定和繁荣，以后则成为殖民地的利益中心。烟草价格主要受供需状况的影响，同时受到战争、政治形势、政策、自然灾荒等诸多因素的影响，随之而起伏波动。除在 17 世纪 20 年代后期烟草从最初的高价格猛然跌落外，总体而言从 17 世纪 30 年代开始到殖民地时期末烟草价格处于波动之中，没有太多剧烈的变化。这是切萨皮克烟草种植业不断扩张的一个重要因素。据估算，当烟草价格在每磅 1 便士时，种植园主可以维持生产和生计，高于 1 便士则有盈利；如果低于 1 便士，将遭受损失。烟草价格低于 1 便士的时期是很少的。因此，烟草种植总体而言是有利可图的，符合市场经济的基本规律。

五　殖民地政府对烟草生产的调节和管理

　　烟草种植是弗吉尼亚和马里兰的经济命脉，也是两地殖民政府一直关注的中心。在整个殖民地时期，这两个殖民地对烟草种植的过分依赖和起伏不定的烟草价格是令殖民政府头痛的问题。弗吉尼亚和马里兰的殖民政府为改变殖民地对烟草生产的过分依赖、稳定烟草价格和规范烟草生产、提高烟草质量做出了很多努力。政府担心"无限制的竞争"会带来"混乱无序"，在重商主义下，"国家决定经济活动的特征"，"鼓励一些形式的生产，打击另一些生产"。殖民政府采取的措施大致可以分为两类：直接措施和间接措施。间接措施就是鼓励

① L. C. Gray, "The Market Surplus Problems of Colonial Tobacco", *Agricultural History*, Vol. 2, Num. 1 (Jan. , 1928), pp. 2 – 7.

发展多种经济，如增加玉米、油菜、马铃薯、亚麻、丝和大麻等的生产，建立手工业等，从侧面限制烟草种植；直接措施是直接限制和规范烟草种植的数量、提高烟草出口的质量。限制烟草生产的数量的措施有：规定每一个植株可以保留的叶子数量；每一个人可以采摘和种植的数量，或采取停种的办法，对种植时间加以限制等。所有这一切，都是围绕稳定和提高烟草价格这个中心目标进行的。

殖民地政府试图规范烟草生产的努力在烟草种植之初就开始了。1619 年弗吉尼亚第一届议会就签署法律，规定毁掉质量低劣的烟草，1623 年又加以补充，任命"宣过誓的人在每一个定居地没收所有低劣的烟草"。从 1628 年开始关于烟草生产的法律和命令多了起来，采取的方式也专业起来。1628 年总督宣告烟草生产必须"不影响玉米的生产，每两株烟草之间必须留 4.5 英尺的植株间距，每株烟草收获的烟叶不超过 12 片"。1629 年两个立法机构制定法令，规定"新到来者……第一年禁止种植烟草"，在烟草种植中"每一个人限制种植3000 株，佣工另计，妇女和孩子可以种植 1000 株"。1629—1639 年通过的一项法律"禁止任何人为家庭的每一个成员种植超过 2000 株的烟草，包括妇女和孩子"。"销毁质量低劣的烟草"，胆敢冒犯者"禁止再种植烟草，直到议会同意赋予其种植的权力为止。"[1]1630 年还限制每株烟草只能保留 9 片叶子。1630 年，当约翰·哈威总督来到弗吉尼亚时，发现这里"除烟草外，别无其他产品"，"严重缺乏谷物"，而烟草价格每磅不到 1 便士，因此他开始鼓励种植"油菜和马铃薯"，命令将烟草种植减少 1/3。1631—1932 年限制法令越来越严厉，一项法律专门规定被运送到弗吉尼亚种植葡萄的法国人不应被允许种植烟草，另一项法律规定谷物和烟草的所有生产者必须"在 3 月25 日以前平均每人种 5 株葡萄，第二年 3 月 1 日前种植 20 株"。另一项立法规定：禁止"任何家庭平均每个成员种植烟草超过 2000株……超过规定数量者，予以砍掉所有作物的惩罚"。每一个种植园

---

[1]　Theodore Saloutos，"Efforts at Crop Control in Seventeenth Century America"，*The Journal of Southern History*，Vol. 2，Issue1（Feb.，1946），p. 51.

主的作物由一名邻居或某位有资格的人"计数"，另一项法律专门规定每一株烟草不得保留多于 14 片叶子，采摘不多于 9 片，禁止保留二茬烟叶。1633 年的立法将每个人可以种植的烟草数量限制为 1500 株，命令"每一个种植园主种植大麻和亚麻"。① 并且禁止种植园主相互转让配额。但这项立法的一个预料不到的后果是加快了新土地的开发，因为新土地生长的烟草叶子更大。

这些立法收效甚微。殖民者总是尽可能从每一株烟草上多收获烟叶，结果生产的劣质烟叶比以前更多了。1640 年议会通过法律，规定销毁的"不适合出售的部分"，相当于好烟叶的一半。弗朗西斯·怀亚特总督写道："虽然限制严厉，但是我希望它能使这个殖民地变得比以前更为合理。"第二年威廉·伯克利总督被命令"鼓励和保护栽培果树，限制种植烟草"②。

马里兰的立法比弗吉尼亚稍晚。1640 年通过第一项检查法，规定毁掉"劣质烟草，以及地面上的烟叶和二茬收获的烟叶等"。业主在给圣玛丽的行政长官的指导中，要求他"监督每一个烟草种植园主应该种植并照料 2 英亩谷物"。1657—1658 年通过新法律禁止"以任何形式保护地面上的烟叶和二茬烟叶"。③

到 1660 年代形势更为严峻，在几年之中烟草价格大幅度下降，1666 年下降到每磅 0.5 便士，而且常常波动。殖民地的烟草生产在充足与不足之间摇摆。1666 年烟草产量如此之大，以致一个庞大的舰队也不能全部运走。仅弗吉尼亚两年的生产量就足够供应英国三年的贸易需求。采取措施降低生产势在必行。弗吉尼亚和马里兰认识到单凭一个殖民地的力量不能缩减产量，必须采取联合一致的行动。如果弗吉尼亚限制生产，而马里兰和北卡罗来纳的大规模种植将抵消其所做出的努力。必须采取措施限制各个殖民地之间的内部竞争。最初它们求助于英王的干预，但是对英王而言，烟草产量大意味着进口多，收

---

① Theodore Saloutos, "Efforts at Crop Control in Seventeenth Century America", *The Journal of Southern History*, Vol. 2, Issue1 (Feb., 1946), p. 52.

② Ibid..

③ Ibid., p. 53.

税多，再加上英国商人希望在供给过量的市场上以低价收购烟草，英王的利益与英国商人的利益结合在一起，使殖民地的希望落空，英王对干预殖民地的生产没有兴趣。殖民地之间只好自行寻求合作，达成协议来做出限制生产的一些努力。其提出的办法有两种：或者限制种植日期，或者建议停种一年。

弗吉尼亚首先表达了合作的愿望，其在1660—1661年制定的一个法令中，规定"若得到马里兰同意，6月底以后禁止种植烟草"。但是对于限制种植烟草，在殖民地内部意见并不一致，弗吉尼亚和马里兰的代表各有赞成和反对限制生产的人，二者为此争论不休。反对派认为限制生产并不是一方的事情，而是牵涉到多方面的利益，比如英王、帝国的保护政策、运输业的发展，而且涉及那些将烟草收入作为唯一生活来源的人的新职业的问题。1660年航海法案规定殖民地的烟草"只能运往英国或其属地"。1663年5月15日马里兰和弗吉尼亚议会开会讨论执行1662年6月29日的皇家命令的问题，在这次会议上，马里兰的代表提出"停止种植一年烟草"。但又被弗吉尼亚拒绝。按照业主巴尔的摩的说法，弗吉尼亚的拒绝主要有两个理由：一是从契约奴的角度出发，认为停产一年不能履行对契约奴的解放条件，因为这年没有收获，主人"对服役期满的每一个仆人给予一年的谷物、衣服和工具"将变得不可能；二是担心"停产一年，将没有船只到来，迫使这些船只寻找新行业，也许从此不再到来"。弗吉尼亚代表则建议"每年6月20日以后停止种植烟草"。但被马里兰下一届议会否决。在给弗吉尼亚的答复中，巴尔的摩业主解释这一规定将使马里兰处于不利地位，因为马里兰"比弗吉尼亚位置靠北"，马里兰的人们缺乏从事其他行业进行谋生的能力。他还提出除非同样的限制也在西印度实行，单是弗吉尼亚和马里兰减少生产或停止一年生产"将会使西印度增加生产的机会"，王室收入将减少，而且"限制穷人种植烟草……将很可能威胁到殖民地的和平"，因为这是他们唯一的谋生方式。

在马里兰否决弗吉尼亚提出的停种办法后，弗吉尼亚向英国求助，但枢密院拒绝给予停种时限。一些弗吉尼亚人认为这是"王政复辟以后将会导致真正不满的第一件事"，弗吉尼亚种植园主十分不满，向枢密院请愿。请愿书陈述到，烟草的价格"变得如此之低，种植园主依靠劳动没有办法生存"。这份请愿还提出了三个解决当前局势的办法：第一个办法是"设法推动丝、亚麻、桅杆、沥青的生产"，从这些多样化的生产中种植园主可以得到回报，也可以增加王室收入，"使殖民地为英国海军提供物资"；第二个办法是规范烟草贸易中船只的抵达和离开；第三个办法是"限制日期"在弗吉尼亚和马里兰都实行。并且陈辩说弗吉尼亚坚持限制的办法未置马里兰于不利地位，因为是"缺乏雨水而不是光照""阻止了那里的作物种植"，"北部的雨水同南方一样充足"，如果光照真是不利的话，可以使用"温床"的办法很容易得到解决，"温床"在英国早已采用，英国"比任何地方都靠北"。面对弗吉尼亚的请愿，巴尔的摩业主于1664年11月19日做出答复，呈现在枢密院的面前。他不同意弗吉尼亚提出的条件和办法。他认为在规范运输船只和减少烟草生产之间看不出有任何联系，而且不认为"花费那么多主人、船主、商人为代价"做这个实验是合理的，他强调这个计划将减少王室收入，建议的办法比目前的烦恼更糟。他坚持认为，对于马里兰人来说，种植任何他们认为数量适合的烟草是"他们作为英国人的生存权利的一部分"。那些生活不好的人不是因为烟草的低价格，"而是因为他们自己懒惰，手艺差，把所得大量花费到白兰地和其他酒类上面"。巴尔的摩甚至对弗吉尼亚的请愿表示怀疑，"因为限量只是一个设计，或许对他和马里兰带来坏作用"。如果接受弗吉尼亚的建议，马里兰应该"在弗吉尼亚禁种日期之后，另外给予20天的时间，以平衡气候差异"。因为马里兰的北端与弗吉尼亚南端之间差3个纬度。如果限量法被采纳，巴尔的摩业主说他将面临其他方面的困难，第一个是种植季节变化不定，把禁种日期规定太早会使种植园主毁灭，如果禁种日期像弗吉尼亚提出的那样，开始于6月20日，可能"马里兰还没有种植烟草，而弗吉尼亚也许种植不多"，第二个是"罪犯移民缺乏能力"。至于用"温床"来解决气候差异的问题，巴尔的摩认为这既不合理，也不可行。他提出温床"对于既没有马，也没有羊，也没有办法使他们去制造的种植园主来说是不会使用的"，而且马里兰的种植园主同弗吉尼亚几乎一样多，为什么他们要做"这样麻烦和花费多的事情"？

枢密院听了双方的争论，建议弗吉尼亚和马里兰的代表一起在伦敦开会协商，以达成协议，但是协商失败。枢密院做出决定，彻底否定了弗吉尼亚的建议，"停种、限种烟草是不方便的"，规范运输的建议对"种植园主和陛下的关税都不利"。但是在鼓励发展多样化生产方面做出轻微让步，"所有亚麻、沥青、焦油等弗吉尼亚和马里兰的产品，应该输送到英国以内，从此开始 5 年内免征关税"。

距此次争议不到两年，弗吉尼亚、马里兰和卡罗来纳又协商制定一年的停产期的问题，从 1666 年 2 月 1 日到 1667 年 2 月 1 日完全禁止"在上述殖民地任何地方种植、修剪或以任何形式照料烟草"，并且规定了禁种期的具体执行办法，和平法官和其他政府官员为执行这项法律需"在福音面前神圣宣誓"，官员有权惩罚冒犯者，"砍掉其种植、修剪或照料的烟草"等。但是这一协议由于巴尔的摩业主的拒绝也未得到实施。

1667 年 6 月，弗吉尼亚总督和参事会向枢密院请愿，抗议巴尔的摩再次拒绝合作。巴尔的摩在答复中回顾了从 1662 年到 1667 年弗吉尼亚和马里兰试图做出合作的努力，重复了马里兰拒绝加入的理由，并且说弗吉尼亚此时提出停种期是对枢密院 1664 年命令的侵犯，并说他并不惊讶"由最有能力的种植园主"组成的两个殖民地议会同意停种期，因为这提供了"使他们在一年内富裕起来的道路……迫使贫穷的种植者开始新的服役期，向富裕者寻求支持"。巴尔的摩的辩论似乎对枢密院再次产生了影响，在这个问题上没有采取更进一步行动。①

殖民地的合作没有结果，各个殖民地单独制定的法令也难以执行。但是烟草价格不稳定的问题却一直困扰着生产者，他们开始自己动手解决问题。1682 年切萨皮克发生暴乱。在殖民地历史上，这次暴

---

① Theodore Saloutos，"Efforts at Crop Control in Seventeenth Century America"，*The Journal of Southern History*，Vol. 12，Issue1（Feb.，1946），pp. 55 – 63.

乱的重要性仅次于培根起义。17 世纪 80 年代烟草的价格持续低迷，1680 年弗吉尼亚总督就说持续的低价是"致命的"，将引起弗吉尼亚的"迅速毁灭"。1681 年弗吉尼亚的报告中说，由于烟草的"低价"或"没有价值"，贫穷"无情地降临"到弗吉尼亚人身上。贫穷使发展制造业和制铁、制碱都不可能，虽然这是弗吉尼亚适合发展的。至于"其他能生产的产品，如桶板、各种木材制品和谷物"，弗吉尼亚可以生产供应其他殖民地，但最大的阻碍是距离遥远，高运费将"毁灭整个生产"。因此必须采取措施限制烟草生产。1682 年弗吉尼亚议会签署停种法令。但仍有反对的声音，反对者认为这将鼓励外国的烟草生产，"如果弗吉尼亚停止种植，西班牙、荷兰、法国将扩大生产，抢走我们的商业，更不要说这将刺激英格兰的烟草生产了"。殖民地的不满情绪在增长。由于英王对殖民地政府的干预和对经济形势的失望，终于爆发了骚乱。1682 年 5 月 1 日，在格洛斯特县，一群人聚集在一起首先毁掉了自己的烟草，然后跑到邻居的种植园，砍伐烟草。行动很快赢得了支持者，蔓延到新肯特、中塞克斯和约克县。那些烟草被毁掉的种植园主"十分愤怒……使其邻居同他一样不能种植烟草"，报复情绪在妇女中尤其流行，她们"在夜间和白天毁掉了邻居的很多烟草"。格洛斯特和新肯特最为严重。"拥有大量烟草"的种植园主罗伯特·贝弗利是主要领袖，他"逐渐向群众灌输了砍伐的念头"。弗吉尼亚议会立即发出了恢复秩序的宣告，议会的会议记录显示，要求"各县领导号召军队，镇压叛乱"。副总督奇切利宣布鉴于格洛斯特县的混乱，禁止"吵闹的、可能引起骚乱的集会"，并命令逮捕贝弗利，因为他"明显促成了目前的混乱"。到 5 月末，砍伐烟草的行动在相当程度上被制止，很多坚持者"在夜色掩盖下行动而不是在白天"。这次暴乱的损失估计达 1 万桶烟草。[①] 人们用法律以外的手段减少了烟草数量。

第二年价格回升，种植园主从新的繁荣中又享受到了好处，政策

---

① Theodore Saloutos, "Efforts at Crop Control in Seventeenth Century America", *The Journal of Southern History*, Vol. 12, Issue1 (Feb. , 1946), p. 64.

又被抛弃。尼古拉斯·斯潘塞讽刺性地评论了这些现象,他写道:"通过我的观察,我不能说服自己相信停止种植或者限制种植数量可以收到预想的效果。事情必须自己解决。作物必须生产那样大的产量以致没有人愿意要,然后必然的规则迫使他们进行新的生产。"①

在弗吉尼亚 1682 年发生砍伐烟草的暴乱后,巴尔的摩业主被告知"关于种植烟草的规则和制度是目前这一地区的急务",要与弗吉尼亚总督协商。事实上没有做出协商。1683 年 5 月,弗吉尼亚议会向商业与殖民部请愿,建议限量,请求马里兰和弗吉尼亚强行遵守,但没有结果。事实上,在 17 世纪的剩余年代里,弗吉尼亚坚持要求限量生产,英国当局采取忽视或否决的态度,1687 年当枢密院收到另一份来自弗吉尼亚的请愿时,它决定"议会被解散更好"。总体上,这些力图建立控制生产的努力几乎没有结果,烟草生产在英国的保护下,控制生产的措施从未得到足够的支持,主要由于英国的利益比种植者的利益更为重要。

18 世纪早期,弗吉尼亚的立法者试图通过建立城镇、集中发展商业而不是限制烟草生产来刺激经济。1705 年和 1706 年,议会几乎在每一个县都建立了城镇,试图刺激制造业的发展,为离乡背井的种植园主提供新的机会。但是发展城镇和多种经济的计划失败了,殖民地的政治领导者再次试图控制烟草的生产和出口。议会通过法律禁止种植第二季烟草,禁止出口劣质烟草。但是这些规定很少实行,因为它们完全依靠种植园主之间的相互自愿监督。1725 年开始的萧条导致控制生产的新努力,弗吉尼亚在 1727 年更新了一项法案,为了提高烟草价格,要毁掉质量低劣的烟草,并实行限量生产。马里兰议会 1726 年的专门会议通过了限量法,但由于烟草价格回升、称重收费等遭到议会的反对;1727 年的另一次努力在称量问题上达成和解,但被业主否决。持续的价格低落,导致马里兰发生砍伐烟草的暴乱,使 1730 年限量法成功通过,但是 1732 年瓦解。在这一时期马里兰和弗吉尼亚的协商仍在进行,寻求成熟的立法,限制种植烟草的最晚时间,力

---

① Edward C. Kirkland, *A History of American Economic Life*, p. 71.

图减少生产。①

　　18 世纪取得的最重要的成果是弗吉尼亚和马里兰相继通过了烟草检查法。在装运之前没有彻底地检查，任何提高烟草质量的努力都没有效果。早在 1619 年就有雇佣宣过誓的视察员检查烟草的实践，以后又采取多种或部分检查标准，但效果不佳。直到 1730 年弗吉尼亚《烟草检查法》的通过才建立了永久有效的制度，在烟草管理方面迈出了重要一步。这项制度的基础在 1712 年仓库法中已经奠定，规定在方便的地点建立公共仓库，距离可航行河流不超过 1 英里。虽然这些公共仓库可能为私人拥有，但是属公用设施，法律还规定了储存的税率和条件。1713 年也通过一项检查法，规定持有执照的检查员执行最低标准。但是由于反对势力强大，包括一些重要的商人和种植园主，如威廉·伯德，导致 1717 年王室否决了这一法案。但是仓库法案经 1720 年稍作修订，继续存在。1725 年开始的价格低落导致公众对 1730 年法案的支持。1730 年烟草检查法的通过还与总督威廉·古奇的努力分不开。1727 年威廉·古奇成为弗吉尼亚总督。此时烟草的价格降得那样低，以至于"大量种植园主不能再依赖它来生活"。如果萧条的烟草贸易不再恢复，总督担心弗吉尼亚人"必须停止种植，遭受缺乏衣物和工具的冻馁之苦"。以前总是试图通过减少生产量来提高烟草价格，但都证明是不成功的。种植园主为了迎合急速增长的欧洲市场对其产品的需求而不断扩大生产，生产量的提高导致供过于求，价格降低，而为了弥补价格降低所带来的损失，种植园主又进一步扩大生产，使烟草经济陷入盲目扩张和恶性循环中。古奇总督认为有必要采用另一种方式。1730 年，他向议会提交了复兴烟草贸易的计划，总督的规划是设立政府的检查员来毁掉所有低等级的烟草，以此保证烟草的质量，提高海外市场上的烟草价格。他花了很长时间来说服帝国的官员、英国的商人和殖民地的烟草种植园主接受他的计划。从 1727 年上任到 1730 年代中期，烟草问题耗费了古奇的大部分精

---

　　① L. C. Gray, "The Market Surplus Problems of Colonial Tobacco", *Agricultural History*, Vol. 2, Num. 1 (Jan., 1928), p. 29.

力。其实在威廉·古奇之前，在1713年亚历山大·斯波茨伍德总督就引入了烟草质量检查制度。[1] 斯波茨伍德计划通过控制出口量来繁荣弗吉尼亚的烟草业，计划生产质量更好的烟草，以在海外市场上获得较高的价格。根据斯波茨伍德的计划，所有要出口或作为货币使用的烟草必须经政府指定的机构检查，到指派的公共仓库储存。该机构同意达到一定质量标准的烟草出口，毁掉损害整个殖民地产品声誉的所谓的"垃圾"烟草。经检查合格的烟草在装船运往英国之前需在政府仓库储存。而且，烟草机构对经证明的烟草向种植园主签发烟草券，这些标准的烟草券可以作为货币在殖民地流通。烟草检查法为弗吉尼亚的烟草确定了一个统一的质量标准，并且为殖民地建立了一种坚实的、可信赖的交换媒介。但是斯波茨伍德实施政府对烟草的管理计划不仅是殖民地经济利益的驱使，更重要的是扩展他的权力，实现他的政治目标。虽然1713年其提出的法律获得通过，但是由于与议会陷入长期的矛盾之中，1717年7月，在威廉·伯德和英国商人的建议下，商业部废除了烟草法。在大西洋两岸的共同反对下，斯波茨伍德1722年离任。斯波茨伍德倡导的检查制度的废止使弗吉尼亚没有一个政府支持的烟草规范的制度。在接下来的年代里，弗吉尼亚人又转向一系列的旧办法，提高烟草质量，限制出口数量。例如，1720年议会通过法律禁止收获二茬烟叶——收获最好的叶子之后留下来的次等烟草。在1723年和1730年，立法试图通过限制每个人所能种植的植株数量来减少生产。在试图支持小种植园主的努力中，限量法允许没有奴隶的种植者平均每个人可以比使用奴隶劳动的大种植园主种植更多数量的烟草。例如，1728年的限量法，规定奴隶主平均每个工人可以种植6000株烟草，而没有奴隶的种植园主每个人允许种10000株。[2] 但是这样的立法难以实施，因为它需要准确计算工人和植株的数量。而且，在边远地区，如北内克和东海岸低地（the Northern Neck

---

① Stacy L. Lorenz, "'To Do Justice to His Majesty, The Merchant and the Planter': Governor William Gooch and the Virginia Tobacco Inspection Act of 1730", *The Virginia Magazine of History and Biography*, Vol. 108, No. 4 (2000), p. 351.

② Ibid., p. 354.

and the lower Eastern Shore) 这样的生产低质量烟草最为严重的地区，限量法是不可能执行的。因此，质量低劣的烟草仍然运往欧洲，产量继续大于需求，价格仍然很低。进口弗吉尼亚烟草的英国商人向商业部抱怨太多的劣质烟草进入英国。

经过在英国和弗吉尼亚的长时间的斗争，1730 年弗吉尼亚议会以 46 票赞成、5 票反对的绝对多数通过古奇提出的《烟草检查法》。①古奇与斯波茨伍德的根本不同在于，古奇把公共烟草检查的目的作为增加种植园主的利润和皇家收入的手段，而斯波茨伍德同时把它作为主导殖民地政治的手段。古奇确信烟草改革是弗吉尼亚经济复兴繁荣最好的希望，经过反复阐明，取得了英国当局、商人和殖民地人的赞成。烟草检查制度 1731 年建立起来，开始生效。在烟草法通过的头两年中，价格几乎翻倍，出口到英国的烟草也比以往任何十年都多。1734 年修订通过的几项补充法案，主要限制检查费用。在接下来的年代，烟草检查制度实行良好，确立了一个稳定的标准，中小种植园主的反对消失，1742 年重新修订，几乎没有反对就获得通过。烟草检查法和同一性质的仓库法一起构成弗吉尼亚烟草贸易的骨架，成为弗吉尼亚经济生活中一个不可或缺的部分，一直实行到美国革命时期。②

概括起来，烟草检查法的主要内容是：具有执照和合同的检查员驻在公共仓库，他们有权打开每一桶烟草，在主人同意下挑选出质量低劣的烟草毁掉，若主人不同意则毁掉整桶烟草。经检查后重新包装的烟草在桶上标上烟草的类别和等级，为了签发仓库收据，分为 transfer tobacco 和 crop tobacco，对于前者，未赋予主人任何特定桶的权力，而后者是专门的，主要指寄售的烟草，当收据到达出口者的手里时，他可以要求装运，同时可以要求再次打开烟草桶进行检查，如果发现烟草的质量低于所标的标准，可以要求判决检查员，补偿损失。允许一定程度的自然收缩，储存在仓库的烟草由公共确保不因火

---

① Stacy L. Lorenz, "'To Do Justice to His Majesty, The Merchant and the Planter': Governor William Gooch and the Virginia Tobacco Inspection Act of 1730", *The Virginia Magazine of History and Biography*, Vol. 108, No. 4 (2000), p. 367.

② Ibid., p. 388.

灾等原因而受到损失。①

　　《烟草检查法》的实行对弗吉尼亚的经济发展发挥了积极作用，影响深远。它提高了烟草出口的质量，将烟草作为交换媒介、公共偿还手段标准化，并有助于关税管理，给弗吉尼亚的种植园主和商人带来巨大的好处。1743 年丹尼尔·杜拉尼写到，马里兰的商人转移到弗吉尼亚，在那儿他们可以买到质量更好的烟草，虽然价格高些。法国的专营者也越来越多地到弗吉尼亚寻求供应。马里兰的议会和总督告诉业主如果马里兰不采取类似制度，整个烟草贸易将流向弗吉尼亚。

　　马里兰的种植园主最初对弗吉尼亚 1730 年《烟草检查法》持怀疑态度，他们认为这不过是以降低出口量的方式来提高价格的又一次努力。但是到 18 世纪 40 年代，马里兰的种植园主逐渐认识到弗吉尼亚通过管理出口烟草的质量，增加了生产者的收入，而对马里兰的烟草价格造成了不利影响。居住在波托马克河两岸的种植园主感到马里兰也需要一个烟草检查的法律，以跟上殖民地贸易的步伐。正像一个种植园主所写的那样："所有的商业国家……都制定法律规范商业和制造业，尤其是对于大宗商品，以阻止其中的欺骗行为……这样的法律不是对自由的侵犯，而是与自由相一致的，绝对需要确保每一个人的财产权利。"这样，在各方面的强烈呼吁下，1747 年马里兰议会也通过类似的烟草检查法，以提高出口烟草的质量。② 法律实行后，马里兰烟草价格明显上升，弗吉尼亚和马里兰的烟草价格之间的差距明显缩小，烟草出口总量也继续增加。由于所有烟草都通过检查站的仓库及时运走，运输费用降低。由于烟草同时作为交换媒介在殖民地使用，《烟草检查法》还对货币供应产生了影响，烟草券比烟草的计量和携带都容易，很快作为钱币使用。烟草价值被重新衡量，造成了财

---

① Stacy L. Lorenz, "'To Do Justice to His Majesty, The Merchant and the Planter'：Governor William Gooch and the Virginia Tobacco Inspection Act of 1730", *The Virginia Magazine of History and Biography*, Vol. 108, No. 4（2000）, p. 389.

② Mary McKinney Schweitzer, "Economic Regulation and the Colonial Economy：the Maryland Tobacco Inspection of 1747", *The Journal of Economic History*, Vol. 40, Issue3（Sep. , 1980）, p. 557.

富在债主和债务人之间，在租佃者和业主之间的重新分配。烟草生产数量也在增加。1747 年以后马里兰的烟草价格开始上涨，并且随着出口量的增加，一直保持上涨的趋势，直到殖民地时期结束。《烟草检查法》也实行到 18 世纪 70 年代。

第二章

契约奴制与烟草种植园经济的
早期发展

提起种植园经济，往往使人首先联想到黑人奴隶制。虽然黑人奴隶制对种植园经济的发展至关重要，以至于不少学者都把使用奴隶制劳动作为种植园经济的一个重要特征。不过黑人奴隶制与种植园经济并非有着天然的联系，也不是与种植园经济相始终。种植园对黑人奴隶制劳动的采纳，亦即奴隶制种植园的形成有一个过程。在北美烟草殖民地，在黑人奴隶制之前，种植园首先采纳的是契约奴制。

契约奴（Indentured Servant）① 在 17 世纪、18 世纪向北美的移民中占有重要分量。在殖民地劳动力缺乏而烟草种植又十分耗费劳动力的情况下，契约奴成为烟草种植园里劳动力的主干。契约奴制也成为烟草种植园中最先采纳的重要劳动制度。劳动力问题是切萨皮克烟草种植园经济发展中一个十分重要的问题，因为荒野的拓殖、烟草的种植需要大量的劳动力来完成。北美大陆土著居民人数有限，而且他们不适合繁重的农业劳动。1619 年荷兰商人带来了第一批黑人，但是在很长时期内，这些贩奴商人把非洲黑人更多地卖到西印度和巴西，而不再向北航行。而且，绝大多数弗吉尼亚和马里兰的殖民者开始并不寻求黑人劳工。在 17 世纪前半期，只有少数黑人被输送到切萨皮克，而且也不全是奴隶。据统计，1650 年，弗吉尼亚只有大约 405 名黑人，马里兰有 300 名黑人，而同年弗吉尼亚的总人口是 18731 人，马

---

① 关于这个词的译法，有不同意见，如译作"契约佣工""仆役""契约奴仆"等。为方便起见，本书采用使用最多、流传最广的传统译法。

里兰的总人口是 4504 人，可见黑人只占人口的一小部分。[1] 切萨皮克的烟草种植园主便向他们熟悉的英国寻求劳动力供应。契约奴制直接源自英国的传统与习俗，移民主体最早也来自英国。契约奴为了换取移民新世界的旅费和在殖民地自立的机会，向烟草种植园主提供了急需的劳动力，尤其在殖民前半期，在切萨皮克湾地区的经济发展中发挥了重要的作用。

一　契约奴制的起源与形成

契约奴制于 1620 年左右在弗吉尼亚首先出现，后来发展成为英属北美殖民地经济和社会的一个中心制度。虽然随着时间变化其重要性在减弱，但契约奴制在北美大陆一直存在到 19 世纪下半期。契约奴制最早是由弗吉尼亚公司借鉴了当时英国的耕作奴仆制度，在殖民实践中为吸引移民、发展殖民地而逐渐形成的。

1607 年以后弗吉尼亚公司面临的最严重的经济问题是招募劳动力并激励他们劳动，解决这一问题的制度就是契约奴制，它是经公司一系列实验之后出现的。那么这一制度是怎么出现的呢？最近研究表明，在前工业时期的英国，大多数雇佣劳动力是由 "Servants in husbandry"（可译作农牧业奴工、耕作奴仆）提供的，他们主要是 13—25 岁之间的男女青年，在主人家里居住和劳动，与主人订立契约，其中以年度契约最为典型，在按照契约服役期间对主人有一定的依附，处于不自由状态。在 17 世纪英格兰普遍使用这类耕作奴仆作为劳动力的供应方式。[2] 因此，弗吉尼亚公司在努力招募成年劳动力到殖民地失败之后，就把这一制度移植到殖民地。但是，在英国制度成功地

---

① U. S. Department of Commerence, Bureau of the Census, *Historical Statistics of the United States*, *Colonial Times to* 1970, U. S. Government Pringting office, Washington, D. C. , 1975, Part 2, p. 1168.

② David W. Galenson, "The Rise and Fall of Indentured servitude in the Americas: An Economic Analysis", *The Journal of Economic History*, Vol. 44, Issue1（Mar. , 1984）, pp. 2 - 3.

移植到新世界之前，尚有几个问题需要解决。在这些问题的解决过程中包含了契约奴制的形成。

最明显的问题是殖民者的旅费。17 世纪初到达弗吉尼亚的旅费，相对于英国耕作奴仆的年工资或农业雇佣工人的工资而言是很高的，很少人能够通过自己的积累或家庭的积累支付得起到新世界的旅费。直到 17 世纪中期，路费通常是 6 英镑。[①] 而通过对 1620 年剑桥、坎特伯雷（Canterbury）、多佛（Dover）、爱克特（Exeter）、牛津（Oxford）、威斯特敏斯特（Westminster）、温切斯特（Winchester）和温德逊（Windson）等地的工资考察发现，在熟练技术行业，日工资是 12—20 便士，无技术劳工是 8—12 便士，全日制技术工人的年工资是 15—25 英镑，无技术工人是 10—15 英镑，十几岁无技术的耕作奴仆的工资也许更低。[②] 在这样的工资水平下，要积攒到新世界的路费显然是十分不易的。而当时的英国资本市场明显也不能完全解决这一问题，贷款给个人需要高额费用，而且在有大洋阻隔的、三千英里以外的北美殖民地执行还款也十分困难。弗吉尼亚公司的解决办法是利用自己的资金填补资本市场的不足，预付殖民者的路费。公司以借贷方式预付移民的旅费，移民与公司签订契约，以其在美洲的净收入偿还债务。而债务之大意味着不止一年的偿还期限。英国农牧业中的耕作奴仆的典型服役期限是一年。因而，虽然早期的安排本身不具备后来契约奴制的所有特征，但这一制度的一个重要内容——与主人签订一定年限的契约出现了。

为了偿还到殖民地的路费和为公司服役期间所需的基本生活费用，这类移民在结束 7 年服役时成为"冒险者"（投资者），有权利享受公司利润分红，这一制度是 1609 年出现的。但劳动力成群地在半军事条件下劳动和生活，不受移民的欢迎。移民的劳动和生活条件十分艰苦，并且死亡率高。一名观察家评论道："艰苦的劳动，食物匮乏，使他们过早地死亡，增长了对其生活条件的不满，看到他们像

① David W. Galenson, "The Rise and Fall of Indentured servitude in the Americas: An Economic Analysis", *The Journal of Economic History*, Vol. 44, Issue1 (Mar., 1984), p. 3.

② Ibid..

被奴隶一样残酷对待。"一部分工人逃跑，与印第安人一起生活。公司明显感到这种做法会威胁到殖民事业，因而被迫改变这种做法。1612 年，殖民地总督以强硬的手段对付被抓回的劳工，"有人被吊死，有人被火烧死，有人被绑在木桩上用木棒打死"①。维持劳动纪律的基本动机很明显，观察家评论这些惩罚，"他们用来加害逃亡者的所有这些极端残忍和痛苦的手段都是为了恐吓其余想逃跑的人"。另一个相关的问题是受束缚的劳工缺乏劳动积极性，促使公司寻求解决劳动力问题的新途径。

1619 年引进新制度，即租借制。1619 年这种制度被明确使用，但在此之前是否使用尚不清楚。因为 1616 年弗吉尼亚的一个规章提到协议的一个义务是"每个农场主每年向公司仓库为自己和男奴仆缴纳两桶半其生产的最好的玉米"，农场主为自己缴纳的部分显然是从公司租借的土地的租金，但是没有说明替奴仆缴纳的费用可能是另外土地的租借费，还是奴仆本人的租借费。1619 年公司允许将公司资助来美的新奴仆出租给自由的种植园主，每年租价两桶半玉米，其衣食由后者负责。公司认为这种制度将带来几个利益。将成群的新来者疏散到各个农场会使他们的身体相对更健康并且使他们变得更勤劳，"因为经验使我们越来越多地发现，新来者聚集在一起易传染疾病而毁灭他们，并因而引起懒惰"。"安置新移民到已定居的种植园主那里可以使他们到达以后马上有住处，老种植园主将教他们做这里的日常工作。到他们个人服役结束时，他们将返回到公共事务中去，能像他们所受的指导一样指导其他新来者。"

但是这种模式明显加重了一些已存在的问题，并产生了新问题。1619 年弗吉尼亚烟草业已经开始繁荣，劳动力的价格迅速上涨。用弗吉尼亚第一届议会上演讲者的贺词说，公司意识到"我们的主要财富……在于奴仆"。私人雇佣者诱使奴仆的现象似乎已出现，因为1619 年议会命令"禁止使用诡计或利诱方式把任何特殊种植园的佃

---

① David W. Galenson, "The Rise and Fall of Indentured servitude in the Americas: An Economic Analysis", *The Journal of Economic History*, Vol. 44, Issue1 (Mar., 1984), p. 4.

农或奴仆从其位置上引诱而走", 如有违反者, 总督将以"最严厉的手段惩罚诱惑者和被诱惑者, 并将后者遣回原地"①。也许最严重的是, 租用协议在公司和私人种植园主之间增加了负责人—代理人关系, 因为奴仆此时仍然属于公司。公司命令种植园主负责供养生病的奴仆, 并保证向公司缴纳死亡奴仆的租借费用, 数量由"其存在时间"决定。但公司认为个体种植园主对其劳工的保护不足, 他们不仅不能提供足够的生活费用, 而且在健康保证和防止逃跑方面都很无效。租借制面临巨大的困难, 很快被放弃。

显然, 把契约卖给种植园主比租借优越, 弗吉尼亚公司很快就认识到了这一点, 同年出现第一次立即出售奴仆的契约。租借制以后没有继续采用。1619 年的交易包含了契约奴制的必备因素, 由公司资助从英国到弗吉尼亚的移民, 必须规定固定的服役年限, 在这些奴仆到达殖民地时, 立即将服役年限一起卖给种植园主。种植园主十分愿意接受这些条件。在这些交易中使用的契约是当时英国各种合法交易中普遍使用的一种形式, 名为 indenture。② 这些协议被种植园主接受。对公司而言, 把契约奴的服役期一次性卖给种植园主更简便。公司由此把监督劳动和执行契约的任务都转让给种植园主, 包括在服役期间由于奴仆逃跑或死亡而造成的风险。于是在 1619 年完整的契约奴制第一次出现。

契约奴制第一次有规模的采用是在 1620 年。该年弗吉尼亚公司向弗吉尼亚输送了"100 名奴仆, 安置在老种植园主中间"③。公司预支了这些移民的路费, 被招募者许诺按照规定的期限在弗吉尼亚劳动, 在种植园主把路费返还给公司的同时, 在规定期限内对奴仆劳动的所有权就转让给种植园主。这样, 随着种植园主一次性偿付给奴仆输入者一定的资金, 获得一定期限的劳动, 契约奴制就形成了。历经几年实践, 1622—1624 年契约奴制完全定型。不久, 英国也认可了

---

① David W. Galenson, "The Rise and Fall of Indentured servitude in the Americas: An Economic Analysis", *The Journal of Economic History*, Vol. 44, Issue1 (Mar., 1984), p. 5.

② Ibid., p. 6. note17.

③ Ibid., p. 6.

这项制度，在国内设立了契约奴移民注册机关。使用英国契约奴流行了近两个世纪。契约奴移民是有权出卖自己劳动力的自由人，因此含有资本主义生产关系的因素。

从契约奴制形成的过程不难看出，契约奴制是在弗吉尼亚公司与种植园主之间，围绕着劳动力的使用和招募这一问题，在不断协商中形成的。它一方面满足了种植园主对劳动力的需求，另一方面意味着弗吉尼亚公司最初实行的"共耕制"的殖民制度向个体经营的转变。这样，在土地私有化之后，公司又将劳动力进行了分配，弗吉尼亚公司对殖民地的管理和经营方式逐渐发生了转变。

总之，契约奴制是在借鉴英国已有的耕作奴仆制度的基础上，在殖民实践中逐渐形成的。促使契约奴制形成的根本动力是殖民地对人口和劳动力的迫切需求，是殖民地发展的需要。而这又是与刚刚起步不久，并且具有巨大利润和发展前景的烟草种植业分不开的。因此可以说，方兴未艾的烟草种植园经济对劳动力的极大需求是契约奴制形成的原初动力。虽然这种制度一经形成，广泛运用于其他地区和其他行业，不仅仅局限于切萨皮克地区的烟草种植业，但是它首先为切萨皮克地区的烟草种植业提供了大量劳动力，尤其在17世纪。

最初订立的契约各种各样。有第三者起草的，也有愿意充当契约奴的本人订立的。例如保存至今的最早一份契约，是1619年9月7日获得在弗吉尼亚伯克利百人区殖民的权利的四位绅士：威廉、理查德、乔治和约翰与英国格洛斯特郡北尼比的罗伯特·柯比签订的。该契约规定："该罗伯特将遵约忠实服务于该威廉、理查德、乔治和约翰三年，自他在弗吉尼亚登陆之日起，将在该地受雇于他们，从事合法的工作和劳动……并服从他们和他们给他指派或移交的代理人与合伙人的管辖。作为报酬，该威廉、理查德、乔治和约翰对该罗伯特立约，尽快把他运到弗吉尼亚，由他们支付费用和办理全部事宜，并在那里支付给他以这类仆役应得的食物和衣着，以维持其生活；契约期满后，使之成为该地的一个自由人，在该地享受自由人的全部权利和自由，并在其领地或伯克利百人区，赠与罗伯特 30 英亩土地。"①这份契约是以第三者的口气订立的。1622 年 9 月 25 日签订的运送到弗吉尼亚的一份奴仆契约则由契约奴本人所立，其内容如下："我，韦塞尔·魏伯林，伦敦尼古拉斯·魏伯林之子，啤酒酿造者，接受伦敦商人爱德华·贝内特及其合伙人的资助，将要被运送到弗吉尼亚，他们许诺并协约为我提供足够的肉、酒和衣服，我将约束自己成为上述爱德华·贝内特的学徒，为期三年，从给予这些礼品后次日，即米加勒节（9 月 29 日）开始。我郑重许诺约束自己履行学徒期限，在弗吉尼亚忠实地做爱德华·贝内特及其合伙人所指定给我的一切劳动和事务，作为一个好奴仆，温顺服从，接受爱德华·贝内特或其委托人的指挥。在三年期满结束时，爱德华·贝内特许诺在弗吉尼亚给予该学徒一所房屋和 50 英亩土地，永久由我，我的继承人和委托人掌握。根据那里的习俗，还将给予该学徒必需的好衣服。该学徒应该居住在所给予的土地上，从拥有前述 50 英亩土地开始及以后，每年向爱德华·贝内特交纳 50 先令租金，并劳动 2 日。协约如上，该学徒受这些条件的约束。前述双方在此契约盖上手印和印章，以做明证。1622 年 9 月 25 日。"②这份契约中的称呼是"学徒"，但实质就是契约奴。后来随着契约奴制的盛行，很快出现了这种契约文书的印刷文本，历史研究者从弗吉尼亚的出版业注册簿得知，它是在 1636 年出现的。这种空白契约印好了统一的条文，只需分别填写主仆姓名、住址和立约时间，经双方签字即可。

契约奴制下的契约与雇佣劳动合同是不同的。①它规定相对长的期限，在殖民地时期是四年或更多；②雇佣者对雇工的生活和劳动有更大程度的控制；③雇佣劳动合同可以随时自动调整或解除，由雇工给予雇主预先商定的金额的赔偿。而债务服役契约不能自动解除。这些区别使契约奴制在大多数时间和地方都具有明显的地位，有一套特

---

① H. Trevor Colbourn, *The Colonial Experience: Readings in Early American History*, Boston, 1966 p. 109. 转引自李世雅《北美殖民地的契约奴移民》，《美国史论文集（1981—1983）》，生活·读书·新知三联书店 1983 年版，第 400—401 页。

② W. Keith Kavenagh, edited, *Foundations of Colonial America, A Documentary History*, Vol. 3, p. 2071.

有的规则和实行办法，虽然规则和实行办法可能在不同地方、不同时期而有所不同，如同在英国的对应制度——农牧业中的服役制一样，在早期英属殖民地，契约奴制以相对低廉的价格增加了劳动力的流动。因为其移民对象是已在劳动队伍中的单个劳动者，这种制度无须承担家庭移民中可能不具备劳动能力的成员的费用。也许有人认为契约奴制直接来自英国的学徒制。在它们之间的确存在一些联系，在1619—1622 年弗吉尼亚公司向弗吉尼亚输送了几船流浪儿，其路费由伦敦城付，公司答应把他们作为学徒安置在种植园主中间。这是一个教区对学徒负有义务的一个例子，直接源自手工业中古老的学徒制。但是，在学徒与契约奴之间也有明显不同，契约奴制下，首先由主人对奴仆出资，奴仆以自己的劳动偿还，契约的执行和劳动动力都不同，在学徒制下，则首先由学徒出资给主人，主人有义务以培养技能的形式偿还。它们的权利—义务关系正好倒置。因此总体看来，契约奴制更接近英国农牧业中的耕作奴仆制，都是建立在以劳动的形式偿还债务的基础上，因为路费实际是债务。契约奴制最初是资助移民的一种方式，一旦形成，又产生其他功能，如以劳动的形式偿付债务，但主要用在移民中。

契约奴制作为一种新出现的制度是为了招募移民，满足殖民地对劳动力的需求。它为无法承担路费的贫穷人移民美洲提供了一种途径。它是由弗吉尼亚公司创立的，契约奴的路费也是由公司预支，到殖民地以后公司将契约奴出售给种植园主，确切说出售的是契约奴在一定期限的劳动，但由于劳动与人身的不可分离，从表面上看也是在一定期限内出售了人本身。这种出售契约奴的机制一旦建立起来，资助移民的主体很快发生变化，不再局限于公司，有实力的商人、种植园主等都可以出资，投资此行业的商人负责从在英格兰签订契约到在殖民地出售这段时间，通常为 2—3 个月。由于进入这一行业所需投资少，这一行业很快成为很多与殖民地交易的欧洲商人从事的行业，很多船主也加入进来。他们在英国或欧洲大陆招募契约奴，在到达殖民地后从出售所得偿付运输费，并从差价中获利，从而形成契约奴贸易。

17 世纪典型的契约奴是在乘船前签订契约，契约奴本人可以与运输者（或者是寄售商人，或者是船主）协商服役期。如果没有在上船前订立契约，服役期限和条款将根据"当地的习俗"协商确定，尤其对于"绑架"而来的契约奴而言。这些根据习俗服役的契约奴，关于服役期限在实践中常有争议，例如在 1685 年以前马里兰法院和各县法院审理的 133 个案例中，有超过 50% 是关于服役期延长或错误出售的。因此在殖民地的立法中，一般对"当地的习俗"予以确认和规范。为了防止任意延长服役期，马里兰立法机构通过法律控制服役期，第一个法律在 1638—1639 年由议会通过，名为"限制契约奴服役期的一个立法"，规定 18 岁以上的奴仆到达殖民地后服役 4 年，18 岁以下的服役到 24 岁。在接下来的 30 年里，这个法律多次重复修订，由于到达殖民地的成年契约奴可以协商其服役期限，立法对年龄和服役期的划分更加细化。1654 年的法律规定 20 岁以上的契约奴服役 4 年，16—20 岁的服役 6 年，12—16 岁的服役 7 年，12 岁以下的服役到 21 岁。主人要带奴仆到县法院登记年龄和服役期。[1] 弗吉尼亚在 1642—1643 年也通过了限制服役期限的类似立法。[2] 到 17 世纪末，几乎所有的殖民地都有类似立法。[3]

服役期是契约奴制中的一个重要因素。对于契约奴而言，服役期限也不尽相同，甚至有很大差别，服役 2 年与服役 10 年显然是不同的。按照习俗，服役的契约奴的服役期限由殖民地的法律做出了规定，基本是根据年龄大小确定的，但是已签订契约的人，其服役期是怎样规定的呢？决定契约奴服役期的因素有哪些？很多历史学者认为契约奴的服役期与其年龄呈反比的关系，但并不完全是这样。服役期的长短受到年龄和其他多种因素的影响，诸如奴仆的目的地和个人特

---

① Alexa Silver Cawley, "A Passionate Affair: The Master – Servant Relationship in Seventeenth – Century Maryland", *The Historian*, Vol. 61, i4（Summer 1999）, p. 751.

② Oscar and Mary F. Handlin, "Origins of the Southern Labor System", *William and Mary Quarterly*, Third Series, Vol. 7, i1（Apr., 1950）, p. 210.

③ David, W. Galenson, "British Servants and the Colonial Indenture System in the Eighteenth Century", *The Jornal of Southern History*, Vol. 44, i1（Feb., 1978）, p. 60.

征等。在签订契约时对待成年人和对待年幼者是不同的。在保存下来的 1718—1759 年伦敦盖德霍尔（Guildhall）的 2955 名契约奴移民的记录中，使用了两种不同的契约印制形式，一种适用于 21 岁以上的契约奴移民，一种适用于 21 岁以下的移民。[①] 在 18 世纪，给予成年人的服役期通常为 4 年，给予年幼者的服役期差别很大，在盖德霍尔的例子中，最长的是 9 年。在早期还有更长的例子。无论男性还是女性在年龄与服役期之间有明显的反比关系。例如达到 10 人以上的第一个年龄是 14 岁，平均服役期是 7.29 年，在接下来的三个年龄，即 15、16、17 岁，服役期每次减少超过 7 个月。17 岁以后，服役期减少的程度变慢（见表 1）。这是为什么？在多大程度上是个人因素在起作用？

表 1　　　　　　　契约奴的服役期与年龄的关系　　　　单位：人；年

服役期 \ 年龄	2 年	3 年	4 年	5 年	6 年	7 年	8 年	9 年	平均服役期
13 岁以下						3		1	7.5
13 岁						1	2		7.66
14 岁			1	1		13	13		7.29
15 岁			8	17	15	68	27		6.65
16 岁		1	28	51	61	59	7		5.82
17 岁		4	79	79	52	28	1		5.10
18 岁		4	198	112	27	22	2		4.65
19 岁	1	4	299	107	28	2			4.37
20 岁		3	382	65	3	4			4.18
21 岁及以上	1	4	865	33	4	1	1		4.05

资料来源：David W. Galenson，"British Servants and the Colonial Indenture System in the Eighteenth Century"，*The Journal of Southern History*，Vol. 44，i. 1（Feb.，1978），p. 52.

　　为此需要考察契约奴制从契约奴出现到殖民地的运作情况。促使契约奴制运转的动力是经济的。对奴仆来说，契约是为了获得路费、

---

　　① David W. Galenson，"British Servants and the Colonial Indenture System in the Eighteenth Century"，*The Journal of Southern History*，Vol. 44，i1（Feb.，1978），p. 42 – 43；p. 52.

生活保证和自由费的交换。在伦敦，与契约奴签订契约的机构通常是商人或船主，他们计划把契约奴运到殖民地，并尽量以最高的价格将其出售。最后，殖民地购买契约奴的种植园主把他们作为劳动力来源，主要用于生产烟草。因此契约奴制具有双重功能：为殖民地的种植园主提供劳动力，为贫穷的英国人提供移民的途径。因此出现两个市场：契约奴来源的市场和殖民地的市场。契约奴在英国市场上面对的是代理人，代理人从运输契约奴中获利，因而招募尽可能多的契约奴，甚至出现了"绑架"奴仆的现象。在每一个运送契约奴到殖民地的港口，通常有不止一个商人，商人之间也存在竞争，例如在盖德霍尔的例子中，共有170多个商人的名字出现在契约里。契约奴的服役期将受到竞争的影响。一个将要成为契约奴的人如果能获得较短的服役期，就不会接受较长的服役期。契约奴对自己的服役期和目的地可以与代理人协商。契约奴最短的服役期受到商人利润的影响，因此殖民地的市场状况也是影响服役期的一个因素。在契约签订后，代理人要负责契约奴的衣食，偿付其路费，然后在殖民地出售。代理人在签订契约时要考虑其出售价格。路费是代理人已知的，在整个殖民时期变化不大，衣服、食物、路费、利润决定其能接受的服役期。代理人估计一个契约奴的最低服役年限，以保证在殖民地的价格，支付自己的投资和利润。年幼者在种植园的生产能力不如成年人，产出低，如果服役期同年长者一样长，种植园主将不会出高价购买。但路费对每个人都是一样的，以人头计。因此，年龄是代理人判断服役期的一个重要根据，年龄越小，生产能力越低，服役期越长。但并不是说所有相同年龄的契约奴在殖民地的售价都是一样的，出售价格有相当大的变化。代理人要保证在殖民地出售时获得保本价格，而事实上，价格可能高，他们将获得利润；也可能低，他们将遭受损失。这可以解释为什么同样年龄和性别的契约奴服役期不同。劳动能力、技术和是否有文化知识等都是影响殖民地契约奴价格的因素。身体强壮能干的契约奴，在殖民地可以出售较高的价格，因此服役期短。大多数契约奴用作农业劳动力。如果契约奴有技术，可以作为手工艺人使用，产出比农业劳动力大，或者有文化，可以做图书管理员等，价值比田间劳工大。技术和文化可以减少契约奴的服役期。在表 1 中，服役期最短的人是有技术的人。在整个殖民地时期，技术工人都昂贵而稀缺。"这样的奴仆在这里相当于黄金。"没有签订契约而到达殖民地的奴仆，没有欧洲市场的商人竞争，由于已经处于债务中，代理人可以在殖民地市场上任意出售其服役期。为了防止商人由于服役期不明确而任意出售奴仆，各个殖民地意识到有必要立法规范。这些法律是为了保护契约奴以鼓励移民。根据习俗确定服役期和自由费，把习俗转化为法律。但是殖民地最基本的需要是农业劳工，农业劳动是契约奴制的基础。契约奴制是美洲殖民地获得劳动力供应的主要途径，尤其是在劳动力需求极大的南部烟草种植园里，其重要性更为明显。卫斯勒·克雷文（Wesley Craven）估计，17 世纪的弗吉尼亚殖民者中有 75% 甚至更多是来自契约奴。[①] 契约奴在 17 世纪主要来自英国，在殖民过程中其他国家的移民也加入到以契约奴身份移民美洲的行列，尤其在 18 世纪相当数量的苏格兰人、爱尔兰人和德意志人以契约奴的身份移民到殖民地。

欧洲和殖民地形成的契约奴市场在不断扩大，数以百计的英国商人在英国主要港口参加到拓展契约奴贸易的行业中。在欧洲的劳动力供应和殖民地种植园主的需求之间架起了桥梁。由于契约是可以转让的，主人根据经济形势的变化可以自由买进或卖出契约奴的剩余服役期，更提高了这一制度的效率。

二　契约奴的来源、规模与构成

契约奴制虽然是在弗吉尼亚首先出现的，但这种吸引移民的方式一旦确立起来，很快就推广到其他美洲殖民地。在 17 世纪和 18 世纪的英属北美大陆各殖民地都存在契约奴制。契约奴因此成为殖民地时

---

① David W. Galenson, "The Rise and Fall of Indentured servitude in the Americas: An Economic Analysis", *The Journal of Economic History*, Vol. 44, Issue1 (Mar., 1984), p. 9.

期劳动力的一个重要来源，而不局限于烟草殖民地。但是，契约奴移民主要在两个时期，移入两个地区：从 17 世纪 30 年代到 18 世纪早期主要移入切萨皮克殖民地，即弗吉尼亚和马里兰；从 1710 年到 18 世纪 70 年代早期主要移入特拉华河谷，主要流入宾夕法尼亚、特拉华和新泽西，也继续流入马里兰。在新英格兰和阿巴拉契亚边缘地区，极少移民以契约奴的身份而来。因此，从总体上看，契约奴是烟草种植园的重要劳动力，尤其在 17 世纪。

关于契约奴移民的规模，由于殖民地时期没有系统的人口统计资料，可以获得的零散资料不可能对契约奴在殖民地人口中的比例做出任何形式的直接计量，因此对美国早期移民和人口的研究包括契约奴的研究都不可避免地建立在估算和约数之上。关于 17 世纪和 18 世纪欧洲向英属北美的移民总人数和契约奴在这些移民中所占的比例，美国历史学者提供了多种不同的估计。例如，最早研究殖民地时期契约奴制度的历史学家艾伯特·艾默生·史密斯（Abbot Emerson Smith）估计在 17 世纪 30 年代清教徒移民和美国革命之间到达英属殖民地的所有白人移民中约一半甚至 2/3 是契约奴。[①] 1970 年代出版、由莫里森主编的《美国历史百科全书》中说，契约奴移民占北美殖民地时期全部白人移民的 60%—77%。[②] 里查德·S. 邓恩（Richard S. Dunn）估计在 1580 年至 1775 年输入英属北美（包括加勒比和大陆殖民地）的契约奴总数是约 35 万人；菲里浦·摩根（Philip Morgan）则建议，在为数 75 万的欧洲移民中，约 2/3 即 50 万人是契约奴。随着研究方法的进步，出现更为精确的估计，虽然仍是约数。现在一般估计，仅就北美大陆殖民地而言，到 1780 年欧洲移民总数是在 47 万和 51.5 万之间，其中在自愿移民中，约 48% 是以契约奴方式而来，契约奴移

---

① David W. Galenson, "The Rise and Fall of Indentured Servitude in the Americans: An Economic Analasis", *The Journal of Economic History*, v44, i1 (Mar., 1984), p1. 其引自 Abbot Emerson Smith, *Colonists in Bondage: White Servitude and Convict Labor in America*, 1607 – 1776, (Chapel Hill, 1947), p. 336.

② Richard B. Morris &others ed., *Encyclopedia of American History*, New York: Harper & Row, Publishers, 1976, p. 760.

民在 17 世纪更为普遍，平均占 60%—65%，在 18 世纪占自愿移民的
40%。[①] 关于切萨皮克地区契约奴移民的情况，阿伦·福格曼（Aaron
S. Fogleman）曾经估计，17 世纪，在切萨皮克地区大约一半的欧洲移
民是契约奴。但他在最近发表的一篇文章中又改变了看法，提出在
1700 年前到达切萨皮克殖民地的移民中有 70%—85% 是契约奴。[②]阿
瑟·施莱辛格（Arthur M. Schlesinger）和托马斯·沃顿贝克（Thomas
J. Wertenbaker）则估计在 1635—1705 年输入的契约奴，每年进入烟
草殖民地的多达 1500—2000 人，13 个殖民地中人口最多的三个殖民
地，有两个以契约奴移民的输入为主，它们是弗吉尼亚和宾夕法尼
亚。[③] 而由玛丽·诺顿（Mary Beth Norton）等人主编、在 1994 年出版
的《民族与国家：一部美国史》一书中则认为，在 17 世纪到达弗吉
尼亚和马里兰的大约 13 万移民中，契约奴占 75%—85%，其中大约
3/4 的契约奴移民是 15—24 岁的男性，平均每 5—6 人中有一名妇
女。[④]亚历克萨·考利（Alexa Silver Cawley）估计在 1634—1680 年共
约 3.4 万移民到达马里兰，其中大约 2/3 是契约奴。[⑤]虽然学者的估计
有所差异，但这些估计使我们得以了解契约奴移民的大致情况：无论
怎样，契约奴移民在北美殖民地都是十分重要的部分，在马里兰和弗
吉尼亚等烟草殖民地则更为重要。

　　关于契约奴在殖民地的详细数量和分布，现在唯一可以获得的直

---

① Christopher Tomlins, "Reconsidering Indentured Servitude: European Migration and the
Early American Labor Force, 1600 – 1775" *Labor history*, Vol. 42, i1 (Feb., 2001).

② Aaron S. Fogleman, "From Slaves, Convicts, and Servants to Free Passengers: The
Transformation of Immigration in the Era of the American Revolution", *The Journal of American Histo-
ry*, Vol. 85, i1 (Jun., 1998) p. 46.

③ Arthur M. Schlesinger, *A History of American life*, 12vs, v2: Thomas J., Wertenbaker,
The First Americans 1607 – 1690, pp. 25 – 26. 转引自李世雅《北美殖民地的契约奴移民》，
《美国史论文集（1981—1983）》，三联书店 1983 年版，第 414 页。

④ Mary Beth Norton, David M. Katzman, etc., edited, *A People and A Nation: A History of
the United States* (Boston: Houghton Mifflin Company, 1994), Volume 1, p. 49.

⑤ Alexa Silver Cawley, "A Passionate Affair: The Master – Servant Relationship in Seven-
teenth – Century Maryland", *The Historian*, v61, i4 (Summer1999), p. 751.

接资料是 1625 年弗吉尼亚人口统计的数据。1625 年在弗吉尼亚进行了一次人口统计，这也是英属北美大陆殖民地在 17 世纪进行的一次最为详细的人口统计。这次人口统计，为我们提供了 1625 年弗吉尼亚的人口和契约奴数量的准确情况。在这份统计表中，共列出 1218人，其中 765 人的年龄、性别等有完整的记录，共有 309 名户主，有487 人是契约奴，属于 30% 的户主，将近 70% 的户主没有奴仆。契约奴在该殖民地的居民中大约占 42% 的比例。[①]

　　克里斯托夫·汤姆林斯（Christopher Tomlins）最近在亨利·杰莫利（Henry Gemery）、拉塞尔·麦纳德（Russell R. Menard）等多位学者研究的基础上，把每十年分为一期，提出了北美殖民地时期移民、人口和契约奴的详细情况，他还计算出契约奴在总劳动力中的比重，供我们参考。亨利·杰莫利通过对历史上特定地区和时期的移民与人口的考察，对这些数字进一步精确，他估计在 17 世纪，欧洲移民总数是 15.5 万人（1630—1700 年），其中 3.9 万人进入北部殖民地，11.6 万人进入南部殖民地（上南部和下南部）。拉塞尔·麦纳德在亨利·杰莫利的估计数字的基础上更前进一步，他对殖民地每十年的人口做一次估计，并且计算出每十年向切萨皮克的移民人数。克里斯托夫·汤姆林斯在此基础上又前进一步，计算出每十年的契约奴移民人数和契约奴在总人口中比重的变化。克里斯托夫·汤姆林斯认为契约奴在总移民中占一半到 2/3 的比例甚至接近或超过 80% 的比例似乎过高，具体到某一时期、某一地区是不可想象的，只有把所有的罪犯移民都作为契约奴来计算才可行。但是大概在 17 世纪的切萨皮克，契约奴在登陆的移民总数中的比例实际接近 80%。克里斯托夫·汤姆林斯采纳 80% 的切萨皮克移民是契约奴，对每隔十年的契约奴移民及其在人口中的比重进行了详细计算。17 世纪到来的契约奴人数估计是 8.6 万余人。虽然契约奴在移民中

---

　　① Mary Beth Norton, David M. Katzman, etc, edited, *A People and A Nation*: *A History of the United States*, Volume 1, p. 49. 其来自: Robert V. Wells, *The Population of the British Colonies in America Before 1776*: *A Survey of Census Data* (Princeton: Princeton University Press, 1975), table V - 5, V - 6, and pp. 165 - 166.

的比例很高，但是在殖民地总人口中的比例并不是太高，因为由于
其存在自动转化功能，契约奴在服役期满后就成为自由民，进入自
由白人社会之中，因此长期输入契约奴所积累的人口是以自由人为
主而不是以契约奴为主，在总人口中契约奴所占比例并不高，而且
有逐渐降低的趋势。早期殖民地人口少时，契约奴比例较高，以后
随着白人基数的增大，比例降低，除非输入更多。

表2　　　　　1600—1700 年弗吉尼亚和马里兰的欧洲契约奴移民

及在人口中的比例　　　　　单位：千人

年代	契约奴移民人数	登陆的契约奴人数	经32.8%的损耗后的人数	该年代末的白人人口	契约奴比例（%）
1610	1.20	0.60	0.40	0.3	
1620	2.40	1.20	0.80	0.9	
1630	3.20	1.60	1.07	2.4	44.5
1640	7.12	3.56	1.79	8.0	22.4
1650	6.24	3.12	2.09	12.4	16.8
1660	12.96	6.48	4.35	24.0	18.1
1670	14.96	7.48	5.02	38.5	13.0
1680	16.40	8.20	5.51	55.6	9.2
1690	10.64	5.32	3.57	68.2	5.2
1700	11.12	5.56	3.77	85.2	4.4

注：1610 年代、1620 年代、1630 年代为约数。

资料来源：Christopher Tomlins, "Reconsidering Indentured Servitude: European Migration and the Early American Labor Force, 1600 – 1775", *Labor history*, Vol. 42, i1, Feb., 2001.

　　要估计某一时间段契约奴在某地人口中的比例，需要从估计的每
十年的登陆移民中扣去平均每年的减少速度，即因服役期限结束、季
节病死亡和普通死亡的人数。如表2 所示，契约奴在总人口中的比例
呈现持续减少的趋势，在17 世纪20 年代末期开始的持续移民中接近
多数，到17 世纪末期占到4%—8% 的比例。同时显示，17 世纪20
年代以后在殖民地人口中契约奴从未达到多数，17 世纪中期所占比例
不到人口的1/5，到17 世纪末甚至少于5%。即使杰奎林·琼斯

（Jacqueline Jones）另外做出的最慷慨的估计数字认为，契约奴移民在
17 世纪中期不超过总人口的 1/3，17 世纪末不超过 8%。① 17 世纪中
期以后移民虽然增加，但人口自然增长率升高，绝对人数的增加很大
原因是因本地人口的再生产造成的。就整个北美殖民地而言，除早期
的弗吉尼亚、马里兰和宾夕法尼亚，"在任何时候，契约奴只占总人
口的 10%—15%"②。

　　根据特里·安德森（Terry Anderson）和罗伯特·托马斯（Robert
Thomas）1978 年对殖民地人口与劳动力状况的考察，克里斯托
夫·汤姆林斯还计算出契约奴在白人劳动力中的比例变化。17 世纪
40 年代契约奴在劳动力中所占比例不到 1/3，1670 年不到 1/4，到
1700 年代则不超过 1/10。如表 3 所示。

表 3　契约奴在切萨皮克劳动力队伍中的人数和比例（1640—1700 年代）

单位：千人

年代	白种人口	白人劳动力比例	白人劳动力	白种契约奴人数	契约奴所占的比例（%）
1640	8.0	75.6	6.05	1.79	29.58
1650	12.4	71.4	8.85	2.09	23.62
1660	24.0	66.5	15.97	4.35	27.23
1670	38.5	57.7	22.22	5.02	22.59
1680	55.6	58.1	32.30	5.51	17.06
1690	68.2	51.5	35.12	3.57	10.16
1700	85.2	45.7	38.93	3.77	9.68

资料来源：Christopher Tomlins，"Reconsidering Indentured Servitude：European Migration
and the Early American Labor Force，1600 – 1775"，*Labor history*，Vol.42，i1，（Feb. 2001）.

　　但是特里·安德森和罗伯特·托马斯的劳动力数字和在人口中

　　① Christopher Tomlins，"Reconsidering Indentured Servitude：European Migration and the
Early American Labor Force，1600 – 1775"，*Labor history*，Vol.42，i1（Feb.，2001）.
　　② ［美］赫伯特·阿普特克：《美国人民史》第一卷，生活·读书·新知三联书店
1962 年版，第 80 页。

的比例是"以现代发达国家的劳动概念为基础的",而现代的劳动是"在一个明显的经济领域里的独立的经济活动",与17世纪、18世纪的劳动情况不同。在殖民地时期,美洲的劳动概念在思想意识上和结构上不是分离的,即事实上每一个人都在劳动,因而把劳动力作为人口的一个独立的部分划分出来其价值是有限的。因此来自现代概念的劳动力数字实际上要低于17世纪的劳动力人数。劳动力人数越接近总人数,劳动力的参与比例就越高。由于契约奴在总人口中所占比例越来越低,因此在劳动力队伍中所占的比例就越低。但这并不能否定契约奴在殖民地时期劳动的重要性,也不能否定契约奴制是殖民地时期种植园经济中的一种重要劳动制度。因为契约奴移民是切萨皮克殖民地人口和劳动力的重要来源,尤其在17世纪殖民地人口自然增长很少的情况下,更是主要的人口和劳动力来源。即殖民地的大多数人口都有契约奴劳动的经历,都曾经作为契约奴而劳动过,虽然后来成为自由人口和自由劳动力的一部分。即使成为自由人后,很大一部分也作为种植园主,继续从事烟草种植业。契约奴是切萨皮克人口构成中的很大一部分,17世纪五六十年代在一些县甚至达到一半。①

　　绝大多数契约奴被种植园主购买而来,主要从事种植园中的农业劳动,只有少量,大约不超过百分之几的契约奴从事手工行业。② 种植园拥有的奴仆数量,因种植园的规模大小而异。例如1658—1705年马里兰西海岸的家庭,财产总值在0—9英镑的家庭中,仅有1.5%的家庭拥有奴仆;财产总值在10—49英镑的家庭中,有17.4%的家庭拥有奴仆;财产总值在50—99英镑的家庭中,有47.4%的家庭拥有奴仆;在财产总值达100—259英镑的家庭中,则有78.9%的家庭拥有奴仆;财产总值在260英镑以上的家庭中,拥有奴仆的比例更高,有87.6%的家庭拥有奴仆。③ 在17世纪后半期的绝大多数切萨

---

① James Horn, *Adapting to a new world: English Society in the Seventeenth – Century Chesapeake* (The University of North Carolina Press, 1994), p. 151.

② Ibid., p. 287.

③ Ibid., p. 285.

皮克地区，拥有1—2名劳动力的小种植园占种植园的多数，但是劳动力的最大部分则集中在拥有劳动力4名以上的种植园中。[①] 例如在马里兰安妮·阿伦德尔县（Anne Arundel County），1658—1699年有2/3的种植园拥有的劳动力在3名以下，但是其占用的劳动力人数仅是这一地区劳动力总人数的31%—43%。随着时代的发展，种植园拥有的劳动力规模越来越大。仍以马里兰安妮·阿伦德尔县为例，1658—1677年只有7%的劳动力属于拥有劳动力10名以上的种植园主，在1688—1699年则有24%—28%的劳动力属于拥有劳动力10名以上的种植园主。兰开斯特县劳动力集中的现象更为突出。在1653年就有超过25%的奴仆和奴隶属于拥有劳动力10名以上的种植园主。十年后，6个拥有劳动力20名以上的种植园主使用的奴仆和奴隶达到222名，占该县劳动力总数的28%。将近40%的劳动力属于拥有劳动力在10名以上的种植园中。[②]

　　虽然这些种植园里劳动力的统计数字包括契约奴和奴隶两类，但是考虑到这一时期殖民地的黑人奴隶数量是有限的，在种植园劳动力队伍中占据少数，对我们考察种植园契约奴的规模也具有很大的参考价值。以种植园主个人为例，马里兰的一名种植园主本杰明·罗茨经营的种植园中，有两个主要依靠白人奴仆做劳动力。马里兰另一名富有的种植园主约翰·贝恩，1703年死时拥有24名奴隶，15名白人奴仆，其中，11名奴隶在2名白人奴仆的监管下在种植园本部（home plantation）劳动，9名奴仆在帕斯卡特卫分部（pascataway quarter）劳动，另外4名奴隶在阿伯丁分部（aberdeen quarter）劳动。[③] 因此，在烟草种植园经济的发展中，契约奴的劳动是不可抹杀的。契约奴制是其中一种重要的劳动制度，尤其在17世纪，契约奴是烟草种植园中的主要劳动力来源。

　　契约奴移民的来源：契约奴移民主要来自城市贫民窟的贫穷

---

　　① James Horn, *Adapting to a new world: English Society in the Seventeenth – Century Chesapeake* (The University of North Carolina Press, 1994), p. 281.

　　② Ibid..

　　③ Ibid., p. 285.

和无业阶层，来自英格兰南部和中部的贫穷的农业工人、家庭女奴仆，以及半熟练和极少的熟练工人，想到殖民地寻求更好的前程。移民的年龄也说明他们相对低微的社会地位。大多数是15—24岁之间，尤其以20—21岁为多，那些在离开的港口没有登记、到达殖民地后根据"习俗"服役的奴仆更为年轻。例如在弗吉尼亚兰开斯特县，1662年到1680年到达的没有契约的奴仆中，约90%在19岁以下，以16岁居多。① 总体上，契约奴移民的年轻化说明他们在社会上地位低微，经济条件差。从另一方面说，离开英国也没有太多牺牲。

契约奴的构成：虽然总体而言在殖民地时期的移民中，以年轻人为主，但契约奴移民尤其年轻。在切萨皮克的契约奴移民中，当然也不例外。虽然自由人的年龄也不大，平均3/4的人在35岁以下，集中在20—34岁，但与自由人相比契约奴更为年轻，19岁以下的年轻人占30%，而24岁以下的占到80%。② 事实上，除数据外，有很好的证据证明契约奴的年轻。契约奴包括两部分：离开英国前已签订契约的，以及没有契约的。后者没有契约，他们将根据当地的习俗和法律规定服役，因而在法律文献中体现出来。这些契约奴的特征可以通过切萨皮克殖民地法庭记录来考察。每一个调查都表明这些没有契约的奴仆比在英国已签订契约的奴仆要更为年轻。在17世纪，在15—24岁这个年龄段上，多数男契约奴集中在年龄下限而不是年龄上限。因此，男契约奴更准确地说应该是男孩或青少年。17世纪时，人们通常认为24岁是男性成年的标志。

通过历史学者詹姆斯·霍恩（James Horn）在1990年代对移民离开地的统计，显示了契约奴移民的年龄构成，也证明了以年轻人为主的特征，如表4所示。

---

① P. J. Marshall, edited, *The Oxford History of the British Empire*, Vol. 1, p. 177.

② Christopher Tomlins, "Reconsidering Indentured Servitude: European Migration and the Early American Labor Force, 1600 – 1775", *Labor history*, Vol. 42, i1 (Feb., 2001).

表 4　　　　从伦敦和利物浦到切萨皮克的契约奴移民的年龄构成

年龄	1635 年，从伦敦出发		1682—1686 年，从伦敦出发		1697—1707 年，从利物浦出发	
	男（%）	女（%）	男（%）	女（%）	男（%）	女（%）
0—15 岁	3.8	3.0	6.5	1.9	23.0	4.2
16—19 岁	27.4	30.0	21.0	25.8	32.0	30.6
20—24 岁	39.9	48.1	51.0	57.2	26.8	46.5
25—29 岁	14.2	11.1	12.6	11.9	9.5	13.6
30—34 岁	8.5	4.1	8.0	2.5	5.4	3.5
35—39 岁	3.2	1.5	0.2	0.6	1.9	1.4
40—44 岁	1.6	0.7	0.2	0	1.0	0.4
45 岁及以上	1.4	1.5	0.5	0	0.4	0
合计	100.0	100.0	100.0	99.9	100.0	100.0
15—24 岁	67.3	78.1	72	83	58.8	77.1

注：表中最后一行为笔者所加。

资料来源：James Horn, *Adapting to a new world*: *English Society in the Seventeenth – Century Chesapeake*, The University of North Carolina Press, 1994, p. 36.

前面提到的 1718—1759 年伦敦盖德霍尔的契约奴移民记录的统计显示，在 18 世纪的契约奴移民中年龄构成继续呈现以年轻化为主的特征，无论男性契约奴移民，还是女性契约奴移民，都以 15—24 岁为主，其中又以 15—19 岁为最多。如表 5 所示。

表 5　　　　1718—1759 年伦敦契约奴移民年龄（共 2955 人）　　　　单位：人

年龄	15 岁以下	15—19 岁	20—24 岁	25—29 岁	30—34 岁	35—39 岁	40—44 岁	45—49 岁	合计
男	35	1391	938	274	98	39	13	4	2792
女	3	106	41	9	3			1	163

资料来源：David W. Galenson, "British Servants and the Colonial Indenture System in the Eighteenth Century", *The Journal of Southern History*, Vol. 44, i. 1 (Feb., 1978), p. 43.

在传统的欧洲社会，农业田间劳动通常认为是由男性承担，尤其年轻力壮的年轻男性被认为是最为重要的劳动力。因此烟草殖民地所需求的和所输入的也是以年轻男性为主的劳动力，尤其在早期。后来，殖民当局认识到严重性别比例不平衡制约了人口的自然增长，因而逐渐采取措施吸纳一定的女性，殖民地的性别比例才逐渐趋于平衡，但即使如此，在整个 17 世纪，男性仍占多数优势。契约奴移民中，男女比例从 17 世纪 30 年代顶端的 6∶1，到 17 世纪下半期降为 3∶1 至 2∶1，男性占多数这个现象在自费的自由移民中也很显著（2.4∶1），但比契约奴的男女比例稍低。[1] 单身男性在移民中显著是南部殖民地移民不同于其他殖民地的特征。这反映了烟草种植园经济对劳动力需求的特征。

有人认为契约奴移民只在 17 世纪重要，是烟草种植园中的重要劳动力，但最近有学者提出了不同看法，认为在 18 世纪契约奴移民仍然发挥着重要的作用。戴维·盖伦森（David W. Galenson）在《美洲契约奴的成长和衰落：一个经济分析》一文中就提出，在切萨皮克地区，契约奴从 1650 年到 1775 年都是劳动力中重要的一部分，这是切萨皮克与南卡罗来纳和西印度殖民地的不同特征。[2] 1717 年英国国会的一个立法规定，运送契约奴的英国商人需要到立法机构登记，当时的很多记录已经丢失，只有少部分记录保存下来，包括 1718—1739 年的记录 2800 余人，1749—1759 年的记录 100 余人，共计 2955 人。戴维·盖伦森对保存下来的这些契约奴移民的目的地进行了分析，从中可以看出向切萨皮克尤其是马里兰的移民是相当大的。如表 6、表 7 所示。

表 6　　　　　　1718—1759 年伦敦盖德霍尔（Guildhall）的
男契约奴移民的目的地　　　　　　单位：人

目的地 时间	安提瓜	牙买加	西印度 其他岛	马里兰	宾夕法 尼亚	弗吉 尼亚	其他大 陆殖 民地	其他	合计
1718—1719		11	11	116	3	15	40	3	199
1720—1724	6	132	122	164	37	84	48	4	697
1725—1729	28	125	10	143	80	31	24	2	443
1730—1734	18	470	18	120	62	25	35	5	753
1735—1739	16	341	9	109	49	9	45	2	579
1749	1	12			1	3			17
1750—1754	2	30	1	26	9	21	3	1	93

---

[1]　Christopher Tomlins, "Reconsidering Indentured Servitude: European Migration and the Early American Labor Force, 1600–1775", *Labor history*, Vol. 42, i1 (Feb., 2001).

[2]　David W. Galenson, "The Rise and Fall of Indentured servitude in the Americas: An Economic Analysis", *The Journal of Economic History*, Vol. 44, Issue1 (Mar., 1984).

续表

时间 \ 目的地	安提瓜	牙买加	西印度其他岛	马里兰	宾夕法尼亚	弗吉尼亚	其他大陆殖民地	其他	合计
1755—1759	1	3						7	11
合计	72	1124	170	778	241	188	195	24	2792

资料来源：David W. Galenson, "British Servants and the Colonial Indenture System in the Eighteenth Century", *The Journal of Southern History*, Vol. 44, il (Feb., 1978), p. 44.

表7　　　　　　　　　　　　女契约奴移民的目的地　　　　　　　　　　　单位：人

时间 \ 目的地	安提瓜	牙买加	西印度其他岛	马里兰	宾夕法尼亚	弗吉尼亚	其他大陆殖民地	合计
1718—1719			2	10	5	6	4	27
1720—1724	1	2	5	16	7	13	8	52
1725—1729			3	11	4	3		21
1730—1734		13	1	9	6		4	33
1735—1739		6		5	5	1	6	23
1749—1756	1	2				3	1	7
合计	2	23	8	43	34	27	26	163

资料来源：David W. Galenson, "British Servants and the Colonial Indenture System in the Eighteenth Century", *The Journal of Southern History*, Vol. 44, il (Feb., 1978), p. 44.

其实契约奴在 18 世纪也很兴盛，据阿伦·福格曼（Aaron S. Fogleman）估计，1700—1775 年多于 10 万名契约奴输入到殖民地，还不包括罪犯，罪犯常常也被卖做契约奴。但是从 1710 年到 18 世纪 70 年代早期主要移入特拉华河谷，流入宾夕法尼亚、特拉华和新泽西等中部殖民地，也继续流入马里兰。

但是 18 世纪在切萨皮克殖民地，契约奴承担的劳动任务和劳动种类逐渐发生变化。18 世纪的大部分时间切萨皮克有良好的黑人奴隶供应，这些新到达的奴隶和美洲本土出生的奴隶常常被种植园主训练成专门的农业劳动力。然而 18 世纪切萨皮克的经济多样化产生了对技术劳动力的需要，做种植园田间劳动以外的工作。黑人通常做种植园的田间劳动，而技术劳动力主要由输入的白人契约奴担任。即使在烟草种植园里，也不仅是种植烟草，还有建造房屋、制造装运烟草的大桶等任务，以及其他技术工作，很多是与大宗作物的生产相联系

的，为大宗作物生产服务。因此随着殖民地的发展，对技术劳动力的
需求在不断增长。白人契约奴是技术型劳动力的来源。白人契约奴不
仅承担技术工作，有些还充当了种植园中的监工角色，负责管理和监
督黑人奴隶的劳动。殖民地的劳动力形成了种族划分。但随着英国技
术工人的工资提高，殖民地对技术工人需求的增加，技术契约奴的价
格也在上涨。18 世纪中期以后种植园主开始培养美洲出生的黑人担任
一定的技术工作。因此，在劳动力转型中，有两个步骤：首先在非技
术劳动中，黑人取代白人；其次在技术劳动中，黑人承担一定的技术
工作。种植园的劳动力职业名册也证明了这一点。例如在 1733 年弗
吉尼亚的罗伯特（王）·卡特死后的遗产目录里，有 23 名男契约奴，
占烟草种植园劳动力总数的大约 6%，其中 13 名有技艺的工人，占技
艺工人的 29%。[1] 在转型时期，有技艺的白人契约奴通常用来把技艺
传授给黑人奴隶。

　　18 世纪契约奴移民构成的变化也反映了技术移民增加的趋势。到
18 世纪 70 年代，虽然黑人也能做一定的技术工作，但是切萨皮克地
区男契约奴中 89% 是技术型的。如表 8 所示。

表 8　　　　　　移向切萨皮克地区技术型契约奴移民的比重变化

时间及登记地	技术人数（人）	技术人数在男奴仆中的比重（%）	在所有奴仆中的比重（%）
1654—1661 年，布里斯托尔	402	50.6	35.7
1684—1686 年，布里斯托尔	14	23.3	14.6
1683—1684 年，中塞克斯	115	31.4	23.6
1718—1759 年，伦敦	533	47.5	44.3
1773—1775 年，伦敦	2361	89.0	80.5

　　资料来源：David W. Galenson, "White Servitude and the Growth of Black Slavery in Colonial America", *The Journal of Economic History*, Vol. 41, i1, (Mar., 1981), p. 45.

---

　　[1]　David W. Galenson, "White Servitude and the Growth of Black Slavery in Colonial America", *The Journal of Economic History*, Vol. 41, i1, (Mar., 1981), p. 43.

因此，契约奴制是殖民地时期烟草种植园经济中的一种重要劳动制度。在 17 世纪尤为重要，契约奴是烟草种植园中劳动力的主要来源，在 18 世纪则主要承担种植园中的技术和管理工作。

三　契约奴的劳动与权利、待遇

17 世纪切萨皮克殖民地的生活是艰苦的，对契约奴来说更是如此。他们位于社会的最底层，受契约的束缚，契约奴生活在半自由状态，契约奴潜在的劳动而不是人身属于主人。主人为了自身的生存和发展，总是最大限度地从对契约奴的投资中获得收益，契约奴常常是主人财富的一部分。主人几乎控制了契约奴的日常生活，正像历史学家劳易斯·卡尔（Lois Green Carr）和劳伦纳·沃尔什（Lorena L. Walsh）所说："习俗不仅统治了契约奴的劳动时间，而且统治他们其他的生活条件。马里兰的法律仅要求主人提供充足的食物、衣服和住处；星期日一天的休息；适度惩治。"鞭打是可以接受的管制方式。[①]

契约奴在他们过去未曾经历过的炎热气候里，通常每星期要劳动 6 天，每天劳动 10—14 个小时。主人可以管教或者卖掉他们，如果逃跑，则面临更严厉的惩罚。契约奴和种植园主都要面临传染病的威胁。移民最初必须经历一个所谓的"适应期"（seasoning），即通常在移民到切萨皮克的第一个夏季发生的疾病的过程，也许是疟疾，同时有痢疾、伤寒病、发烧和其他疾病的威胁。尤其在殖民初期，陌生而炎热的环境，艰苦的劳动，加上疾病的威胁，使契约奴的死亡率很高，大约 40% 的男契约奴未等到服役期满获得自由就死亡了，即使那些从季节性疾病中活过来的 22 岁的年轻人，以后的预期寿命最多也

---

① Alexa Silver Cawley, "A Passionate Affair: The Master – Servant Relationship in Seventeenth – Century Maryland", *The Historian*, Vol. 61, i4 (Summer 1999).

是再活 20 年。① 后来随着殖民地状况的整体好转，殖民地人口的死亡率才逐渐下降，契约奴的死亡率也随之下降。但是他们仍然要面临艰苦繁重的劳动。

在 17 世纪的切萨皮克烟草种植园中，由于中小种植园居多，劳动力规模有限，拥有的劳动力人数通常在 5 名以下，因此尚未明确形成劳动的专门分工。甚至很多种植园主也未脱离田间劳动。奴仆、奴隶和主人常常并肩在田间劳动。契约奴仆承担的劳动任务和劳动种类也十分多样，包括清理土地、锄草、照管烟草田等种植园中的农业劳动，此外，还有放牧、饲养家畜、砍柴、建造房屋等劳动任务，甚至包括各种各样的"家务劳动"。契约奴的劳动任务随烟草种植的季节而变化，在烟草业需要劳动力相对集中的季节，主要从事田间劳动；在农闲季节，则被用来从事其他各种各样的劳动。在拥有劳动力 10 名以上的大种植园，劳动力形成一定的规模，种植园主可以对劳动力进行分工，也可以把劳动力编组，在种植园主本人或监工的密切监督下劳动。有的劳动任务可以分派给个人完成，如照料牲畜、房屋的日常打扫等。大量的群作劳动是不普遍的。正如格劳利亚·梅因所说："关于马里兰的契约奴和奴隶的日常劳动，一个逐渐明确的显著事实是，他们被分散成小队"，通常包括"4 或 5 名田间劳动力，外加 1 或 2 名妇女负责做饭、洗衣、照看孩子"②。虽然契约奴的劳动任务繁重，但是总体上以烟草种植园的田间劳动为主，也以烟草的种植为中心。

虽然契约奴的地位低下，劳动十分艰苦，但根据契约规定，契约奴有权获得足够的食物、衣服、住所和星期天的休息。法律也为他们提供了一定程度的保护，确保其权利得到兑现。如果受到虐待，契约奴可以向法院起诉，寻求帮助，有时可以胜诉，把他们卖给更仁慈的主人或者予以解放。殖民地的法院对契约奴的诉讼一般能够严肃对

---

① Mary Beth Norton, David M. Katzman, etc, edited, *A People and A Nation: A History of the United States*, Boston: Houghton Mifflin Company, 1994, Volume 1, p. 49.

② James Horn, *Adapting to a new world: English Society in the Seventeenth - Century Chesapeake*, p. 284.

待，加强服役期的执行，保护契约奴的权利。因此契约奴虽然劳动艰苦，劳动时间长，但很少被滥用。埃得蒙德·摩根（Edmund Morgan）说，在早期弗吉尼亚，身体的暴力是主人夺取契约奴劳动的主要方式，他说奴仆几乎没有要努力劳动的理由，因为几乎没有人愿意在期满后再被雇佣，而主人也由于同样的原因缺乏善待其奴仆的动机，在服役期满后留住奴仆几乎是不可能的。虽然殖民地法律保护奴仆不受过分的身体惩罚，杀死奴仆的主人将以杀人罪审判，例如 1664 年马里兰法庭判决安妮阿伦德尔县谋杀一个奴仆的主人约瑟夫·芬彻绞刑。[①] 但通常允许主人在相当范围内惩罚和殴打奴仆。但严厉的身体惩罚也不会太经常，因为这明显会影响奴仆的劳动能力和效率，对主人而言是一种损失。因此很多种植园主给予奴仆的待遇在最低要求以上，以保证契约奴存在一定的劳动积极性。主人也可以增加其喜欢的契约奴的资本，在服役期间有时还付给奴仆数量不等的工资，主人还可以与奴仆商定提早结束服役期。但这些积极的激励措施在多大程度上被使用很难确定，因为在服役期间只有主人或奴仆的虐待才由殖民地法庭来监管，留下记录供研究。但是偶尔有例子显示，一些奴仆在服役期间能够积累相当的财富。约翰·哈蒙德（John Hammond）在 1648 年写到，在切萨皮克殖民地，"那些勤劳的奴仆在获得自由前在服役期间可以获得一定的财产，通常很多人已做到"。这种估计也许过于乐观。但是哈蒙德提到给予一些奴仆奖赏，包括牲畜和土地，是实际存在的。这些利益"必须通过勤劳和谦恭获得，而不是懒惰或失礼"，这样的理由似乎可信。

殖民地有很多规范契约奴制度的立法，来保障这种重要的制度正常运行。有关契约奴的立法与对奴隶的立法有明显不同，其承认契约奴是与主人平等的立约一方，宣布对主仆双方提供法律保证，"每个殖民地很早就制定了管理契约奴的法典，这类法令要求主人给他们的奴仆提供吃、穿、医药和住处，并按契约规定发给自由费；而奴仆的

---

① Alexa Silver Cawley, "A Passionate Affair: The Master – Servant Relationship in Seventeenth – Century Maryland", *The Historian*, Vol. 61, i4 (Summer 1999).

法定权利包括控告主人违背契约之权"，等等。前面提到，各殖民地都制定了根据"习俗"服役的契约奴服役期限的法律。关于契约奴行为规范的立法也很多，如 1642—1643 年弗吉尼亚议会通过的规范契约奴的法律规定，"若男奴仆未经主人同意与任何女奴仆或佣人秘密结婚，作为对冒犯行为的惩罚，该名男奴仆另外增加一年的服役期，女奴仆的服役期则加倍"①。此外，还有一些保护契约奴权利的法律。弗吉尼亚 1642—1643 年制定的法律同时规定，"若任何奴仆有公正的原因抱怨其主人无情或违反常规地使用之，或缺乏食物或方便的必需品，允许其向行政长官诉说冤屈。该行政长官若有足够的证据发现该名奴仆的抱怨属实，应对其主人提出警告，不准滥用奴仆"。②马里兰的一项法律规定，除非有县治安官的指示，主人不得因契约奴之任何罪过，鞭打超过 10 鞭以上。1663 年马里兰有一个主人控告他的 6 个契约奴罢工，奴仆们申辩说，他们是因为吃不饱，身体虚弱，所以没有力气干那么重的活。法庭先以每人鞭打 30 下相威胁，经他们求饶，最后免刑释放。契约奴不仅可做被告，也可做原告，还可以做证人。法律规定契约奴有权控告违约的主人，得到的判决可以胜诉，解除服役，减少服役时间，或在服役期满获得赔偿，如马里兰 1715 年的一项法令规定，主人如果不给契约奴提供相应数量的衣、食、住，或延长劳动时间，不让契约奴得到适当休息和睡眠，第一、第二次受罚，第三次将丧失对这些奴仆的使用权。在弗吉尼亚，从 1619 年到 1655 年制定限制选举权的法令为止，契约奴享有选举权。③

　　实际情形比契约条款和法律所规定的要复杂得多。亚历克萨·考利（Alexa Silver Cawley）对 17 世纪马里兰议会的立法、殖民地各级法院的记录的研究表明了这一点。契约奴用各种能使用的办法提高自己的待遇。法院记录显示，契约奴经常对服役期、服役结束时未获自

---

①　W. Keith Kavenagh, edited, *Foundations of Colonial America*, *A Documentary History*, v. 3, p. 2073.

②　Ibid., pp. 2074 – 2075.

③　李世雅：《北美殖民地的契约奴移民》，《美国史论文集》，生活·读书·新知三联书店 1983 年版，第 406—407 页。

由费两项内容提出抗议，他们还为主人的虐待做证，作为目击者证明其他契约奴受到虐待。这证明契约奴把自己看作具有英国人的权利。他们认识到自己的必要，协商在服役期间取得报酬，通常种植自己的小块土地或自己养牛等。他们用罢工、逃跑或经济独立来缩短服役期或争取好的条件。契约奴偶尔还可以与主人协商允许他们提前结束服役，成为自由人。例如契约奴约翰·考茨（John Courts）和弗朗西斯·波普（Francis Pope）从福尔克·布兰特（Fulke Brent）处购买了其剩余的服役期，以其自由人所得赔偿主人损失。一个制手套者托马斯·托德被其主人约翰·卢杰提前结束服役，作为回报，托德专门制作了一些皮革给卢杰，还给卢杰制作短裤和手套。乔治·伊夫林提前一年释放了他的三个契约奴：菲利浦·韦斯特、威廉·威廉姆逊和约翰·霍普森，在这一年里他们将自己解决食物、衣服和住处，还要每个人给伊夫林1000磅烟草。① 但是这样的机会不是所有契约奴都能得到的，绝大多数要服役期满才能获得自由。

另外，契约奴也有偷窃、逃跑、罢工等行为出现。逃跑是契约奴经常使用的抗议手段。据统计，马里兰加扎特县平均每年发出150份追捕逃跑者（包括黑奴）的命令，但从马里兰任何一个县的法院记录看，每年被捉回的逃跑奴仆不超过4人或5人，甚至更少。因此在有关契约奴的立法中，惩罚逃跑是一项重要的内容。马里兰议会在1638年通过了关于惩罚逃跑奴仆的第一项法律，规定对任何逃跑的奴仆处以死罪。1641年的立法减轻了惩罚，另外增加7年的服役期，没收其所有财物。在1649年通过的最温和的法律规定，奴仆增加其逃跑期限两倍的服役期。1666年，议会规定，每逃跑一次，增加10倍于逃跑天数的服役期。惩罚不断减轻的原因也许是殖民地对人力的需求。1679年圣玛丽县的托马斯·多克塞把其奴仆凯塞林·坎尼得（Katherine Canneday）带到法庭，因为她"几次逃跑或消失，共计107

①　Russell R. Menard, "From Servant to Freeholder: Status Mobility and Property Accumulation in Seventeenth – Century Maryland, *William and Mary Quarterly*, Third Series, Vol. 30, Issue1（Jan. , 1973）, p. 50.

天"，法庭根据惩罚标准增加了 1070 天的服役期。① 由于殖民地处于荒野环境中，奴仆可以很容易地逃跑。因此几乎每一次立法议会都试图控制人口的流动。1662 年马里兰的一项法律规定实行通行证制度：奴仆如果"没有通行证或在其主人、女主人或监工的带领下"不能离开主人住所超过 2 英里。到 1669 年通行证制度在马里兰建立了起来，每一个县法院签发正式通行证，花费 1 先令，盖有该县印章。任何没有通行证旅行出县或出殖民地的人可以"认定为逃跑者，若被遣回，以逃跑罪惩罚"。没有通行证而被捕回的自由人和奴仆或被监禁，或处以 400 磅烟草的罚金，直到他们能证明自己是自由人或应主人要求出行。监禁期间"监狱长或停留处让逃跑者做任何体力劳动或在监狱劳动以支付其生活费用"是合法的。② 弗吉尼亚议会 1642—1643 年制定的一项法律规定，"对于所有逃跑的奴仆，增加其逃跑时间一倍的服役期；若第二次或经常逃跑，恶性难改，应在面部烙上 'R' 的字印"③。1672 年的《逃奴法》规定将拒捕者（包括契约奴）就地处死。北卡罗来纳等地也有类似立法。但这些法规只在服役期内有效，一旦契约奴服役期满获得自由，就不再受歧视。少数契约奴有获得财产的权利，在服役期间获得财产，有利于其自由后的立足。

关于契约奴移民的状况，早年主要关注其不好的一面，强调契约奴制度的残酷无情。但最近历史研究者的看法有所改变。例如认为 18 世纪的契约奴比 17 世纪少，技能更多。一些移民甚至利用契约服役或学徒作为"安全网"以确保他们到达殖民地以后不马上陷入穷困之中。即他们在离开欧洲前签订契约保证到美洲以后可以获得工作和生活支持。在服役期间可以了解殖民地的情况，甚至学得一些技艺。服役结束后可以知道该怎么投资，而且获得自由应得费。一些移民家庭为孩子签订契约。总之，根据最近的研究，契约奴是一个相当成功的

---

① Alexa Silver Cawley, "A Passionate Affair: The Master – Servant Relationship in Seventeenth – Century Maryland", *The Historian*, Vol. 61, is4（Summer 1999）.

② Ibid..

③ W. Keith Kavenagh, edited, *Foundations of Colonial America*, *A Documentary History*, v. 3, p. 2074.

经济制度，满足了殖民地对劳动力的巨大需求，为很多贫穷的欧洲移民提供了移民美洲的自立道路。虽然如此，英属北美殖民地的契约奴状况通常比法属殖民地和英国国内的奴仆要差。虽然很多移民从契约奴制中受益，但同时很多人也没有受益。事实上，契约奴制极少成为美洲对移民的吸引。在法属殖民地，契约奴的服役期限通常是3年，有时还能获得少量薪金。在英国，奴仆的服役期更短，通常为1年。而在英属殖民地通常要服役4—7年。有时还要挨打，在英国通常是不允许的，如果逃跑，还要增加服役期。在英属北美殖民地，契约奴的买卖频率要比英国国内的奴仆和学徒高，而且在驶往美洲的旅途中，要忍受十分拥挤恶劣的条件。契约奴的信件显示了他们对这种制度的态度，虽然这些信件经常夸大在殖民地的成功以获得家人和以前邻居的尊敬，但是他们对契约奴制的评论比移民宣传的小册子、报纸要更为可信。1772年到达马里兰的移民约翰·坎贝尔（John Campbell）鼓励其他人移民美洲，即使"接受几年的奴役"，但是只有在年轻的情况下。一个在佐治亚奥古斯塔定居的契约奴贝克尔·哈威（Baikia Harvey）1775年给家里写信说他曾经从一个残忍的主人那里逃跑，一个好心的商人买了他的契约，情况才有所改善，但是他仍然感到无法忍受，他建议亲戚如果不能支付路费就不要来美洲，只有那样，一个穷人才有机会获得好生活。这些移民的个人经历通常认为，在美洲获得生计越来越困难，尽管契约奴制为穷人提供了机会，但是如果可能，要尽量避免。

四　服役结束后的命运

契约奴制之所以能够成为吸引移民的一个成功的制度，在很大程度上是由于有美好前景的吸引。由于有自由的希望，也使很多契约奴愿意忍受暂时的艰苦而繁重的劳动和低下的地位。一旦服役期满，他们将获得自由，完全不留痕迹地进入自由白人社会，享受自由白人的一切权利。正如沃顿贝克所说："在他前进的道路上不存在法律的、种族的或社会的障碍。"①

契约奴制不仅为自愿前来新世界的人提供了移民的路费，而且还提供了经济上升的机会。在他们看来，契约奴制与英国的奴仆与学徒制是相似的。在美洲服役期更长，劳动通常更为艰苦，但是自由应得费比英国要多，服役结束后可以成为独立的小种植园主，这比在英国要好。17 世纪中期，英国工资下降，收成变坏，使移民美洲成为一种具有吸引力的选择，而契约奴制是获得穿越大西洋路费的唯一方式，因此契约奴制实际上提供了一种机会。契约奴到新世界时既没有自由也没有资本，位于白人社会的最底层。契约奴不惜以奴役自己为代价移民殖民地的一个重要原因是希望在殖民地获得经济和社会地位上升的机会，改变自己的境况和命运。但是他们获得经济上升的机会究竟有多大呢？

根据契约和殖民地法律的规定，契约奴在服役期满后可以获得一定的自由费，以保证其在社会上有立足和生存的资本，自由费通常包括一定的衣物、粮食、工具，更重要的是还有一块土地。例如 1640 年 10 月马里兰议会专门通过法律规定契约奴在服役期满后可以获得"一套好的布衣，一双新鞋，两把锄，一把斧子，3 桶玉米和 50 英亩至少可以耕种的土地"。但是实际情况是不能按字面理解的，在实践中，如果契约奴愿意利用这个权利，实际要求一块土地，他必须自己找到一些空地，并且自己付给土地测量员和职员费用。而且随着殖民地的开拓，好的土地愈加稀少和昂贵。因此尽管契约和法律有授予土地的规定，但"认为一个奴仆在完成服役期时，立即并自动地变成一个自由财产所有者的想法是错误的"。据学者估计，在自由时获得土地的人，大约只占输入契约奴的 10%。随着土地的减少，契约奴获得土地的机会在降低。例如 1681 年马里兰取消了契约奴在服役期满获得一块土地作为自由资费的法律规定。那么契约奴服役结束后有哪些出路呢？

---

① Thomas J. Wertenbaker, *The Planters of Colonial Virginia*, New York: Russell & Russell, 1959, p. 60.

　　一旦服役结束获得自由，契约奴就不再是契约奴，我们暂且称之为"前契约奴"。根据殖民地的社会经济情况，获得自由后契约奴的出路有三个：成为自由雇佣的工资劳动者；租借一块土地种植烟草，成为租佃农；或在别人的种植园劳动，将收获物分成，成为分成农。虽然习俗要求在服役期满后契约奴有权得到50英亩土地，但是在获得自由后的第一年就获得这样一块土地是不可行的，所有的前契约奴事实上在获得自由后至少要等两年才能得到土地。为了获得土地，必须付给土地测量员和职员小费以获得专利权，如果从土地主人那里购买土地，还要偿付价格。然后清理土地、建造房屋。在第一次收获前取得其他方式的供给，因为一个人无法依靠仅仅3桶玉米度过生长季节。此外，工具、种子和畜力也是必需的。所有这一切都需要资本，而这正是契约奴所没有的。工资劳动、分成和租佃为他们提供了积累足够资本的机会，以开始营造自己的种植园，同时取得自立。17世纪中期马里兰的工资很高，通常一个不熟练的农业劳动力每天可以获得15—20磅烟草的报酬，需要技能的劳动工种工资更高。而一个独立的劳动力平均一年的收入不多于1500—2000磅的烟草。[①]

　　有一些前契约奴以签订契约或以口头协议的方式成为长期的工资雇佣劳动者。这种身份与契约奴有一些差别，他们不能被卖出，可以在普通法中诉讼，可以有一些政治权利。但是他们的个人自由也受到严格的限制，他们的日常生活也与契约奴相似。每年的工资从1100磅烟草到1500磅烟草不等，加上住处、食物和衣服。契约奴获解放后有时会成为长期的雇佣劳动者，这也许由于沉重的债务或缺乏转业的机会，或者认为这样的方式安全。新解放的契约奴可能把长期的工资契约作为从契约奴到成为自由的殖民地居民的一种有吸引力的方式，在某种程度上，长期的工资劳动可以看作奴役的延长，但也可以视作资本积累的一种方式。

　　分成农。到17世纪60年代为止，分成意味着一个人参加一个种

---

　　① Russell R. Menard, "From Servant to Freeholder: Status Mobility and Property Accumulation in Seventeenth – Century Maryland", *William and Mary Quarterly*, Third Series, Vol. 30, Issue1 (Jan. , 1973), p. 51.

植园的劳动以获得收获，其获得的分成取决于参加分成的劳动者人数。如果种植园主要求分成农做种植园周围的其他工作，他们常常要求种植园主代为缴纳分成农的税收，提供食物、住处和衣服，分成农的身份似乎与长期的工资雇佣劳动者没有明显区别。

大多数被解放的契约奴在自由后立即租借土地，建立种植园，独立生产，成为租佃农。有两种类型的租借方式：长期租借和短期租借。虽然这两种租借方式在几个方面有差别，但是允许他们成为土地的主人。作为农场主，前契约奴获得了一定的独立和责任，这是契约奴、工资雇佣者或分成农所无法享有的。他们是一个家庭的主人，负责教育、管理和供养后代。他们可以成为当地的政治骨干，参加陪审团、议会，担任低微的职务。长期租地契约是不可继承的，但可以转卖，通常一次付清，每年的租金照旧，租期相应变化，而且实行长期租借的土地主人都保障承租人的使用权和平等的财产权。但在17世纪的殖民地，转让租地契约是不常见的，在17世纪40年代在马里兰圣玛丽县出现过几例。当可以通过简单的租费直接租借土地，无须另外购买租契的费用时，人们不愿意购买租契。

短期租借或任意佃农（Tenancies at will）。通常不超过六年或七年，是新解放的契约奴最普遍的租佃形式。与长期租借相比，短期租借缺乏保障，不可继承，不可转卖，若任一方死亡，租期自动终结。但这种方式最大的益处是没有入门费（entry fee），对没有资本的人来说具有很大的吸引力。由于土地丰富，劳动力缺乏，租金较低，通常租借一个种植园每年的租金不高于500磅烟草，甚至只有200磅烟草。而且第一年的租金一般在收获以后才交。① 土地主人通常要求租佃农保证提高种植园的土地肥力。虽然租佃是缺乏保障的，但是只要烟草的价格足够高并保持一定时期的稳定，短期的租借也可以提供充分的经济上升的机会。在17世纪四五十年代，租借为土地主人和佃农都带来利益：对土地主人来说，他们的土地得到开垦，建造起房

① Russell R. Menard, "From Servant to Freeholder", *William and Mary Quarterly*, Third Series, Vol. 30, Issue1 (Jan., 1973), p. 53.

屋，还收到一定的租金收入；对佃农来说，可以积累资本，为获得自己的一块土地做准备。

在 1660 年以前，小种植园主，不管是租佃农还是土地主人，经常结成伙伴关系开垦荒野，因为清理土地、建造房屋、收获等工作都很艰苦，而且劳动量大，购买不起奴仆或无力雇佣工资劳动的人只好结成伙伴。例如约瑟夫·埃德隆和克里斯托夫·马丁就是伙伴。

契约奴移民美洲的一个最大吸引力是美洲土地丰富，成为土地主人是他们梦寐以求的理想。是否拥有土地也是衡量殖民地居民地位和经济状况的一个最重要标准。经过一定时期的积累，前契约奴最终获得土地、成为或大或小的土地主人的概率有多大呢？

拉塞尔·麦纳德（Russell R. Menard）分别对 1642 年末以前到达马里兰的 275 名契约奴和 1662—1672 年到达马里兰的 179 名契约奴后来的命运进行追踪调查，通过准确的计量得出结论，前契约奴获得土地的机会随时代的前进而减少。拉塞尔·麦纳德是从每个人获得土地的情况和担任职位的情况两方面进行研究的，即从经济和政治两方面予以考察。虽然这样的研究有一定的局限性，无法完全反映当时所有契约奴的真实情况，但也为我们提供了建立在科学计量基础之上的契约奴命运的概况，改变了以往没有数量分析而只凭猜测的模糊研究。

在第一组事例，即 1642 年末以前到达马里兰的 275 名契约奴（当然这并不包括 1642 年以前到达马里兰的所有契约奴）中，获得自由后保存下来的可以追踪去向的有 158 人。也许有的人死亡了，死亡率在这些契约奴中很高，一些人也可能在未结束服役就被卖出了马里兰，一些人也许逃跑了，另有一些人可能在获得自由后立即离开了马里兰，因此无法追踪。但是或许大多数在服役期间就由于气候、食物缺乏、疾病、劳动艰苦等原因死亡。在可以继续追踪的 158 人中，几乎没有人充当工资劳动者，大多数在种植园劳动，偶尔接受雇佣，以补贴收入。对于这 158 人来说机会是丰富的，其中有 79—81 人（两个人不确定）获得了自己的土地，占总人数的大约 50%。14 个人在服役期满 10 年内死亡，另外 25 人在 10 年内离开。① 在获得土地的人中，他们从获得自由到获得土地的时间间隔从 2 年到 12 年不等，有的为 7 年，有的为 8 年。大多数人的土地面积较小，是从 50 英亩到 400 英亩不等的小种植园，成为小种植园主。有 14 个以前的契约奴成为拥有或曾经拥有至少 1000 英亩土地的大地主。例如扎卡里·威德（Zachary Wade），在 1678 年死亡时拥有 4000 余英亩土地，在 17 世纪 70 年代早期拥有的土地面积更大，约为 5000 英亩，成为马里兰最大的地主，而且至少有超过 400 英镑的遗产。有两名成为商人—种植园主阶层，即扎卡里·威德和另外一名叫亨利·亚当斯（Henry Adams）的人，后者 1686 年死后留下 569 英镑 15 先令 1 便士的遗产。② 根据对其中 31 人死亡时个人遗产的分析，更加证明多数人成为小种植园主，大约 60% 的人有至少 100 英镑财产，包括牲畜、家具等。他们或者仅靠自己和家庭的力量经营种植园，少数小种植园主拥有一两名奴仆，更少的人拥有一名奴隶。他们的经济条件稳定。

　　158 人的任职情况：前契约奴可以成为和平法官、陪审官、县法官、议员、军官等。在活下来的 158 人中，有 75—76 人担任一定的职务，成为马里兰的陪审官，参加了议会或担任了其他政府职位。对大多数前契约奴来说，有一定的机会获得陪审官、警察或中士等较高职位的机会。例如，威廉·埃德温（William Edwin），1634 年被带到殖民地，曾经 9 次参加殖民地法庭的陪审团，还有一段时期担任警察。约翰·哈福德（John Halfhead）参加了 11 次陪审团，并且参加了两次议会。在担任公职的 75—76 人中，共出现 4 名军官、12 名代表议员、16 名法官、7 名县治安官，2 名参事会议员。担任较高职位的人占有很高的比例，共有 22 人担任和平法官、治安官、议员、参事会成员，或任军官等，都属于职位很高的权力部门。其中有 13 人获得了高级职位，成为马里兰殖民地的统治者，甚至有 2 人进入了参事会，虽然没有成为主要人物。例如约翰·哈奇，1643 年第一次担任陪

---

　　① Russell R. Menard, "From Servant to Freeholder", *William and Mary Quarterly*, Third Series, Vol. 30, Issue1 (Jan., 1973), p. 40.

　　② Ibid., pp. 40 – 41.

审员，1647 年被任命为圣玛丽县的县治安官，1650 年被圣乔治百人区选为代表，进入议会，1658 年和 1660 年从查尔斯县被选为代表，1654 年被任命为参事会成员，直到 1658 年。另外 11 人成为所在县的主要人物。① 17 世纪中期这些前契约奴在马里兰政府中发挥了重要作用，例如 1658 年成立的圣查尔斯县，1658 年 5 月 10 日任命的 6 名法官中，有 4 人以前是契约奴，在接下来的三年里，又有另外契约奴出身的 4 人被任命为法官，其中 3 人成为该县的议会代表。圣查尔斯县的第一任治安官尼古拉斯·格威瑟也是契约奴出身，其继任者中，5 人中有 4 人是前契约奴。因此，在 17 世纪 50 年代末到 60 年代早期，圣查尔斯县可以说是由前契约奴来统治的。这些前契约奴的成功获得了社会的认可，从称呼的使用就可以看出。在 158 人中，至少有 19 人获得了"mister""gentleman""esquire"的头衔，直到死去。②

拉塞尔·麦纳德搜集的第二组事例是 1662 年到 1672 年进入马里兰的 179 名契约奴。1661 年，为了规范那些没有契约到达殖民地的奴仆的服役期，马里兰议会通过法令，要求主人将奴仆带到县法院登记，以判断年龄，确定服役期限。③ 根据查尔斯县的记录，这个县是 1642 年以后契约奴的主要移入县，而且记录保存完好，有代表性，从 1662 年到 1672 年，有 179 人被带到县法庭判断年龄。后来只有 58 人作为自由人出现在公共记录上，当然在公共记录上出现的频率与其在社区中的重要性有关，其中至少有 46 人作为自由人在马里兰居住 10 年以上，只有 13—17 人成为土地主人，即占 22%—29% 的比重，而且拥有的土地数量都不大。在这个群体中最大的土地所有者是马克·兰普顿，在 17 世纪 90 年代早期拥有 649 英亩土地，是唯一一个拥有土地超过 500 英亩的人；其后是罗伯特·本森，有遗产 200 英镑，兰普顿是这个群体中仅有的另一个遗产超过 100 英镑的人。参与

---

① Russell R. Menard, "From Servant to Freeholder", *William and Mary Quarterly*, Third Series, Vol. 30, Issue1 (Jan., 1973), p. 44.

② Ibid., p. 46.

③ Ibid., p. 61.

政府工作的情况：58 人中，只有 23—25 人担任过陪审员或其他职务，而且职位低微，只有 1 人在 1696 年担任查尔斯县的法官。综合两方面情况，可以看出，在马里兰居住 10 年以上的 46 名自由人中，有 50%—57% 的人未拥有土地，有 36%—40% 的人未参与过政府工作。而在第一组事例的 158 人中，只有大约 10% 居住 10 年以上的自由人未获得土地和担任职务。①

这两组研究得出的结论是，在 17 世纪前半期，大约 10% 的前契约奴在获取自由以后没有获得土地，且永远没有摆脱佃农身份。也有一些人曾经获得了土地，但很短暂，又沦为佃农，例如约翰·蒙塞尔，1638 年到达马里兰，服役四年后获得自由，在 1649 年获得 100 英亩土地的所有权，1651 年又增加 500 英亩，但是他经营不善，1653 年又将土地卖出，然后迁到圣·克莱门茨的采邑（manor），成为一个租佃农，1660 年死时仍是一个佃农。

大多数前契约奴，在自由后经过一定时期的准备和积累，最终获得了土地，并且一直保有土地。17 世纪早期烟草价格相对较高，土地价格较低，一块 100 英亩的土地，最高花费不到 500 磅的烟草就可以获得所有权。而一个人劳动，每年最低估计也可以收获 1200 磅烟草。② 因此在 17 世纪四五十年代，几乎所有的健康人，只要工作勤奋，勤俭节约，避免昂贵的法律诉讼，运气不坏，都可以在短时间内成为土地主人。影响获得土地的因素很多，勤俭节约并不是获得土地的唯一途径，还可以通过担任官职、婚姻等获得土地。例如，威廉·埃姆森（William Empson），在服役结束后的第十年即 1658 年仍是托马斯·贝克（Thomas Baker）的一个佃农，1659 年尼古拉斯·格威瑟（Nicholas Gwyther）雇佣他代理县治安官，第二年他就从以前的土地主人那里购买了一个种植园。亨利·亚当斯（Henry Adams）与一个种植园主的女儿马丽·科克肖特（Mary Cockshott）结婚，其母为她和妹妹各准备了 1200 英亩的土地作为嫁资，使亨利·亚当斯得以成为

---

① Russell R. Menard, "From Servant to Freeholder", *William and Mary Quarterly*, Third Series, Vol. 30, Issue1（Jan., 1973）, pp. 62 – 63.

② Ibid., p. 55.

土地主人，建立起自己的种植园。

　　大多数人在获得一个小种植园以后停止了前进的步伐，但是部分人继续发展，最终得以迈入富人的行列。影响继续发展的因素仍然很多。教育是一个因素，在人口本就不多的殖民地早期，有文化的人更是稀缺，往往找不到足够有文化的人担任法官或治安官。在这样的条件下，一个稍有文化的人就可以获得职位。在第一组事例的 158 人中，有大约 60% 的人是文盲，而在 13 个最为成功的人中，只有 2 人不会写字，在获得重要职位的 22 人中，只有 7 人不会写字。教育是影响一个人从契约奴走向成功的一个因素。婚姻也是一个重要途径。扎卡里·威德之所以取得很大的提升，与其和马里兰的殖民地秘书托马斯·哈顿（Thomas Hatton）的侄女结婚是分不开的。但不能过高估计教育和婚姻的特别益处。他们当然有助于人走向成功，但不是必然因素。有一些人并没有文化或婚姻的资助，也走向了主要的职位。这说明在 17 世纪中期的马里兰，从低层通向顶层的道路是向每个人敞开的。

　　但是 17 世纪 60 年代以后机会明显减少。虽然一些人最初的身份是契约奴，在后来有成为主人的，但是这样的成功是少见的，无论获得土地的机会还是担任职务的机会都在减少。如表 9 所示，随着时代的前进，前契约奴担任政府职位的机会在消失。

表 9　　前契约奴的职位，1634—1689（马里兰查尔斯县、肯特县和

圣玛丽县前契约奴任议员、法官和治安官的情况，以任命日期为准）

单位：人；%

时间		1634—1649	1650—1659	1660—1669	1670—1679	1680—1689
新职位		57	39	64	44	46
契约奴	人数	11—12	12	9	4—5	4
	比例	19.3—22.8	30.8	14.1	9.1—11.4	8.7

资料来源：Russell R. Menard，"From Servant to Freeholder，Status Mobility and Property Accumulation in Seventeenth – Century Maryland"，*William and Mary Quarterly*，Third Series，Vol. 30，Issue1（Jan.，1973），p. 58.

　　前契约奴任职机会逐渐减少的原因：马里兰人口的增长导致殖民

地政治结构的变化，17 世纪殖民地人口增长迅速，影响了契约奴的生活和前途。相对于自由人而言，契约奴担任公职的比例在下降。人口的增加可以得到足够的富人和有地位的人任职。在殖民地新成立的年代，没有足够的人达到统治者的要求，因此，很多地位低微且没有受过教育的小种植园主被任命担任一定的职务。王政复辟后受切萨皮克烟草业的吸引，移民增多。前契约奴获得土地的机会和担任职务的机会都在减少。在 17 世纪四五十年代，农场里的烟草价格每磅在 1 便士和 3 便士之间徘徊，1660 年以后，随着生产的增加，重商主义的严格限制，烟草价格降低，在 17 世纪 70 年代刚到 1 便士，此后 30 年里，平均价格不到 1 便士。在烟草价格下降的同时，土地价格在上升，V. J. 威克夫（V. J. Wyckoff）认为，从 1663 年到 1700 年购买土地的价格上涨了 135%。[①] 相应土地的租金也在上涨。烟草价格和土地价格的变化使资本的积累变得困难，不能积累足够的资本购买土地，导致短期租借制的变化。在 17 世纪四五十年代，佃农只是一个没有资本的人获得土地的一个阶梯，而在 17 世纪 60 年代，只有大约 10% 的人购买了土地，到 17 世纪末佃农的比例增加了 3 倍，对很多人而言佃农不再是一个可以改变身份的途径，而是永久的身份。政治职位的减少和佃农数量的增加是平行的。在殖民初期，所有自由人都有权投票，担任低级职务。但到 17 世纪末期，形势发生了变化。1670 年巴尔的摩业主剥夺了拥有土地不到 50 英亩或可见财产不到 40 英镑的人的选举权。陪审员和低级职位被大土地所有者占据。在 17 世纪前期，大多数自由人都有机会获得土地，参与政府工作，而到了 17 世纪末期，相当数量的自由人被排除在政府和土地之外。对前契约奴而言，17 世纪末期的情况如此，18 世纪就更是每况愈下了。

　　因此，契约奴有两个主要功能，从主人的角度来看，提供了所需的劳动力；从没有资本的移民的角度来看，它提供了迁移和流动的一种途径，包括地理的迁移和经济、社会上升的机会。成为契约奴是到

---

① "Land Prics in Seventeenth Century Maryland", *American Economic Review*, Vol. 28 (1938), pp. 81 - 88; Russell R. Menard, "From Servant to Freeholder", *William and Mary Quarterly*, Third Series, Vol. 30, Issue1（Jan., 1973），p. 60.

达美洲的一个途径，而且，在美洲有希望获得更好的生活，这在家乡是不可奢望的。在1660年以前，机会很多。但随着时代的前进，契约奴虽然仍在为种植园主提供劳动力，但自身得到提升的机会在减少。他们越来越多地只为大种植园主提供劳动力，开始作为契约奴，后来作为佃农，成为永久的命运。

五　另一类契约奴：罪犯

从狭义上讲，契约奴是指根据契约按照一定期限服役的人，主要包括两部分：预先协商签订契约的和虽然没有预先签订契约但根据"习俗"服役的。其实更严格地讲，契约奴既然是 indentured servants，就是指按照持有的契约服役的人。但是由于各种情况，有些人在移民之前没有预先签订契约，到达殖民地后根据"习俗"服役，而且殖民地法律都对这些"习俗"予以认可，"习俗"是约定俗成的，从内容上与正式契约没有什么区别，因此一般都把他们归为"契约奴"。学者在这一点上的看法一致。在北美殖民地，还有几种奴役劳动的方式与契约奴相似，如赎身者（redemptioners）、学徒（apprentices）、罪犯等，由于他们都具有定期服役这一特征，地位、待遇相似，仅有细微的差别，因此美国历史百科全书把他们统称为"契约奴"，形成广义的契约奴概念。不过有的学者不同意这种做法。前文讨论的主要是狭义的契约奴。罪犯也具有定期服役的特征，由于他们有一定规模，尤其在18世纪的切萨皮克烟草种植园中是劳动力的一个重要组成部分，因此本书予以讨论。可以视为另一类契约奴。实际上，罪犯与通常所指的契约奴有细微的差别：罪犯是被强制输送到殖民地的，不是自愿的；罪犯的服役期是判决的刑期，不是签订契约产生的。但是罪犯服役期满后也可以获得自由。

英国输送罪犯到殖民地开始于17世纪。除绑架犯等普通重罪犯外，还有一些政治叛乱者作为罪犯被输送到殖民地。例如克伦威尔为惩罚在内战期间反抗英国统治的苏格兰人，强制把他们运送到殖民地，卖为奴仆。1651—1654 年遣送爱尔兰罪犯，17 世纪 60 年代遣送贵格教徒，卖为契约奴。"为了进一步阻止抢劫、盗窃和其他严重罪行，为了更有效地输送重罪犯"，1717 年英国国会通过专门法律修订了《刑法》，把输送到殖民地服役作为一种刑罚，适用于多数重罪犯。[1] 这个法律具有双重目的，一方面是为了制止犯罪，另一方面向殖民地提供劳动力。此后又制定了一些附属法律，明确要被判到殖民地服役的罪行种类，并且扩大了新罪行，以求尽可能快地把重罪犯从英国国内移走。1717 年输送法打开了向殖民地输送罪犯的洪流。

关于英国向北美殖民地输送的罪犯数量，学者的估计有一些差别。罗杰·埃克彻（A. Roger Ekirch）估计从 1718 年到 1775 年约有 5 万名罪犯被遣送到北美，[2] 占同期英国移民的超过一半和爱尔兰移民的 1/10 多。肯尼斯·摩根（Kenneth Morgan）提供的数字较少，认为同样期间大约有 3 万名罪犯被输送到英属北美大陆的九个殖民地和加勒比殖民地，其中超过 2/3 的罪犯被输送到切萨皮克。现在有更精确的估计数字，认为整个殖民地时期共有约 54500 名罪犯，主要在 18 世纪大量进入北美。根据能够获得的可靠数字，在马里兰殖民地，1776 年以前的 30 年中，罪犯占到移民的 1/4。[3] 这些罪犯犯罪的种类不尽一致，有普通重罪犯、政治流放犯和绑架犯。绑架犯的人数很少，政治流放犯的数量较大，例如 1715 年和 1745 年苏格兰叛乱后，将近 2000 名詹姆斯二世的追随者被作为政治流放犯强制遣送到殖民地。但是最大数量的还是重罪犯。

罪犯移民成为切萨皮克地区劳动力的一个重要组成部分，罪犯如

---

① Kenneth Morgan, "The Organization of the Convict Trade to Maryland: Stevenson, Randolph & Cheston, 1768 - 1775", *William and Mary Quarterly*, Third Series, Vol. 42, i2 (Apr., 1985), p. 201.

② Aaron S. Fogleman, "From Slaves, Convicts, and Servants to Free Passengers: The Transformation of Immigration in the Era of the American Revolution", *The Journal of American History*, Vol. 85, Issue1 (Jun., 1998), p. 55.

③ Kenneth Morgan, "The Organization of the Convict Trade to Maryland", *William and Mary Quarterly*, Third Series, Vol. 42, i2 (Apr., 1985), p. 202.

此之多，以致在很大程度上作为奴役劳工代替了契约奴。但这并不是说切萨皮克殖民地居民同意罪犯输入，他们常常抗议英国当局遣送那么多罪犯到殖民地，本杰明·富兰克林甚至说"响尾蛇是对英国向殖民地输送罪犯的最适合的回报"①。其实英国政府并没有强制签合同的商人把罪犯主要输送到切萨皮克，只是这里的输送关系和安置制度建立得很好，便于输送和安置。罗杰·埃克彻认为切萨皮克的种植园主发现罪犯比奴隶要便宜得多，服役期比契约奴长，并且服役结束后没有自由应得费，因而想要罪犯劳动。绝大多数罪犯被遣送到马里兰和弗吉尼亚的潮水地区，成为重要的，虽然常常是不想要的劳动力的一部分。

　　输送罪犯的任务由伦敦和布里斯托尔从事这一贸易的几家商业公司承担。这些订有合同的商人要确保能够安全、准确地运送罪犯，从接受罪犯的殖民地官员那里获得到达证明。例如，布里斯托尔的商人在 1746—1775 年从英国向马里兰输送将近 1 万名罪犯中的 35%。在18 世纪 40—70 年代输送罪犯的任务比较经常以后，至少有一家布里斯托尔的公司稳定地从事罪犯的输送业务，例如塞德利 – 希尔豪斯 – 伦道夫公司（Sedgley，Hilhouse & Randolph），在 1750 年代和 1760 年代承担了从英格兰西部到马里兰的几乎所有罪犯运送的任务。在塞德利 – 希尔豪斯 – 伦道夫公司破产之后，斯蒂文森 – 伦道夫 – 切斯顿公司（Stevenson，Randolph & Cheston）取而代之，从 1768 年开始输送罪犯，一直进行到 1775 年底，其间这个公司把 1577 名罪犯的 93% 从布里斯托尔运送到马里兰。斯蒂文森（Stevenson）和伦道夫（Randolph）驻在布里斯托尔，切斯顿（Cheston）则驻在马里兰。这些公司并不是只从事罪犯贸易，他们还运送契约奴、进行商品贸易等，罪犯输送是其商业的一个重要部分。商业公司从中获取利润，例如到1770 年末，斯蒂文森 – 伦道夫 – 切斯顿公司从罪犯贸易中获得 569 英

---

① Kenneth Morgan，"The Organization of the Convict Trade to Maryland"，*William and Mary Quarterly*，Third Series，Vol. 42，i2（Apr.，1985），p. 203；*The Papers of Benjamin Franklin*，Vol. 4，p. 131.

镑（sterling）和 4697 通用英镑（currency）。①

直到 1772 年，伦敦的罪犯输送者从 Newgate and the Home Counties 输送罪犯接受财政部的奖金，而斯蒂文森－伦道夫－切斯顿公司每运送 1 名罪犯，可获得 5 英镑的补贴。②

罪犯在判决以后通常被拴着铁链成群地被赶到港口，装船运到美洲。他们被装在甲板下面的空间里，戴着铁链被运送到殖民地。以前通常认为在漫长的越洋旅途中，罪犯的死亡率很高，大约为 14%，但是肯尼斯·摩根根据 1768 年到 1775 年间斯蒂文森－伦道夫－切斯顿公司 12 次航行的资料里记录的数据提出，罪犯在旅途中的死亡率并没有那么高。保存的资料显示，在 12 次航行中，离开布里斯托尔时共有 974 名罪犯和契约奴，到达马里兰登陆时人数只减少了 24 名，平均死亡率是 2.5%。虽然死亡率的计算是复杂的，一些罪犯到达殖民地后不久就死亡，但即使如此，加上途中死亡的数字，死亡率也只有 4%。成功的输送罪犯直接涉及商业公司的利益，使之尽量采取措施减少死亡。斯蒂文森－伦道夫－切斯顿公司的斯蒂文森说"船上的条件不尽如人意"，但是"我们尽己所能，防止死亡"。由于英国监狱的条件差，很多罪犯上船时就健康不良，商人对此无能为力。

由于殖民地对劳动力的需求很大，罪犯在到达殖民地以后马上由殖民地当局把他们带到拍卖地出售，仍然戴着铁链。例如直到 1771 年，马里兰西海岸的安纳波利斯和东海岸的切斯特敦就是罪犯的拍卖地，拍卖有时也在船上进行。通常把罪犯与契约奴分开。当时人形容这种情形是拍卖牲畜。18 世纪 60 年代末在马里兰亲身经历这个过程的威廉·格林（William Green）形象地描述了拍卖情形，"我们被像赶牛羊一样赶到一个地方"，购买者"像检查牲畜一样检查我们，查看我们的牙齿、手足，询问我们的行业、姓名、所犯罪行，看是否符

---

① Kenneth Morgan, "The Organization of the Convict Trade to Maryland", *William and Mary Quarterly*, Third Series, Vol. 42, i2 (Apr., 1985), p. 224.

② Ibid., p. 210.

合他们的要求，如果同意，就开始讨价还价"。① 斯蒂文森—伦道夫—
切斯顿公司的记录显示从 1767 年到 1775 年的罪犯价格，大多数男罪
犯是 10—14 英镑，而女罪犯是 5—9 英镑，罪犯在出售方式和付款方
式上与奴隶类似，但价格低，奴隶的价格通常是 30—35 英镑。契约
不是在罪犯与购买者之间制定，而是在购买者与供应者之间进行。罪
犯通常由那些已与公司有预先约定的人购买。购买者最重要的考虑因
素是技能，有时也把年龄、服役期、诚实与否、来源地等作为重要的
考虑因素。

罪犯的构成。表 10 显示罪犯的性别和服役期，85% 是男性，
74.5% 的罪犯是 7 年的服役期，将近 20% 的罪犯是 14 年的服役期，
在这个例子中，只有 5.8% 的罪犯被判终生服役，是对谋杀等严重罪
行的惩罚。

**表 10　　　　1770—1774 年斯蒂文森 – 伦道夫 – 切斯顿公司
运送到马里兰的罪犯服役期**

服役期	男罪犯（共310人）		女罪犯（共56人）	
	人数（人）	百分比（%）	人数（人）	百分比（%）
7 年	231	74.5	42	75.0
14 年	61	19.7	11	19.6
终生	18	5.8	3	5.4

资料来源：Kenneth Morgan，"The Organization of the Convict Trade to Maryland：Stevenson，Randolph & Cheston，1768 – 1775"，*William and Mary Quarterly*，Third Series，Vol. 42，i2（Apr.，1985），p. 212.

18 世纪罪犯的生活和劳动条件都在恶化。大多数被种植园主购买
而来，作为种植园的田间劳动力使用，是切萨皮克烟草种植园的劳动力
队伍中不可忽视的部分。罪犯在法律上的待遇比奴隶好，除被判终生服
役外，绝大多数人的服役是有期限的，是暂时的；如果超期，他们可以
向法院请求释放。但是罪犯生活和劳动的物质条件与奴隶相差无几。

---

① Kenneth Morgan，"The Organization of the Convict Trade to Maryland"，*William and Mary Quarterly*，Third Series，Vol. 42，i2（Apr.，1985），p. 217.

第三章

黑人奴隶制与种植园的结合

随着英属北美南部殖民地的不断开辟和扩大，作为一种拓殖体制，种植园也在不断扩张，种植园经济随之而发展壮大。进行大宗作物生产的种植园对劳动力有持续的、巨大的需求。17世纪晚期，随着英国国内环境的变化，白人契约奴的供应不断减少，同时黑人的输入在增加，北美殖民地的种植园逐渐转向黑人奴隶作为劳动力的主要来源，黑人奴隶制也取代契约奴制，成为种植园的主要劳动制度。奴隶制与种植园最终实现了历史性的结合。种植园经济一经遇到黑人奴隶制这种在当时历史条件下所能产生的、能够形成一定规模并取得巨大经济效益的劳动形式，就如同获得巨大的生命力，得到前所未有的发展。从此二者互相促进，紧密地联系起来。种植园经济与黑人奴隶制的密切关系是在发展中逐渐形成的。

一　动产奴隶制的形成

要探讨奴隶制种植园的形成，首先要探讨黑人奴隶制的形成。与白人契约奴制源自英国、移民也主要来自英国不同，黑人奴隶制的人口来源不但不是来自英国而是来自非洲，而且英国也没有奴隶制的传统，黑人在被输入到北美殖民地的初期，其身份并不是终生服役的奴隶。黑人奴隶制在英属北美殖民地的形成是一系列因素综合发展的结果，是殖民地的需要。即使在殖民地，也不是完全出自白人的预谋和规划，而是一系列未经思考的因素的结果，包括种族的、思想意识的、环境的、经济的和制度的因素。

14 世纪末，随着伊比利亚半岛国家的海外探险活动和扩张浪潮的兴起，非洲黑人被带到欧洲，到 15 世纪中叶，在欧洲市场上已经出售包括黑人奴隶在内的各种非洲商品，黑人奴隶贸易逐渐兴起。1460 年亨利亲王去世以前每年有七八百名黑人奴隶被运往葡萄牙。① 葡萄牙是从事非洲黑人奴隶贸易的第一个国家。1501 年西班牙废除早年颁布的禁令，开始允许黑人进入新大陆中的西属殖民地②，1517 年巴托罗米奥·德·拉斯·卡萨斯主教许可西班牙人向美洲输入黑人奴隶以鼓励向新大陆的移民。③ 这样，继葡萄牙之后，西班牙也加入非洲奴隶贸易的行列。到 17 世纪，荷兰人取代葡萄牙、西班牙，成为非洲奴隶贸易最重要的角色，1621 年荷兰西印度公司成立，垄断非洲同新大陆荷属殖民地的贸易。17 世纪，在几乎所有美洲殖民地的港口都可以见到荷兰的奴隶贩子。英国介入奴隶贸易首先是由著名海盗约翰·霍金斯开创的，17 世纪中叶，许多个人和组织机构，包括东印度公司在内，都对有巨大利润可图的奴隶贸易产生了兴趣。1672 年新改组的皇家非洲公司获得英王特别许可证，在以后几乎半个世纪中一直控制着英国的奴隶贸易，实际上成为当时世界上从事奴隶贸易唯一重要的集团。英国也从贩卖黑人贸易中大获其利，成为资本主义原始积累的重要手段。不过，直到 17 世纪中期，非洲黑人主要被输入到拉丁美洲，巴西和西印度群岛是最主要的两个输入地区。欧洲国家的贩奴船只极少再向北航行。

北美大陆的黑人首先是由荷兰人输入的，这基本上是一个偶然事件。1619 年夏一艘荷兰船把 20 名黑人带到詹姆斯敦，殖民地对这些最早到达北美大陆的黑人所知甚少。烟草种植的创始人约翰·罗尔夫的两封信提到 1619 年 8 月黑人到来的事情，是保存下来的第一批黑人到达弗吉尼亚的仅有的记录。1620 年 1 月罗尔夫给弗吉尼亚公司的财务主管埃德温·桑德斯（Sir Edwin Sandys）的信中描述了前一年一

---

① ［美］约翰·霍普·富兰克林：《美国黑人史》，张冰姿等译，商务印书馆 1988 年版，第 39 页。

② 同上书，第 41 页。

③ 同上书，第 44 页。

艘荷兰战船"没有带任何东西，仅有 20 名黑人，总督和凯普·马迁特（Cape Marchant）买来作为储备……"罗尔夫的另一封信提到的信息更不完整，仅报告说"大约在去年 8 月来了一艘荷兰战船，卖给我们 20 名黑人……"① 显然，第一批黑人的到来对罗尔夫意义似乎并不大，只是作为商品到来的。但是当时白人契约奴也是可以买卖的。他们在殖民地的地位甚至都不清楚。一些历史学家认为他们是奴隶，另一些认为他们是契约奴；一些人认为他们从开始就是种族歧视的对象，而另一些人认为在很大程度上黑人未受种族歧视的影响。1968 年温斯罗普·乔丹（Winthrop D. Jordan）在《白人支配黑人》（White Over Black）一书中做了最详尽的调查，结论说由于保存的资料太少，不足以对到达弗吉尼亚的第一代黑人做明确的概括。但是，从一开始黑人在弗吉尼亚就以某种方式被区别开来。关于 1630 年以前第一代黑人的资料保存甚少，弗吉尼亚 1624 年和 1625 年的两次人口统计，使我们可以得知早期黑人的点滴。1624 年 2 月弗吉尼亚权力机构编制了一份"弗吉尼亚活着的和已死亡的人员名单"，其中包括 22 名活着的黑人和 1 名已死亡的黑人。值得注意的是，在这份名单中，虽然这 22 名黑人大部分都已到殖民地五年，但没有一个人有姓氏，几乎一半人的记录根本没有名字，而以波折号代替，名单上只是说"一个黑人""一个黑人妇女"或"黑人"（如"one negar""a negars woman"）。相对而言，白人记录中只有个别情况没有完整的名字，偶尔有没有姓氏的，用波折号代替。几个可能是白人奴仆的名单记载简单，如"穆尔伍德先生的一个仆人"或"马丽，一个女仆"。黑人作为一个群体记录最不完整。这种情况在后来的人口统计和其他公共记录中也是如此。在土地记录中，黑人有时被列为"猿"（Ape）、"猴"（Monkey）、"恺撒"（Caesar）或"佩德罗"（Pedro）。1625 年 1 月和 2 月做的一次人口调查中，又一次出现 23 名黑人，其中 9 人生活在詹姆斯敦，7 人在珀西百人区，3 人在伊丽莎白城，2 人在沃拉斯括克

---

① Alden T. Vaughan, "Blacks in Virginia: A Note on the First Decade", *William and Mary Quarterly*, Third Series, Volume 29, Issue3, (Jul. 1972), p. 470.

（Warrasquoke），1 人在詹姆斯敦附近的内克（Neck），1 人在距汉普顿河较远的伊丽莎白城（Elizabeth Citty beyond Hampton River）。可见黑人的地理分布很广。在 23 名黑人中，有 12 名男性，11 名女性，性别比例平衡。第二次人口统计很详细，极少名字记录不完整，大多数人的记录中还有年龄、到达日期等。但是，大多数黑人没有姓名，黑人列在奴仆名下（"Servants"）。例如亚伯拉罕·皮尔塞（Abraham Perisey）的奴仆有 36 人，其中 7 名黑人，29 名白人奴仆，白人奴仆有完整的姓名和到达日期，27 人还有年龄。在詹姆斯敦的 24 名奴仆中，8 名黑人的记录仅仅是"男黑人 3 名，女黑人 5 名"（Negro Men 3，Negro Woemen 5）。部分黑人有名字，如"安杰洛，一个黑人妇女"（Angelo a Negro Woman）。5 名黑人有完整的信息，例如"安东尼，一个黑人，1622 年乘詹姆斯号而来"（Antonio a Negro in the James 1622），其中只有 1 个黑人有最完整的信息："约翰·佩德，一个黑人，30 岁，1623 年乘天鹅号而来"（John Pedro, a Neger aged 30 in the Swan 1623）。大多数情况中黑人列在奴仆名单的最后。① 这表明，黑人从开始就与白人区别对待，在殖民地处于最低层。由于没有到达日期和年龄，说明黑人的服役期也可能与白人奴仆不同。这些信息表明，在 1619—1629 年，在殖民地的白人眼中，黑人从开始就有所不同。

黑人初到北美大陆时，虽然是被贩卖而来，处于不自由的奴役状态，在殖民者眼中，黑人也与他们存在一定差别：黑人的肤色、粗鲁的行为方式、奇怪的语言等。但是其所处的奴役状态总体而言在当时的殖民地并非不同寻常。因为在社会中有相当一部分人是在一定程度的奴役状态下生存。事实上在弗吉尼亚初期，在公司半军事性的强制统治下，几乎每一个人都是不自由的。新到的黑人像许多其他人一样，是作为奴仆被接受的。英语中"slave"一词很少使用，但是它在英国法律中没有意义，不是一种身份，只是在口语中较普遍使用，表

---

① Alden T. Vaughan, "Blacks in Virginia: A Note on the First Decade", *William and Mary Quarterly*, Third Series, Volume 29, Issue3, (Jul. 1972), pp. 471 –476.

示贬低、歧视的意思。例如哈姆雷特就说"我是一个多么低级、粗
鲁的奴隶啊!"（what a rogue and peasant slave am I）。"slave"还表
示出身低等，与绅士（gentry）相对而言，例如16世纪的一个报告
说，在 200 名战士中，8 名是绅士（gentlemen），其余是奴隶
（slaves）。"slave"一词也用来指一些低等的劳动。因此从这种意义
上有时把黑人奴仆称为 slaves。① 在英国，也称其他非英裔的奴仆，
例如俄国人为 slaves。在欧洲和在美洲殖民地，在不同的时间场合，
"slave"也用来称呼印第安人以及西印混血和葡印混血人，同称呼
黑人一样。甚至也用来称呼英国白人，比如描述一个受奴役的孩子。
因此，"奴隶"一词在法律中没有意义，只是日常口语中的一个贬
义词，是对一种低级奴役的描述。至于当时国际上的奴隶贸易，直
到 17 世纪下半期，皇家非洲公司的冒险家常常称呼他们的货物是
"黑人"（Negers、Negro Person）、"黑奴"（Negro – Servants）、"非
洲黑奴"（Servants... from Afria），很少称为 slaves。② 黑人的地位对
英国法律而言是新出现的、未知的状态。这与西班牙和葡萄牙不同。
西班牙和葡萄牙有明确的奴隶制传统，从15世纪早期葡萄牙人就把
摩尔人、白人和黑人，在国内、大西洋岛屿和巴西役使为奴隶，西
班牙和西属美洲殖民地也实行奴隶制。这些地方的黑人身份是明确
的，从开始就是奴隶，权利义务分明。他们有一定的财产权利，能
签署婚约，可以有完整的家庭。一旦受洗，以后可能获得自由，获
得自由后，可以与以前的主人结婚。因此他们是处于奴役状态的人，
具备一定的人格和权利。

英属北美大陆殖民地的黑人奴隶制是在以后的发展中逐渐形成
的。虽然英属美洲殖民地在 17 世纪都形成了奴隶制，但是奴隶制的
进程在各个地区是不同的，在南部殖民地形成的是动产奴隶制
（chattel slavery）。切萨皮克地区为我们提供了黑人逐渐沦为"物"、
沦为"动产"的完整过程，即动产奴隶制的逐渐形成过程。从 1619

---

① Oscar and Mary F. Handlin，"Origins of the Southern Labor System"，*William and Mary Quarterly*，Third Series，Vol. 7，i2（Apr.，1950），pp. 203 – 204.

② Ibid.，p. 205.

年首批黑人踏上北美大陆，到动产奴隶制的形成，大致可以分为三个阶段：

第一个阶段：从 1619 年到 1640 年，黑人在北美南部殖民地没有明确的身份和法律地位。实际中的待遇大致相当于白人奴仆，服役一定时期后可以获得自由，但是又不完全与白人契约奴相同，黑人在一定程度上被区别对待，但奴隶的概念还没有形成，一般被称为"ne-gro"（黑人），例如 1629 年弗吉尼亚要求几个种植园的指挥者"检点所有居民，包括男人、妇女和孩子，黑人也同英国人一样"。① 之所以出现这种情况，与英国没有奴隶制的传统和现成的奴隶制的概念与规范有关。

第二个阶段：17 世纪 40—60 年代，首先在实践中出现终生服役，然后法制化，普遍化，形成一般的奴隶制。零星的证据表明，大约在 1640 年，弗吉尼亚和马里兰出现黑人终生服役的情况。虽然黑人在被输入到北美殖民地时没有明确的身份和地位，类似奴仆，殖民地都有关于契约奴仆的服役期限的规范，但是这些规范不完全适用于黑人。到 1640 年，有明确证据显示出现了黑人终生服役的事例。1640 年弗吉尼亚记录上出现一个黑人终生服役的例子。据记载，当年弗吉尼亚有 3 名奴仆，包括 2 名白人，1 名黑人，逃跑到马里兰后又被主人抓回，并受到殖民地法院的审判，法庭判决白人奴仆增加 4 年的服役期，而第三名名叫约翰·庞奇的黑人，则"将在本地或其他任何地方为其主人或其转让人服役，直到生命自然停息为止。"② 在同月稍晚，一群被抓捕回来的逃奴中，又有一名黑人被单独列出，7 人中有 6 人被判另外增加服役期，但对其中的一名黑人却没有增加服役期的判决，很可能因为该名黑人已经是终生服役。③ 在任何英属殖民地，白人奴仆还没有出现这种事例。此后黑

---

① 　Winthrop D. Jordan, "Enslavement of Negroes in America to 1700", Stanley N. Katz and John M. Murrin, ed., *Colonial America: Essays in political and Social Development* (New York: Alfred A. Knopf, Inc., 1983), p. 272.

② 　Ibid., p. 273.

③ 　Ibid..

人终生服役的例子不断出现。但是黑人终生服役还没有成为一种普遍的制度，另有一些黑人服役期有限，有的按照白人契约奴服役期的通常标准服役，有的服役期要长。例如弗朗西斯·佩恩（Francis Payne），于 1637 年开始在切萨皮克生活，1656 年在服役近二十年后，才成为一个自由人弗兰克·佩恩（Frank Paine）。有的黑人不但是自由人，还拥有土地，例如安东尼·约翰逊（Anthony Johnson），他于 1621 年被卖到詹姆斯敦，名字是安东尼奥（Antonio），在接下来的几十年，安东尼奥在贝内特家的种植园里劳动，他是极少数在 1622 年印第安人袭击中得以活下来的人之一，后来由于"辛苦劳动，懂得服务"而受到赞扬，他的忠诚与勤劳也赢得贝内特家的喜爱，贝内特不仅是他的主人，还成为他的庇护人。还是一个奴仆时，贝内特就允许安东尼奥独立耕作，结婚，为其孩子洗礼。获得自由后安东尼奥使名字英国化，改成安东尼·约翰逊，没有人能再怀疑他的身份。1640 年安东尼有 4 个孩子，同年与主人越过切萨皮克湾到达东海岸的半岛上，在这里贝内特发展成为显要的家庭，安东尼一家也开始自己耕作，1651 年他获得 250 英亩土地的人头权。这使他能积累相当的财富。约翰逊的儿子约翰比父亲还要成功，获得 550 英亩土地，另一个儿子里查德获得 100 英亩的地产。1653 年约翰逊的种植园失火，他向法院请求救济，法院专门允准解除他的税收。像其他有财产的人一样，约翰逊和其儿子独立耕作，他本人就拥有一名黑人，后代也有相当的地产。[1]

　　但是在 17 世纪中期黑人的服役期限整体上比白人契约奴要长。[2] 黑人的服役期问题在法律上仍是模糊的。迟至 1661 年，仍有黑人关于服役期的诉讼，并取得胜诉的例子。看到来自欧洲的白人契约奴常常为了自由和自由费诉讼，来自非洲的黑人奴仆也向法庭请求自由。1661 年约翰·巴普蒂斯塔，"一个野蛮的摩尔人"（"a moore of Barbary"），向马里兰殖民地法庭请求他不是一个终生服役的奴隶，而是一

---

① Ira Berlin, *Many Thousands Gone*: *The First Two Centuries of Slavery in North America* (The Belknap Press of Harvard University Press, 1998), pp. 29 - 30.

② Oscar and Mary F. Handlin, "Origins of the Southern Labor System", p. 211.

个短期奴仆。他证明说，1651 年 5 月西蒙·奥弗恩（Symon Overzee）
把他带到波特贝克（Portoback）的种植园，告诉其监工说巴普蒂斯塔
是他的奴仆，还有两年的服役期，那时奥弗恩说解放巴普蒂斯塔要
2000 磅烟草，而巴普蒂斯塔在第二年要把所分烟草的一半作为部分偿
付给他。这意味着巴普蒂斯塔在奥弗恩的种植园有自己的收入。1661
年巴普蒂斯塔向法庭说他已为托马斯·兰伯特（Major Thomas Lum-
bert）服役 5 年。最后法庭认定巴普蒂斯塔不是一个奴隶，但是命令
他再服役两年，或生产 2000 磅烟草获得自由。① 有鉴于此，马里兰议
会颁布法律规定，"所有的黑人和其他奴隶，应终生服役"。弗吉尼亚
也逐渐明确了黑人的服役期问题，1661 年的一个法律规定，作为对逃
跑的惩罚，一些黑人要服役终生。1670 年的法律将终生服役普遍化，
该法宣布："所有从海外输入的非基督教徒终生为奴隶。"② 这明显是
针对黑人的。终生服役是奴隶制的首要特征。这标志着黑人奴隶制正
式初步形成。"Slave"这个原本在日常用语中仅表示歧视的贬义词到
17 世纪 60 年代以后也有了法律上的意义，成为一种固定的法律身份。
但是，北美南部殖民地的奴隶制并没有到此为止，而是进一步向前
发展。

　　第三个阶段：17 世纪 60 年代以后到 90 年代，由一般的奴隶制发
展成种族界限严格的动产奴隶制，黑人奴隶不仅被隔离，而且被剥夺
了财产权等各种可能的权利，最后的法律地位类似于"物"，因为是
活动的，所以又被称为"动产"。进入 18 世纪的时候，北美南部的奴
隶制已经是前所未有的动产奴隶制。表现在：与基督教的关系上、身
份继承上、婚姻权利上、财产权利上，黑人奴隶一步步地被剥夺掉这
些权利。

　　首先，在信仰问题上，弗吉尼亚 1670 年法律没有完全堵塞黑人
逃脱奴隶制的道路：如果黑人接受洗礼，成为基督教徒，则可能摆脱
奴隶身份。转化成基督教徒可以是获取自由的途径。1667 年 9 月弗吉

---

① Alexa Silver Cawley, "A Passionate Affair: The Master – Servant Relationship in Seven-
teenth – Century Maryland", *The Historian*, Vol. 61, i4 （summer, 1999）, p. 751.

② Oscar and Mary F. Handlin, "Origins of the Southern Labor System", p. 211.

尼亚立法规定，洗礼不能改变自由或奴役的身份。[1]马里兰等殖民地也很快做出类似规定。

其次，奴隶身份的遗传问题，弗吉尼亚1662年12月通过法律规定："所有在该地出生的孩子是奴隶还是自由人，仅仅依据母亲的情况而定。"[2] 这一标准被马里兰和其他殖民地采纳。

再次，禁止黑白通婚，严格种族界限。1662年弗吉尼亚宣布"如果任何基督教徒承认与黑人男子或妇女通奸，将受到通常两倍的罚款"。两年后马里兰禁止种族通婚，宣称"鉴于自由出身的英国妇女与黑人奴隶通婚是忘记其自由身份，是我们民族的耻辱，并将给黑人的主人带来极大损害，因此决定阻止自由白人妇女有此类可耻行为"。1681年马里兰的一个法律再次宣布白人妇女与黑人的婚姻"不仅是英国人的耻辱，而且是所有基督教民族的耻辱。"[3]1691年弗吉尼亚的法律禁止奴隶与自由人之间通婚，违者重罚。[4]

最后，剥夺黑人奴隶拥有财产的权利。黑人在沦为奴隶的时候，有的是有少量财产的。他们在谷仓附近饲养家禽，或者喂养猪、牛等大型家畜，或者狩猎、捕鱼以贴补零用。有的在种植园边缘角落开辟自己的菜园，而且有的小种植园主最初很乐意允许黑人奴隶自己养活自己，自己提供衣食之需。1692年弗吉尼亚立法机构要求主人没收"任何黑人或奴隶的牛、猪"，如果种植园主不执行，这些财产将成为教会的财产，"被没收以接济穷人"[5]。黑人奴隶拥有少量财产的权利被剥夺，如果有这样的情况也是非法的。

这样，历经半个多世纪的时间，黑人在北美南部首先沦为终生服役的奴隶，然后一步步被剥夺了各种可能的权利，并且实行隔离，被固定在奴隶的位置上。黑人奴隶一无所有，仅剩下的是其作为主人财

---

① *The Annals of America*（Encyclopedia Britannica, Inc., 1968），Vol. 1, p. 226.

② Ibid., pp. 225 – 226.

③ Winthrop D. Jordan, "Enslavement of Negroes in America to 1700", p. 277.

④ Oscar and Mary F. Handlin, "Origins of the Southern Labor System", p. 215.

⑤ Ira Berlin, *Many Thousands Gone: The First Two Centuries of Slavery in North America*, p. 119.

产的身份，法律地位类似于"物"，在绝大多数情况下是专门用于种植园劳动的劳动力。北美南部的奴隶制因此被称为是"动产奴隶制"。这与拉丁美洲的奴隶制有明显不同，拉丁美洲的奴隶制还有人的色彩，奴隶有一定的人的权利。因此，北美南部的黑人奴隶制既不是源自英国，也不是源自拉丁美洲，而是在本土上、在实践中逐渐形成的，有自己的特点。

在剥夺黑人奴隶权利的同时，奴隶主的权利在扩大。1669年以后在弗吉尼亚当被主人纠正或根据主人的命令纠正时如果一个奴隶"突然死亡"将不再构成重罪。① 这样的立法很快在切萨皮克普及。黑人奴隶最基本的生命权利也无法保证。以后切萨皮克的法律制定者以其他多种方式不断扩大奴隶主的权力。正如温斯洛普·乔丹所写："在17世纪的最后15年，对待黑人的趋势是越来越像财产，而不是像人一样对待。很小就把他们赶到田里，否认他们是社区的一位成员，加强对其人身自由和权利的束缚。同时放松对主人自由的传统限制，他可以以自己适合的方式对待其人形的财产。"因此，到17世纪晚期，黑人奴隶制在北美南部殖民地获得了完全的形式，由最初的一般的奴隶制发展成为动产奴隶制。1705年弗吉尼亚将这些有时相互抵触的法律加以重新整理扩大，使之系统化，制定成完整的奴隶法典。② 黑人有专门的法律规范，其他人的法律不适用于黑人。1723年禁止黑人投票。这基本上是一个补充规定。

英国没有奴隶制的传统，在殖民开始之际，英国人甚至没有奴隶制的意识，为什么在英属北美的南部殖民地反而形成了如此严格的动产奴隶制？这是一个值得思索的问题。概括说是多种因素综合作用的结果，包括种族的、思想意识的、环境的、经济的和制度的因素。回顾英国人最初接触黑人，弗吉尼亚最早输入黑人，与当时的国际环境有关。在17世纪初英国开辟北美殖民地之际，大西洋奴隶贸易已经开始了两个世纪，葡萄牙人、西班牙人、荷兰人已经进行了两个世纪的贩卖黑人的

---

① *The Annals of America* (Encyclopedia Britannica, Inc., 1968), Vol. 1, p. 226.

② Winthrop D. Jordan, "Enslavement of Negroes in America to 1700", p. 280.

行为，在葡属、西属美洲殖民地，早已使用黑人奴隶制劳动。已经处于这样的一个国际环境中，不可能不对英国和英属殖民地产生影响。1619年弗吉尼亚黑人的第一次到来，就是荷兰人贩卖而来的。虽然看似一个偶然事件，实际有其必然性。无论是英国，还是北美洲的英属殖民地，都不可能不受国际环境的影响，卷入大西洋奴隶贸易的行列。

英国人虽没有奴隶制的意识，但是对黑人却有自己的独特的意识。在与非洲人的接触中，由于文化和身体的差异，在英国人的眼里，倾向于认为黑人是落后的、野蛮的甚至是动物性的，这种态度又为宗教信仰的优越性和"黑"在英语中隐含的不好、贬低之义有所加强。这影响了早期弗吉尼亚人把非洲黑人区别对待、看作另类。虽然肤色差别、语言不通、信仰不同，黑人处于基督教世界之外，这些因素对白人歧视黑人有一定的作用，但是从根本上而言，造成黑人奴隶制的原因是社会发展阶段的不同和经济发展水平的巨大差异，非洲黑人社会无论社会阶段还是经济发展水平都远远落后于欧洲，无法与走向扩张的欧洲殖民国家相抗衡，处于弱势，不可避免地沦为受奴役的地位。

英国人潜在的种族意识和种族优越感对黑人的歧视和对黑人奴隶的隔离有一定作用，但也不是绝对的。动产奴隶制是在南部殖民地的环境中形成的，因此不能离开殖民地的环境去谈奴隶制的形成。北美南部殖民地的经济、人口、制度、环境等因素起最终的决定作用。从殖民之初，南部就发展了烟草种植园经济并蒸蒸日上，大宗作物生产需要大量劳动力。虽然黑人最早并没有被作为奴隶在烟草种植园采用，但是黑人从服役一定期限到成为终生服役的奴隶这本身就说明种植园对劳动力的需求。烟草种植园主逐渐意识到奴隶制劳动的优越性，在17世纪60年代正式在法律上确认了黑人奴隶制。不过，直到此时，殖民地的黑人人口还是有限的。黑人没有被大规模输入。因为西印度群岛、南美洲的发展更为兴旺，对劳动力的需求更大，这一时期主要的奴隶贸易国家荷兰人基本把非洲奴隶输入到这些地区，而很少再往北航行。在他们眼中，北美大陆的英国殖民地还是弱小的一块地域，对劳动力的需求有限，吸引不了注意力。而且此时英国还没有正式从事大规模的奴隶贸易。从17世纪80年代开始，非洲黑人奴隶才开始大规模进入英属北美南部殖民地。其实，相对于中美洲和南美洲的殖民地而言，北美大陆殖民地的奴隶输入规模仍然是很小的，而且到整个殖民地时期终结也一直是很小的。

但是，北美南部殖民地的黑人人口毕竟在快速增长，这加重了白人的危机感。黑人奴隶主要在种植园里使用，而种植园主在当时的社会里处于绝对优势地位，其意识中没有如西班牙人、葡萄牙人一样的奴隶制意识，反而没有了任何先天的束缚，达到为所欲为的地步。南部种植园主阶级的地位没有受到其他经济阶层的挑战，其权力因而不受任何政治或制度的检验。在殖民地，英王的权力由于大洋的远距离阻隔而大打折扣，新教教会力量分散，依赖于种植园主。因此种植园主阶级相对不受限制，可以根据自己的意志和要求随心所欲地将奴隶制进行发展。另外，黑人人口虽然在增长，并造成一定威胁，但这种威胁只是潜在的，是白人的未雨绸缪，黑人人口毕竟是有限的，是少数，是以种植园主为领导的白人阶层可以控制的，面对白人对其权利的剥夺，只能接受，任其摆布。白人在殖民地占据多数，虽然早期性别比例严重不平衡，但是很快已经得到一定的纠正，与早期巴西的情况相比，南部仍然保持了一定的性别比例平衡，白人在自己的社会里能够享有充分发展的社会生活，也有一定程度的正常的家庭生活。种植园主或监工娶黑人为妻的现象从未发展起来，即使非法的混血也是社会无法接受的。作为结果，种族混合不受鼓励，在白人中间不太接受混血后代，而混血后代在种族上和社会中基本都归为黑人一类。因此在南部只有两个种族群体：白人和黑人。在拉丁美洲种族混合严重，种族混合的程度具有重大的社会意义。在南部禁止黑白混血更加强了黑人奴隶制的执行。在这些复杂因素的作用下，南部殖民地的奴隶制发展成为动产奴隶制。但是这种结果也不是种植园主有预谋、有规划的，而是根据需要逐渐形成的。

正如斯坦利·埃尔肯斯（Stanley M. Elkins）所说，弗吉尼亚和南部的种族特征部分源自英国的"自由的、新教的、世俗的、资本主义的"文化，而"保守的、家长式的、天主教的、准中世纪的文化"影响了西属美洲和葡属美洲的奴隶制。宗主国的差别所产生的一个后果是英属美洲的种族思想和实践更为严格和严厉。因为英国已经处于资本主义原始积累阶段，对利益和利润最大化的追求达到无以复加、不择手段的地步，南部的种植园主就是如此，南部的地理条件发展了大宗作物生产，土地政策允许获得大地产，两者产生了对劳动力的巨大需求，丰富的土地和劳动力的缺乏使控制和剥夺劳动力成为积累财富的必要手段。奴役印第安人面临困难。白人契约奴是同族，又是基督教徒，限制了主人的权力。而种植园主在南部又处于绝对优势地位，无所顾忌，可以随心所欲地使奴隶制达到想要的程度。因而在南部殖民地形成的奴隶制是动产奴隶制，与西属、葡属美洲殖民地的奴隶制相比，格外严厉，奴隶被剥夺了一切人的权利，降到物的位置，而拉美的奴隶制还有人的色彩。

虽然英属北美南部殖民地黑人动产奴隶制的形成是多种因素综合作用的结果，包括种植园对劳动力的需求、种植园主的绝对优势地位、殖民地的人口特征，以及源自英国背景的没有奴隶制的传统、白人至上的优越意识、资本主义原始积累时期对利润的强烈追求等。但是南部殖民地进行大宗作物生产的种植园经济的需要是其形成的根本动力，起最终的决定作用。正是种植园经济对劳动力的极大需求，使黑人沦为终生服役的奴隶，而以种植园主为领导的南部殖民地之所以剥夺黑人奴隶的各种权利，其最终目的也是为了确保更好、更安全地使用其劳动，为大宗作物生产服务。

二　上南部的劳动力转型：从契约奴制到奴隶制

17 世纪 60 年代黑人奴隶制在法律上确立的时候，奴隶数量十分有限，还不是种植园的主要劳动力。据估计 1665 年在整个弗吉尼亚和马里兰大约只有 1700 名黑人[①]，而且还不全是奴隶。此时种植园的

---

① Ira Berlin, *Many Thousands Gone: The First Two Centuries of Slavery in North America*, Cambridge: The Belknap Press of Harvard University Press, 1998, p. 38.

主要劳动力还是契约奴。此后黑人奴隶逐渐取代契约奴成为种植园的主要劳动力。

　　随着烟草种植园的发展，对劳动力的需求增加，在开始大规模输入黑人奴隶之前，种植园主曾试图把印第安人作为获取劳动力的目标，在尽可能的地方奴役印第安人为奴隶，新法律宣布"在战争中抓获的所有印第安人终生为奴隶"①。但是在 17 世纪末美洲土著人的人口迅速减少，非洲人才成为种植园主的主要目标。在 1675 年到 1695 年间，约 3000 名黑人被输入到上南部。② 在 17 世纪的最后 5 年，切萨皮克的烟草种植园主——绝大多数在约克河两岸——购买的奴隶比其在过去 20 年里购买的还要多。1668 年在弗吉尼亚中塞克斯县和切萨皮克很多地区，白人契约奴的数量比黑人奴隶多 5 倍，到 1700 年奴役劳动力构成的比例颠倒过来，中塞克斯县的黑人奴隶数量超过白人契约奴，切萨皮克其他地区也是一样。总体上，在马里兰和弗吉尼亚，黑人在烟草种植园中占劳动力的 1/3。③ 由于大种植园主有足够的资本购买奴隶，在大种植园中奴隶所占的比例更高。随着对黑人需求的增加，种植园主获得奴隶的地区从西印度和大西洋沿岸转向非洲内陆。在 17 世纪，大多数黑人是小规模进入切萨皮克，或作为私掠船和海盗的战利品，或输入巴巴多斯和其他英国控制的岛屿的贩奴船的剩余部分，或在海岸交易中应商人要求运来。后者主要是从新荷兰转运而来，但很少直接从非洲而来。18 世纪之初，马里兰总督评论这个殖民地奴隶贸易的历史时说，"1698 年以前，供应该地的是来自巴巴多斯和其他英王陛下的岛屿和殖民地的少量黑人"，他们"一艘船载来八个、九个或十个，有时多些，有时但极少是从非洲直接运来一船奴隶"，而且后者绝大多数是在 17 世纪最后十年到达。这在弗吉尼亚也得到证实，埃德蒙德·杰宁斯看到"1680 年以前输入弗吉尼亚的黑人通常来自巴巴多斯，直接来自非洲的奴隶船只到达弗吉尼亚是

---

　　① Ira Berlin, *Many Thousands Gone: The First Two Centuries of Slavery in North America*, p. 110.

　　② Ibid..

　　③ Ibid..

极罕见的。从此以后，黑人贸易越来越频繁。"① 在 17 世纪 80 年代约
2000 名非洲人输入弗吉尼亚，这个数量在 17 世纪 90 年代增加了两倍
多。在 18 世纪第一个十年再次翻倍。1700 年到 1710 年间输入弗吉尼
亚的非洲奴隶将近 8000 名，切萨皮克取代牙买加成为英属美洲最有
利可图的奴隶市场。到 17 世纪与 18 世纪之交，即在黑人进入北美 80
年后，在奴隶制在法律上确立约 40 年后，新到的非洲人占到奴隶人
口的 90%。② 黑人的大量涌入不仅深深地改变了切萨皮克的社会生
活，而且黑人本身的生活也发生了改变。改变的速度在 18 世纪 30 年
代加快。在这十年，黑人平均每年输入超过 2000 名，有时甚至是这
一数字的两倍。③ 奴隶不仅在大种植园取代了白人契约奴，而且在小
种植园也一样。有整齐成行的牙齿、编成辫子的头发和仪式的文身
（ritual scarification）的黑人男女到处可见，这些被奴隶主称为"国家
标志"或"黑人标志"。黑人的音乐，尤其是鼓声响在空气中，使欧
洲人或欧裔美洲人感到害怕，他们的盆、锅、管子和其他物品在当地
有明显的印记。非洲人的语言也由大西洋的本土非洲人的语言转向非
洲内陆的语言。殖民地居民看到新到的黑人在语言、祈祷、结婚和葬
礼仪式上都与以前的黑人不同。

　　黑人输入的增加使切萨皮克的黑人数量不断增加，在总人口中的
比重也不断提高。弗吉尼亚的黑人人口，1660 年是 950 人，1680 年
是 3000 人，到 1690 年迅速上升到 9345 人，1700 年增加到 16390 人，
1720 年增加到 26559 人，1740 年又增至 60000 人，1750 年黑人人口
超过 10 万，达到 101452 人，1770 年达到 187605 人，是 13 个殖民地
中黑人人口最多的一个殖民地，而且远远超过其他殖民地两倍以上。
马里兰的黑人人口，1660 年仅有 758 人，1690 年增加到 2162 人，
1700 年为 3227 人，到 1720 年增加到 12499 人，1740 年增加到

---

① Karen Ordahl Kupperman, edited, *Major Problems in American Colonial History*：*Documents and Essays*, Lexington：D. C. Heath and Company, 1993, pp. 110 – 111.

② Ira Berlin, *Many Thousands Gone*：*The First Two Centuries of Slavery in North America*, p. 110.

③ Ibid. , p. 111.

24031 人，1750 年又增加到 43450 人，1770 年达到 63818 人。[①] 黑人在总人口中所占的比例，1675 年时不到 5%，在 1720 年切萨皮克地区的人口中，黑人比例大约占 25%，20 年后，黑人在切萨皮克人口中所占的比例达到 40%。[②] 在一些烟草生产大县，到美国革命时期黑人奴隶的比例偶尔有超过 50% 或者 60% 的。但是从殖民地整体而言，黑人仍是人口中的少数，从未超过白人。虽然黑人在人口中从未占据多数，但是在几个地方的数量超过了白人。对很多白人来说，似乎切萨皮克"有一天应该更名为新几内亚"。[③]

　　17 世纪晚期切萨皮克地区发生的从契约奴向黑人奴隶的劳动力的转型是由于种植园主面临的两种劳动制度的相对花费而引起的。即契约奴价格上升，使用黑人奴隶劳动更加划算。这种价格对比的变化是由一系列因素引起的。

　　契约奴在生产大宗作物的南部殖民地早期是最为重要的劳动力，被要求种植大宗商品作物，种植园主依赖白人契约奴劳动。随着生产力的提高和殖民地社会生活的展开，对生产、生活设施和各种用品的需求也不断提高和增加，如需要建筑房屋、建设农场、制作装运农产品的大桶、为种植园主及其奴仆制作衣服等各种各样的行当，这使殖民地对熟练技术工人的需求增加。同时在殖民地农业契约劳工的价格也在上涨。在切萨皮克殖民地，契约劳工的价格由于 17 世纪 80 年代契约奴移民的减少在十年间上涨了近 60%。[④] 17 世纪 80 年代英国国内局势趋于稳定、工人状况得到改善，使移民到殖民地的人数减少，同时上南部的潮水带基本被开发完毕，获得土地和经济上升的机会在减少，而宾夕法尼亚的开拓又吸引了相当多的新移民，对切萨皮克形

---

① U. S. Department of Commerence, Bureau of the Census, *Historical Statistics of the United States*, *Colonial Times to* 1970, U. S. Government Pringting office, Washington, D. C., 1975, Part 2, p. 1168.

② Ira Berlin, *Many Thousands Gone*: *The First Two Centuries of Slavery in North America*, p. 110.

③ Ibid..

④ David W. Galenson, "The Rise and Fall of Indentured servitude in the Americas: An Economic Analysis", *The Journal of Economic History*, Vol. 44, Issue 1 (Mar., 1984), p. 11.

成竞争。在这种形势下，白人契约奴的相对花费甚至以更大的数量增加，而 17 世纪 80 年代非洲奴隶的价格处于最低点。1678—1682 年平均一个黑人奴隶的价格是 19.32 英镑，1683—1687 年平均一个黑人奴隶的价格是 19.95 英镑，均不到 20 英镑。① 虽然购买一个黑人奴隶的价格通常是一个契约奴价格的 2.5 倍，但是黑人奴隶可以终生服役，维持一个奴隶一年的花费比契约奴要少，因此总体更为划算。英国契约奴的价格上涨使种植园主转向寻求非洲奴隶作为非技术农业劳动力的主要来源，种植园里的强制劳动力主体由白人转向黑人。

但是从契约奴到奴隶的转变并不是一蹴而就的，而是一个渐进的过程。因为新来的非洲黑人不具备种植园主所需要的欧洲式的技能。而且，殖民地的种植园主通常不训练成年黑人做技术工作。在种植大宗作物的殖民地，17 世纪后期和 18 世纪早期，以技能划分劳动的种族界限出现了，非技术强制劳工越来越多地由黑人奴隶担任，而白人奴仆继续承担技术工作和服务，在很多情况下担任种植园管理者和奴隶监工。

但这不是最终的发展阶段，随着农业生产的继续增长，对技术劳工和非技术劳工的需求都在进一步增长，技术白人奴仆的价格继续上涨，结果是投资训练奴隶，担任种植园的技术工作。虽然劳动力供应条件和对技术劳动力需求的水平的年代因殖民地而异，但在所有英属北美殖民地都有同样的趋势。在 17 世纪晚期和 18 世纪技术白人奴仆的相对价格明显上升。但是在大陆殖民地末期，这一进程明显显现，在很多殖民地相当数量的种植园几乎全部依靠黑人劳动，有相当数量的技术奴隶和非技术的田间奴隶。

切萨皮克烟草种植园的主要劳动力从契约奴向黑人奴隶的转型的关键时期是 1680 年到 1720 年间。1680 年以前输入英属北美大陆殖民地的非洲黑人奴隶不到 1 万人，而欧洲移民有 10 万人，很多是契约奴。从 1680 年到 1720 年，超过 5 万名黑人奴隶输入到大陆殖民地，

---

① U. S. Department of Commerce, Bureau of the Census, *Historical Statistics of the United States*, *Colonial Times to* 1970, U. S. Government Pringting office, Washington, D. C., 1975, Part 2, p. 1174.

而欧洲移民总数在显著下降。1680 年弗吉尼亚和马里兰的黑人人口合计仅占总人口的 7%，到 1720 年达到 25%。[1]其实在 1690 年，上南部的黑人奴隶数量就开始超过白人契约奴数量。[2] 1710 年，这一地区 1/5 的人口是黑人。

17 世纪晚期从契约奴制向奴隶制的转型使很多历史学者主张在这两种类型的移民中存在逆反的关系。即当契约奴移民的输入量高时，非洲黑人的输入量就低，反之亦然。但是这种逆反关系仅适用于 17 世纪。虽然 1680 年以后契约奴的移民在明显减少，同时非洲黑人的输入在显著增加，但是契约奴的下降是暂时的。1720 年以后奴隶和奴仆（包括罪犯）的输入都在增加，北美大陆殖民地仍然需要两种劳动力，虽然英国的契约奴移民减少，但是德国和爱尔兰的契约奴移民加入进来，在成千上万的欧洲移民中占重要部分。18 世纪向北美殖民地的移民规模整体扩大，奴隶和契约奴只是其中的一部分。从 1700 年到美国独立，将近 30 万名奴隶输入到 13 个殖民地，其中 90% 输入到南部殖民地。随着非洲黑人的输入和奴隶制的扩张，对南部种植园经济的发展和社会的转变起到了关键作用。虽然奴隶制的立法已经确立，但在 18 世纪为了进一步加强和巩固对奴隶的控制，有关奴隶的立法更多。种植园主通过法典限制黑人的流动和其他权利包括财产权等，实现对黑人的控制。

切萨皮克从契约奴向黑人奴隶的劳动力的转型如表 11 所示，直到 17 世纪 80 年代，契约奴在切萨皮克非自由人口（bound population）中占多数，同时奴隶和契约奴的合计人数达到最低，不到总人口的 15%，随后契约奴人数持续下降，奴隶进口在增长，而且黑人人口的自然增长也使黑人人口迅速增加。这里假定所有的黑人都是奴隶。

---

① Aaron S. Fogleman, "From Slaves, Convicts, and Servants to Free Passengers: The Transformation of Immigration in the Era of the American Revolution", *The Journal of American History*, Volume 85, Issue 1 (Jun., 1998), p. 49.

② Mary Beth Norton, etc., edited, *A people and A nation: A History of the United States*, p. 74.

根据特里·安德森（Terry Anderson）和罗伯特·托马斯（Robert Thomas）对劳动力在殖民地所占比例的估计，得出奴隶和契约奴在切萨皮克劳动力中所占的比例，如表 12 所示，在 17 世纪，强制劳工在切萨皮克劳动力队伍中占 25%—35%，17 世纪最后 15 年，非洲黑人人口的增长部分抵消了契约奴人数的下降。当然，特里·安德森和罗伯特·托马斯对劳动力比例的计算来自现代的"劳动"概念，而在殖民地时期，人口中的实际劳动力比例要比现代高得多。这种情况值得分析、讨论。

表 11　　　　　　　　切萨皮克殖民地的奴隶和黑人人口　　　　　单位：千人；%

年代	黑人人口	契约奴人口	二者合计	总人口	奴隶和契约奴所占比例
1610		0.40	0.40	0.3	
1620		0.80	0.80	0.9	
1630	0.1	1.07	1.17	2.5	46.8
1640	0.1	1.79	1.89	8.1	23.3
1650	0.3	2.09	2.39	12.7	18.8
1660	0.9	4.35	5.25	24.9	21.1
1670	2.5	5.02	7.52	41.0	18.3
1680	4.3	5.51	9.81	59.9	16.4
1690	7.3	3.57	10.87	75.5	14.4
1700	12.9	3.77	16.67	98.1	17.0
1710	22.4			123.7	18.1
1720	30.6			158.6	19.3
1730	53.2			224.6	23.7
1740	84.0			296.5	28.3
1750	150.6			377.8	39.7
1760	189.6			502.0	37.7
1770	251.4			649.6	38.7
1780	303.6			786.0	38.6

资料来源：Christopher Tomlins："Reconsidering Indentured Servitude: European Migration and the Early American Labor Force, 1600 – 1775", *Labor History*, Vol. 42, i1, Feb. 2001.

表 12　奴隶和契约奴在切萨皮克劳动力中所占的比例（1640—1700 年代）

单位：千人；%

年代	白人劳动力	总劳动人数（1）	总劳动人数（2）	奴隶和契约奴人数	所占比例（1）	所占比例（2）
1640	6.05	6.1	6.15	1.89	31.0	30.7
1650	8.85	9.0	9.15	2.39	26.5	26.1
1660	15.97	16.4	16.87	5.25	32.0	31.1
1670	22.22	23.4	24.52	7.52	32.1	30.7
1680	32.3	34.2	36.6	9.81	28.7	26.8
1690	35.12	38.2	42.4	10.87	28.5	25.6
1700	38.93	44.5	51.8	16.67	37.4	32.2

注：对总劳动人数的估计有两个数字，第一个根据特里·安德森和罗伯特·托马斯对黑人劳动人数在黑人中的比例做出，第二个假定所有的黑人人口都是劳动力。奴隶人数的计算是假定所有的黑人都是奴隶。

资料来源：Christopher Tomlins："Reconsidering Indentured Servitude：European Migration and the Early American Labor Force，1600–1775" *Labor History*，Vol. 42，i1，Feb. 2001.

18 世纪烟草种植园向彼德蒙特扩张，奴隶制随之扩张到这一地区。此时期输入的黑人奴隶相当多地被带到这一地区，以满足新开辟的种植园对劳动力的巨大需求。因此与潮水带的开发不同，黑人奴隶在彼德蒙特的开发中起了举足轻重的作用。18 世纪 20 年代奴隶制开始大规模向彼德蒙特发展。20 年后，彼德蒙特地区大约有 4 万名奴隶，占弗吉尼亚的 1/3。到 18 世纪 60 年代，又增加了 3 倍。到革命时期，在弗吉尼亚，彼德蒙特地区的黑人奴隶数量比潮水带还多。[1]如表 13、表 14 所示。

---

[1]　Philip D. Morgan and Michael L. Nicholls，"Slaves in Piedmont Virginia，1720–1790"，*William and Mary Quarterly*，Vol. 46，No. 2（April 1989），p. 217.

表 13　　弗吉尼亚及彼德蒙特地区输入的非洲黑人人口（1725—1775 年）

单位：人

时间	彼德蒙特	弗吉尼亚
1725—1729	390	7741
1730—1739	2868	16226
1740—1749	3852	12113
1750—1759	7302	9197
1760—1769	8766	9709
1770—1775	4020	3932
合　计	27198	58918

资料来源：Philip D. Morgan and Michael L. Nicholls, "Slaves in Piedmont Virginia, 1720 – 1790", *William and Mary Quarterly*, Vol. 46, No. 2（April 1989），p. 219.

表 14　　　弗吉尼亚奴隶人口的分布（1755—1790 年）

	1755 年	1782 年	1790 年
潮水带（%）	66	46	44
彼德蒙特（%）	33	51	51
谢南多厄河谷（%）	1	3	5
奴隶数量（人）	119996	229088	292717

资料来源：Philip D. Morgan and Michael L. Nicholls, "Slaves in Piedmont Virginia, 1720 – 1790", *William and Mary Quarterly*, Vol. 46, No. 2（April 1989），p. 218.

　　彼德蒙特的奴隶人口除直接从非洲输入外，还有种植园主从潮水带携带而来的。在一些县，直接从非洲输入的奴隶占据多数。例如，在阿米利亚县（Amelia County），也许是独立前 40 年上南部输入奴隶最多的县，1755 年大约 60% 的成年奴隶是在非洲出生的。到 1782 年，这一比例虽然降低，仍然占到 1/5。在阿米利亚县建立 14 年后成立的切斯特菲尔德县（Chesterfield County），1755 年成年奴隶中出生在非洲的比例占到几乎 40%，到 1782 年仍然占到大约 27%。[①]

---

　　①　Philip D. Morgan and Michael L. Nicholls, "Slaves in Piedmont Virginia, 1720 – 1790", *William and Mary Quarterly*, Vol. 46, No. 2（April 1989），p. 218.

三　水稻的种植和下南部奴隶制的兴盛

1670 年来自英属巴巴多斯的移民进入南卡罗来纳地区，在查尔斯顿登陆。17 世纪 60 年代末期包括巴巴多斯在内的一些西印度群岛的甘蔗种植趋于饱和，没有更多发展的空间，因此种植园主寻求出路。他们把目光投向卡罗来纳殖民地，同时带来黑人奴隶。由于黑人奴隶制在西印度群岛早已确立，对于来自巴巴多斯、牙买加、安提瓜和圣吉慈（St. Kitts）的种植园主而言，奴隶制是一种已经习惯的制度，他们很自然地把奴隶带到新殖民地，进行殖民。因此，与上南部不一样，南卡罗来纳在殖民之初就采纳了黑人奴隶制。1670 年就提到在南卡罗来纳有一名黑人，1671 年约翰·伊曼斯先生从巴巴多斯带来黑人，前来垦殖他在阿什利河上的种植园，1674 年帕西瓦尔"开始与西班牙人进行一次黑人交易"。[①] 不过，在最初的 20 余年里，南卡罗来纳的经济主要是出口沥青、柏油等海军物资，还有皮毛；农业方面，白人农场主经营混合农业，种植粮食，饲养家畜，以供应蔗糖群岛，尤其是巴巴多斯。对劳动力需求并不大。奴隶到来的数量很小。首批黑人奴隶多随主人迁移而来。有一些是海盗贩卖而来，一些是来自巴巴多斯破产的种植园，一些是来自大西洋沿岸的美洲出生的本土黑人。因此初期黑人奴隶人数增长缓慢，他们很多人讲英语、西班牙语或本地语的混合，熟悉基督教。1680 年南卡罗来纳的黑人人口只有约 200 人，在总人口中占 17%。[②] 17 世纪末，在找到大宗商品作物——水稻以后，南卡罗来纳才迅速发展起来。水稻种植也采用了奴隶制种植园的生产形式。

---

① Elizabeth Donnan, "The Slave Trade into South Carolina Before the Revolution", *American Historical Review*, Vol. 33, 1928, p. 804.

② U. S. Department of Commerce, Bureau of the Census, *Historical Statistics of the United States*, *Colonial Times to 1970*, U. S. Government Pringting office, Washington, D. C., 1975, Part 2, p. 1168.

南卡罗来纳的水稻种植，大概开始于 1685 年。但是英国人对水稻的栽培和加工技术一无所知，在摸索与失误中前进，因此早期的种植并不成功。最近的研究表明，17 世纪 90 年代，主要来自塞内加尔和象牙海岸（是西非水稻的原产地）的黑人奴隶用家乡的水稻种植经验教会了南卡罗来纳的白人水稻种植所需要的复杂技术。[①] 南卡罗来纳的水稻种植才发展起来。到 17 世纪末，水稻迅速成为主要的种植园作物。水稻的种植逐渐在南卡罗来纳展开。1700 年出口稻米 330 吨（2000—2200 桶，每桶 350 磅，或共 297 吨）。1720 年水稻占南卡罗来纳出口价值的超过一半。这样，在开拓近 30 年后，南卡罗来纳也走上了大宗作物生产的道路。水稻种植在 18 世纪 30 年代向北传入北卡罗来纳的菲尔角，但是水稻在北卡罗来纳并没有获得太高的位置，在整个殖民地时期都是作为海军物资生产的附属部分，向南在 18 世纪 50 年代沿萨凡纳河、奥吉奇河和奥尔塔马霍河传入佐治亚。

与上南部的烟草种植首先在潮水带兴起不同，下南部的水稻种植首先在高地展开。18 世纪上半期，水稻种植限制在高地地带，依靠充足、规律的雨水进行灌溉。一个偶然的机会，种植园主学会了在低洼地带种植水稻的技术，他们把低洼沼泽地的水排干，然后依靠修建的水库进行灌溉，把河水引入水库。他们部署了一种灌溉系统，利用潮水带水流上升和下降造成的水力学原理，把新鲜的水引入种植水稻的后方的沼泽地，修建由堤防、沟渠、水道、排水道以及其他微妙的装置所组成的复杂的灌溉系统，这也许是美国农业历史上最复杂的农业制度之一。水稻从高地向沿海平原转移，这一过程在 18 世纪中期大体完成。稻米产量迅速增加，18 世纪 60 年代种植园主开始利用沿海河流的涨落灌溉田地，把水稻种植地带推向潮水带的沼泽地里，水稻的产量又一次增加。到美国革命前夕，在从北卡罗来纳的菲尔角（Cape Fear）延伸至佛罗里达东部的圣约翰河（St. John River）的大西洋沿岸，形成"水稻海岸"。在下南部，水稻是"王"。同烟草一

---

① Judith A. Carney, "From Hands to Tutors: African Expertise in the South Carolina Rice Economy", *Agricultural History*, Vol. 67, No. 3 (Summer, 1993), p. 1.

样，水稻的种植也是任务繁重，十分耗费人力。春天来临时，在田地播种种子，放进水以使之发芽，然后间断地排水，锄草松地，再放水灌溉，直到最后一遍田间操作，这个过程要持续两三个月，直到 9 月初收获。用镰刀砍掉植株，整齐地堆成垛，经过短时间的晒干，之后开始艰难地去壳脱粒，装入大桶，整个过程才告结束。从修建、维护灌溉系统到水稻栽培、加工都需要大量的劳动来完成。

　　但是以南卡罗来纳为中心的水稻种植业的发展并不是一帆风顺的，而是受到市场价格的深刻影响。在 1739—1743 年的"詹金斯的耳朵战争"（the War of Jenkins' Ear）[①] 和 1744—1748 年的乔治王战争（King George's War）[②] 期间，运输的匮乏导致查尔斯顿稻米市场供过于求，价格突然跌落，在第一次冲突中下降 40%，1746 年下降到每桶 10 先令，不到 1738 年最高价格的 1/7。水稻种植园主开始试验以其他作物替代水稻。在这种背景下，南卡罗来纳发展了第二种大宗商品作物，即蓝靛，蓝靛体积小，价值高，容易运输，正好与运输的缺乏相适应。蓝靛作为衣物的染料，在欧洲价值昂贵。南卡罗来纳的蓝靛种植和加工技术是由一名年轻妇女探索成功的。在 18 世纪 40 年代早期，一个来自西印度的年轻妇女伊丽萨·卢卡斯（Eliza Lucas），在南卡罗来纳查尔斯顿附近管理其父亲的种植园，开始实验种植棉花、姜、苜蓿和蓝靛等。1743 年蓝靛栽培成功，几乎立即就成为一个大宗作物。英国因失去法属西印度生产的高质量的蓝靛，政府对此采

---

　　① "詹金斯的耳朵战争"（the War of Jenkin's Ear），是 1739 年发生在大不列颠与西班牙之间的一场战争，主要战事在 1742 年结束。1742 年后的有关战争成为奥地利王位继承战争的一部分。罗伯特·詹金斯（Robert Jenkin）是英国一艘商船"丽贝卡号"的船长，1731 年报称其船只在加勒比海的西班牙海域遭到西班牙当局人员登船搜掠，而且还将他的一只耳朵割下。后来这只被割掉的耳朵在英国国会展览。英国舆论认为这不仅是詹金斯的耻辱，还关乎国体耻辱。最终导致英国在 1739 年 10 月 23 日对西班牙宣战。战争不寻常的名称是 1858 年由苏格兰评论家、历史学家托马斯·卡莱尔（Thomas Carlyle，1795—1881）提出来的。

　　② 乔治王战争（King George's War），奥地利王位继承战争期间英法两国在北美洲进行的印第安人战争，都借助于当地的印第安人向对方发起进攻，也是英法双方争夺北美殖民地的第三次军事对抗。因发生在英王乔治二世在位期间（1727—1760），故名。

取了奖励措施，英国国会投票决定，一磅奖励 6 便士。[①] 受英帝国补贴制度的吸引，种植园主开始在高地种植园大量种植蓝靛。产量很大，1748 年占到南卡罗来纳殖民地出口价值的 10.39%（稻米是54.78%）。1747 年南卡罗来纳出口蓝靛 13.83 万磅，1755 年出口30.35 万磅，1760 年出口 51.93 万磅。[②] 蓝靛成为种植园主的另一个繁荣的支柱。1750 年以后随着和平的恢复，稻米价格重新回升到每桶63 先令，南卡罗来纳的种植园主于是同时种植两种大宗商品作物：稻米和蓝靛。蓝靛种植所需的地理和季节条件正好可与水稻种植相补充。到美国独立时期，蓝靛占南卡罗来纳出口值的 1/4。1775 年出口达 11.22 万磅。[③] 蓝靛也是一种劳动密集型的作物。这种染料的生产是农业与制造业的结合。两者都是难处理的行业。它生长期短，需要仔细管理。春季种植以后，通常蓝靛收获两次，一次在 6 月或 7 月，一次在 8 月或 9 月。但是蓝靛的加工比水稻的加工更为复杂。在收割和运送叶子时，必须忍受巨大的痛苦，以防止蓝色颜料被擦碰掉。然后把叶子集中起来，放到盛有溶解颜料的液体的大桶或大缸里发酵，12 小时后，染料被浸泡而出，在此过程中需要不停地用打气筒打气、搅拌、捶打。然后把溶解有染料的水倒入另外的大桶或大缸里，用浆搅动，这时需要经常取样查看，在关键时候，倒入石灰水，使之沉淀，最后把水倒出，剩余的就是所要的染料，收集、挤压晾干，然后就可以准备装船运出了。整个栽培和加工过程十分复杂，需要仔细照料，尤其在加工过程中需要一定的眼光和技术，溶液要保持适合的浓度、密度，生产出的蓝靛才能保持色泽鲜亮。

　　无论是水稻的种植，还是蓝靛的生产，其所需要的巨大的劳动任务都落在了黑人奴隶的身上。从 17 世纪末期开始的水稻种植的兴旺

---

① Edward C. Kirkland, *A History of American Economic Life*（New York：F. S. Crofts & Co.，1946），p. 76.

② U. S. Department of Commerence, Bureau of the Census, *Historical Statistics of the United States*, *Colonial Times to* 1970（U. S. Government Pringting office, Washington, D. C.，1975），Part 2, p. 1189.

③ Ibid..

需要大批劳动力。南卡罗来纳的黑人奴隶输入快速增加。虽然从开始就采纳了奴隶制，但是在 17 世纪末期南卡罗来纳通过了几个法律进一步规范黑人奴隶的行为，以及黑人与白人之间的关系。例如黑人不能在国教堂中登记结婚或为子女受洗，不能诉讼等，黑人奴隶制进一步向前发展，在短时间内，其黑人奴隶也沦为"动产"的地位。奴隶成为下南部的主要劳动力，非洲人构成奴隶的主体。18 世纪初期殖民地制定无数法律向输入黑人征税，其原因在于"奴隶的大规模进口"，威胁到殖民地的安全，当然也是增加岁入的需要。虽然殖民地对输入黑人奴隶的征税政策遭到英国商人的强烈抗议，但是它对奴隶的输入并没有产生多少影响。殖民地迅速繁荣起来。水稻是有利可图的大宗出口作物，随着水稻种植向内地的沼泽地带扩展，南卡罗来纳成为需求强烈的奴隶市场，查尔斯顿也繁荣起来，很快成为奴隶贸易的中心和北美大陆最大的奴隶市场。奴隶劳动带来的利益压过一切，也阻止了任何限制的政策。1710 年以前平均每年的奴隶输入很少超过 300 人，1706 年输入奴隶 24 名，到 1720 年输入 601 名。①1724 年仅一个商人约瑟夫·雷格就交易了至少 142 名。两年后其兄弟塞缪尔被任命为在殖民地的代理人，他经营卡罗来纳的奴隶贸易达 17 年或 18 年之久，他说"从前没有多少奴隶的殖民地，现在拥有奴隶将近 4 万人。通常每年进口 1000 人，从前输入的却不是这样，有时没有，有时有 2 人或 300 人。"同时卡罗来纳的普拉特报告说殖民地每年输入奴隶大约 1000 人，每个奴隶的价格在 30—35 英镑。他们关于奴隶数字的估计不太准确。实际上到 18 世纪 20 年代南卡罗来纳每年输入的奴隶超过 2000 人。18 世纪 40 年代输入下降，但很快又复苏，到 18 世纪 70 年代平均每年约有 4000 名奴隶输入到南卡罗来纳。南卡罗来纳及后来的佐治亚和东佛罗里达的奴隶——事实上北美大陆殖民地在革命前输入的奴隶的 40%，几乎都从查尔斯顿港口输入。② 1706 年输入到查

① Elizabeth Donnan，"The Slave Trade into South Carolina Before the Revolution"，*American Historical Review*，Vol. 33，1928，p. 805.

② Ira Berlin，*Many Thousands Gone：The First Two Centuries of Slavery in North America*，pp. 144 – 145.

尔斯顿的黑人奴隶为 24 名，此后源源不断，每年都有奴隶输入到查尔斯顿，而且在不断增长，1720 年输入 601 名，1726 年输入 1751 名，1736 年输入 3526 名，1765 年输入 6520 名，1773 年输入 7845 名。①

随着黑人的大量输入，南卡罗来纳黑人数量在迅速增加。1680 年南卡罗来纳的人口为 1200 人，其中黑人 200 人，1690 年总人口是 3900 人，黑人为 1500 人，到 1720 年南卡罗来纳的人口增加到 17048 人，黑人增加到 12000 人，1770 年南卡罗来纳有人口 124244 人，黑人 75178 人。② 黑人在总人口中的比重也迅速增加。1700 年南卡罗来纳的黑人奴隶在总人口中的比例增长到 21%，1708 年南卡罗来纳的黑人人口开始超过白人，18 世纪 20 年代在南卡罗来纳，黑人奴隶是白人人口的 2 倍还多，占到 70%。③ 在种植园密集的查尔斯顿周围教区，黑人奴隶是白人的 3 倍，占绝大多数。在 18 世纪 30 年代这一比重还在稳步上涨。到 18 世纪 40 年代由于对奴隶叛乱的担忧和水稻价格的剧烈下降，输入的黑人奴隶减少，增加的比例才有所降低，但也是暂时的。从 18 世纪中期到美国革命爆发，奴隶输入在稳步增加。到 1760 年除 3 个低地教区外，黑人在所有其他地区占人口的 60%。用一位参观者的话说，南卡罗来纳乡村"看上去更像一个黑人的国家，而不是由白人殖民的国家。"④ 南卡罗来纳是北美十三个大陆殖民地中唯一一个黑人人口占多数的地区。黑人人口占多数更增加了白人的恐惧，为了控制占多数的黑人人口，确保安全地役使他们的劳动，南卡罗来纳不时加强奴隶制的立法，使这里的奴隶制格外严酷。

1732 年颁发特许状建立，1733 年开始有移民开拓的殖民地佐治

---

① U. S. Bureau of the Census, *Historical Statistics of the United States*, *Colonial Times to 1970*, pp. 1173 – 1174.

② Ibid., p. 1168.

③ Ira Berlin, *Many Thousands Gone: The First Two Centuries of Slavery in North America*, p. 143.

④ Ibid., p. 144.

亚，由于英国的限制，直到 18 世纪中期还没有采纳奴隶制。殖民地发展缓慢。但是 1750 年奴隶制的禁令一旦取消，"为黑人而疯狂"的种植园主大量输入奴隶，在大种植园中种植水稻和蓝靛。佐治亚的人口，1750 年约有 5200 人，1770 年增加到 23375 人；黑人数量，1750 年仅有约 1000 人，1770 年增加到 10625 人。[①] 1765 年佐治亚出口稻米 12224 磅，[②] 蓝靛 1600 磅。[③] 佛罗里达东部在 1763 年英国掌权之后也有相似的发展，南卡罗来纳和佐治亚的种植园主把种植园制度向南扩张到此。到 1770 年不止一个佛罗里达的地主夸耀："除监工外，种植园里没有白人的面孔。"[④]

　　奴隶不仅在数量上有了变化，在类别上也发生了变化。虽然美洲本土的奴隶继续少量地输入下南部，但他们的人数在整体上只占一小部分，直接从非洲输入的奴隶占主要部分。除黑人奴隶制以外，在南卡罗来纳还有少量的印第安人奴隶，这一地区为数较多的印第安战争满足了这种要求，在与特斯卡罗斯族（Tuscaroras）、雅马西族（Ya-masees）的战争中抓获大量印第安人，被卖往加勒比岛屿，也有很多印第安人被输入大陆的种植园中做劳动力。到 18 世纪 20 年代，南卡罗来纳有约 1500 名印第安人奴隶。但是相对于黑人奴隶而言，印第安人奴隶是有限的，他们被淹没在黑人奴隶的海洋中。印第安人奴隶很快从人口调查数字和种植园日常记录中消失，种植园主只简单地把奴隶归为非洲人。称呼的改变显示种植园主奴隶制概念的转变，把奴隶制与非洲黑人相等同，形成种族奴隶制，而不管奴隶是否真有非洲人血统。不管奴隶来自非洲哪个地区，不管是非洲黑人还是印第安人，种植园是其最终目的地。

---

①　U. S. Bureau of the Census, *Historical Statistics of the United States*, *Colonial Times to 1970*, p. 1168.

②　Ibid., p. 1192.

③　Ibid., p. 1189.

④　Ira Berlin, *Many Thousands Gone: The First Two Centuries of Slavery in North America*, p. 144.

四　黑人奴隶的分布规律问题

以往学者通常认为，黑人奴隶被贩卖到美洲以后的分布是杂乱无章的，没有什么规律可言，即奴隶的分布是一种任意模式（randomization model）。随着对非洲民族、殖民地黑人文化和奴隶贸易研究的进展，最近学者研究发现，虽然黑人是强制移民，但是在各个殖民地的分布是有一定规律的，主要体现在民族和来源地上，在黑人的来源地和接受地之间有一定的固定联系。某一地区的黑人奴隶以来自非洲某一地区为主，属于相同或相近的民族。黑人并不是随意地分布在美洲，其来源地、民族和接受地并没有完全被奴隶贸易所打破。在美洲各个殖民地，黑人在来源和民族归属上都有一定的规律。北美南部殖民地也不例外。

在上南部，居民分散，定居地多种多样，奴隶购买者由于资本限制，不得不零星地而不是大规模地购买奴隶，形成自己的奴隶劳动力。加上非洲黑人来源地多样，语言杂乱，因而一直被认为是黑人奴隶任意分布的地区。但是通过对弗吉尼亚和马里兰的各种资料的系统考察，发现其奴隶的分布也显示出了一定的规律，只是相对分散而已。

在18世纪到达上南部的奴隶中，9/10是直接从非洲输入的，或者在西印度短暂停留休整之后输入的。但是历史学者坚定地认为，切萨皮克很多地方的奴隶是从沿海来的，或者是加勒比出生的本地人，从西印度转卖而来，因为登记的贩奴船，以西印度作为出发地的超过以非洲作为出发地的船只。但是从加勒比输入的奴隶数量大约只有7000人，只占从1698年到1774年输入奴隶数量（96000名）的7%。从西印度出发的奴隶在约克、拉帕汉诺克和上詹姆斯地区占3%，在马里兰地区占不到10%，在波托马克南部占到17%（仅有347人）。只有在下詹姆斯地区从西印度到来的奴隶占到多数，数量超过4000人，但是在当地也不足以产生影响。①

　　结果证明，在切萨皮克的黑人奴隶中，任意的混合输入比通常认为的要小。在 18 世纪，已知地区来源的大约 3/4 的黑人奴隶中，输入到上切萨皮克（弗吉尼亚的波托马克河谷和马里兰）和下詹姆斯的奴隶中，主要来自西非海岸北半部，从北端的塞内加尔开始，第二个地区是卡萨曼斯河（Cassamance River）到蒙特角（Cape Mount）之间，以今之塞拉里昂为中心，然后向东延伸到向风海岸（Windward Coast，今象牙海岸和利比里亚），到黄金海岸（今加纳）为止。相对而言，输入下切萨皮克（约克和上詹姆斯地区）的奴隶中，约 3/4 来自非洲海岸南部，贝宁海湾的东部和南部，从比夫拉湾（Biafra，今尼日利亚东部）到西非中部（今刚果和安哥拉）之间的地区，不到 1% 来自贝宁湾。② 而且有意思的是，非洲奴隶的输入和在切萨皮克的地区分布在很大程度上与这一地区三大烟草类型的地区分布相吻合。这显然不是烟草本身的原因，而是非洲、英国和殖民地之间贸易的混合因素的结果。

　　（1）首先说下詹姆斯地区的奴隶贸易。这里不同于所有其他地区，这里的土壤不适合种植烟草，到大约 1700 年大多数种植园主都放弃了烟草种植，转而生产海军物资、木材，同时生产谷物、饲养家畜。从 1698 年到 1730 年，输入到该地区的奴隶不到 1000 人。这些奴隶进入已有的奴隶人群中，包括早期从西印度输入的奴隶和奴隶后代，主要是在 1660 年以前由荷兰人从西非中部输入到西印度的，然后再转卖到下詹姆斯。1730 年以后，这一地区的经济形势好转，输入的奴隶数量增加。1731 年到 1774 年将近 5000 名奴隶在诺福克、汉普顿登陆，到达下詹姆斯地区，以及北卡罗来纳边界新近建立的农场上，一些可能输送到西部，去开拓正在扩张的烟草种植园。到达下詹姆斯的奴隶多数是定期到西印度贸易的较小的船只，

---

　　① Lorena S. Walsh, "The Chesapeake Slave Trade: Regional Patterns, African Origins, and Some Implications", *William and Mary Quarterly*, 3d Series, Vol. 58, Num. 1（January 2001），pp. 144 – 145.

　　② Ibid., p. 145.

小量输入。在 18 世纪平均每艘船输入的奴隶是 12 名。弗吉尼亚人在这个贸易中占据显著位置，西印度的船主紧跟其后。已知从非洲直接到达的奴隶不超过 1500 名。① 这些奴隶的来源地主要是塞内加尔或向风海岸和黄金海岸，而在约克和上詹姆斯的奴隶中只有一小部分来自这里。虽然近 3/4 的奴隶登记是来自巴巴多斯、牙买加、百慕大、安提瓜、奈危斯（Nevis）、圣吉慈（St. Kitts）和其他西印度群岛，但大多数奴隶的来源是不明确的。很多奴隶可能是因为在西印度群岛没有市场。下詹姆斯地区还接受了一些已经适应美洲环境的、作为惩罚从西印度卖出的所谓"麻烦制造者"奴隶。结果，下詹姆斯地区的奴隶呈现最为多样化的种族来源。这一地区也相对贫穷，购买者与烟草贸易联系极少，选择极少，只有接受少许商人带来的奴隶。在海军物资的制造中，这些奴隶主发现雇佣不同背景的奴隶更为容易控制。这一地区以生产木材和海军物资为主，以小农场为典型，而不是像其他地区那样追求种植园农业，而且下詹姆斯的条件难以支持非洲文化的生存。非洲奴隶数量较小，在当地人口中所占比重也少，来源地多样，输入规模也小。奴隶分散在小地产中，主人常常把奴隶按年度出租出去。

（2）波托马克南部是弗吉尼亚不太重要的另一个地区。只有 2058 名奴隶被输入到这里，在很多年中没有奴隶船只到达。因为弗吉尼亚的种植园主为了逃避弗吉尼亚相对较高的奴隶税收，而从波托马克河北岸即马里兰购买奴隶，马里兰的税收相对较低。除 1734 年到 1741 年利物浦的烟草商人努力向这一地区供应奴隶外，大多数奴隶是从巴巴多斯转运而来。从非洲直接输入的奴隶和在西印度短暂停留后到达的奴隶中，58% 已知其来源，超过 3/4 的来自塞内加尔。②

波托马克的土壤仅适合种植质量低级的烟草 oronoco，而且这一地区的种植园主缺少财富和商业联系购买奴隶，尤其在 17 世纪最后 15

---

① Lorena S. Walsh, "The Chesapeake Slave Trade: Regional Patterns, African Origins, and Some Implications", *William and Mary Quarterly*, 3d Series, Vol. 58, Num. 1 (January 2001), p. 146.

② Ibid., p. 147.

年和 18 世纪头 30 年。大种植园主的奴隶构成多样，是逐渐积累起来的。有从西印度转卖而来的，还有从马里兰买来的，偶尔有从拉帕汉诺克买来的。这里的奴隶包括很大一部分已适应了环境或美洲出生的奴隶。总体上，对这一地区的奴隶来源的了解尚很粗略，在新到达的奴隶中，大多数可能来自塞内加尔，来自塞内加尔的奴隶在南、北波托马克都很多，从 18 世纪 30 年代中期以后到达邻近的拉帕汉诺克地区的奴隶也大多来自塞内加尔。

（3）马里兰。虽然由于海军办公室的记录极少被保留下来，对马里兰地区的奴隶贸易掌握的情况不如弗吉尼亚完整，但有足够资料表明马里兰的奴隶来源地与弗吉尼亚主要地区的奴隶来源地不同。据估计，在 18 世纪输入到马里兰的 1.8 万名奴隶中，几乎都是直接来自非洲。在殖民地之间贸易记录保留完整的年代，从西印度输入的奴隶不到总数的 10%。[①] 主要由新英格兰或西印度的船只运送，只有几个马里兰的船主参加西印度或非洲的贸易，马里兰潜在的奴隶购买者很少，市场容易饱和，大宗奴隶贸易经常在两个海军管辖区进行。而且在 18 世纪早期，一些船长习惯在一个地方停船卸货。在运送奴隶到马里兰港口的船只中，来自伦敦的船只占将近 3/4。布里斯托尔的商船资料保存完整，有 14 艘船。利物浦的商船只在 18 世纪 30 年代参与马里兰的贸易，共 22 艘船。43% 的奴隶已知其来源地，其中 69% 来自塞内加尔、塞拉利昂或向风海岸和黄金海岸。来自西非中部的奴隶占 23%，全部由利物浦的商人带来。从比夫拉湾到来的奴隶极少，只有 3 艘船来自这一地区，1 艘是伦敦商船。2 艘是布里斯托尔商船，带来 540 名奴隶，占已知来源奴隶的 7%。[②]

（4）上詹姆斯地区，是弗吉尼亚的最后一个地区，在殖民末期有相当数量的奴隶被运送到这里。在 1731 年以前大约只有 400 名奴隶被运送到这里，1735 年以后直接来自非洲的大宗贸易船只才经常到达

---

① Lorena S. Walsh, "The Chesapeake Slave Trade: Regional Patterns, African Origins, and Some Implications", *William and Mary Quarterly*, 3d Series, Vol. 58, Num. 1 (January 2001), p. 148.

② Ibid..

这里。10 年以后，上詹姆斯地区是弗吉尼亚的主要奴隶输入地，到 18 世纪 60 年代接受了奴隶总量的 2/3，几乎都由布里斯托尔和利物浦的商船运来。其中 41% 来自比夫拉湾，另外 1/4 来自西非中部，少数来自向风海岸和黄金海岸，以及塞内加尔和塞拉利昂。① 这里的奴隶来源地较复杂。

新到的奴隶分布在南部边界和彼德蒙特中部，加入了从潮水带向西迁移的本地出生的和非洲出生的奴隶的潮流。彼德蒙特烟草价格的上升促使种植园主增加这一地区的劳动力队伍。虽然新购买的奴隶最初主要分布在小的偏远的种植园中，但是种植园的规模和黑人在当地人口中的比重都在迅速增长，而且这一地区的奴隶性别比例比早期潮水带的奴隶更为平衡。最后，在内地拓殖期间，很多奴隶享有比在潮水带更大的自主，居住在没有主人的种植园里，有时甚至没有白人监工。因而家庭模式也更好。具体到每一个种植园、每一个地方黑人奴隶的构成又相当不同。从地区而言，这一地区的奴隶增长迅速，来源地广泛。

（5）约克和拉帕汉诺克河地区，直到 18 世纪中期，超过 80% 的非洲黑人在约克和拉帕汉诺克河口岸登陆。这里的种植园主不仅富有，而且政治上具统治地位，与越洋贸易联系广泛。这里种植的甜香型烟草富有价值，是财富与权势的来源。而且，在 18 世纪早期甜香型烟草受到欢迎，而 oronoco 烟草价格低廉，处于萧条之中。这些种植园主不仅自己拥有充足的资源，而且可以从英国的烟草商人那里获得足够的信贷支持以大量购买奴隶。潮水带的市场规模和与英国商人的联系使半岛低地和中部的奴隶输入呈现出与其他地区不同的特点。在 18 世纪前半期，拉帕汉诺克的商业仅次于约克，位居第二。黑人奴隶输入最大的年份是 1720—1745 年。在输入的大约 10000 名奴隶中，有 96% 直接由布里斯托尔和利物浦的船只直接从非洲运送而来，每艘船经常运输 100 名被抓获的非洲人或更多。在已知出发地的 64%

---

① Lorena S. Walsh, "The Chesapeake Slave Trade: Regional Patterns, African Origins, and Some Implications", *William and Mary Quarterly*, 3d Series, Vol. 58, Num. 1（January 2001）, pp. 148 – 149.

的奴隶中，有 2/3 来自塞内加尔、塞拉利昂和向风以及黄金海岸，约 1/5 来自比夫拉湾。① 主要的买主是在潮水带主要河流两岸拥有种植园的富有的种植园主，生产甜香型烟草和在拉帕汉诺克河岸内地有种植园的人。1745 年以后，拉帕汉诺克河流域的种植园主能从黑人的自然增长中获得足够的劳动力，奴隶输入量很快下降。从比夫拉湾抓捕而来的奴隶主要在 18 世纪前 30 年到达，这一时期正是种植园主为潮水带和高地购买奴隶的高峰期。从 18 世纪 30 年代中期，多数新购买的奴隶被送到拉帕汉诺克上游高地的种植园，3/4 的奴隶来自圭亚那或黄金海岸。

　　到 1745 年为止，输入到弗吉尼亚的奴隶大约是 5 万名，约克航运区（The York naval district）是主要的输入地。大多数船只直接来自非洲，平均载人 125 名。伦敦的贩奴商人在世纪之交在约克河岸占据主导，然后很快被布里斯托尔的船主取代。到 1745 年为止，有 60% 的奴隶已知其出发地，超过 9000 人，约 56% 来自比夫拉湾，1/5 来自西非中部，1/10 来自向风和黄金海岸，另外 1/10 来自塞内加尔和马达加斯加。② 18 世纪二三十年代早期购买的奴隶大多被安置在半岛低地的种植园中。在 18 世纪 30 年代中期，大种植园主仍在购买奴隶，以供应新近开辟的潮水带的辅助种植园和西部的种植园。这种需要在 18 世纪 40 年代突然结束，本地出生的黑人奴隶已经成长为劳动力。向约克河流域的奴隶输入也逐渐减少。1745 年以后输入的大约 4000 名奴隶的来源地比早年的多样，从西非中部和上圭亚那（Upper Guinea）输送的奴隶比重较大，是利物浦的商人参与约克河贸易的结果。这些新到的奴隶大多数被送到约克河内地的高地种植园里。

　　怎么解释非洲黑人在弗吉尼亚潮水带低地和上切萨皮克地区的分布上的差异呢？首先，在切萨皮克的不同地区，供应黑奴的船只不

---

　　① Lorena S. Walsh, "The Chesapeake Slave Trade: Regional Patterns, African Origins, and Some Implications", *William and Mary Quarterly*, 3d Series, Vol. 58, Num. 1 (January 2001), p. 150.

　　② Ibid..

同。伦敦和布里斯托尔的商人尤其喜欢约克河，而来自利物浦和其他港口的船只主要致力于向拉帕汉诺克和波托马克河输送奴隶。伦敦商人主导了马里兰的贸易，不仅在 17 世纪和 18 世纪前 1/4 世纪，像在弗吉尼亚一样，而是覆盖了整个大西洋贸易的时期。由于伦敦、布里斯托尔和利物浦的贩奴商人在非洲获取奴隶的来源地不同，导致在不同的殖民地奴隶的来源和组成有所差异。即贩奴商人的航行路线有固定性，不仅在非洲的奴隶来源地较稳定，而且稳定地驶向美洲的特定港口，供应特定的殖民地区域，导致奴隶分布较有规律。伦敦和利物浦的商人在切萨皮克的目的地之间也有区分，从甘比亚（Gambian）、向风海岸和黄金海岸获取奴隶的船只主要供应拉帕汉诺克河和马里兰，而从比夫拉湾出发的船只主要到达约克和上詹姆斯地区。利物浦的商人仅在 18 世纪 30 年代中期参与切萨皮克的贸易，相对缺乏固定性和选择性，他们从西非的很多地区派遣船只到所有的航运区。

　　奴隶贸易和烟草贸易经常紧密地结合在一起。虽然输往切萨皮克各口岸的奴隶来源地与英国烟草商人的市场和投资方向有一定的联系，但这种联系更多地取决于非洲的贸易模式和欧洲市场对不同类型和质量的烟草需求的变化，而不是切萨皮克的贸易本身。伦敦的烟草商人经常投资伦敦港口的贩奴船只，而负责奴隶贸易的代理人对市场的了解基本依赖其从烟草贸易中首先获得的知识和商业联系。例如主要从事英国国内市场的甜香型烟草贸易的伦敦商人，早期在弗吉尼亚低地的奴隶贸易中占据主导，而从事 oronoco 烟草出口贸易的伦敦商人则在 18 世纪马里兰的奴隶贸易中表现活跃。在布里斯托尔的商人中，投资奴隶贸易的重叠现象较少。在 18 世纪中期，一些布里斯托尔的烟草商人希望胜过伦敦的对手，与布里斯托尔的贩奴商人合作，向切萨皮克烟草寄售的合作伙伴运送奴隶，保证收入，而这些种植园主也寻求烟草商人的帮助以进入贩奴领域。在布里斯托尔的烟草商人停止向约克河和马里兰南部的输出以后，布里斯托尔的船主也几乎不再向这一地区输送奴隶，而是致力于上詹姆斯地区的主要劳动力市场。与此类似，很多利物浦的贩奴商人与烟草商没有明显的联系，但是那些同时从事烟草和奴隶贸易的商人把贩奴船引向他们购买烟草最多的地区。

上南部的种植园主对奴隶的来源地有一定的偏好，影响了商人的判断。随着与黑人奴隶接触的增多，切萨皮克的种植园主对来自非洲各民族的黑人特征有一个粗略的印象：卡罗曼利人（Coromanrees）容易反叛，安哥拉人喜欢逃跑，卡拉巴人有自残现象。虽然有一些种植园主喜欢从西印度输入已经适应了美洲种植园环境的奴隶，但是对这些奴隶的抱怨也不断。北美大陆殖民地的居民逐渐相信来自西印度或其他邻近的大陆殖民地的奴隶不是理想的劳动力。或许因为他们好斗，难以管理，容易犯罪。他们之所以被从西印度运出是因为不适合种植园的生活，或者年老，或者身体有残疾，劳动力价值小。切萨皮克的种植园主对来自其他殖民地包括西印度的奴隶尤其警惕。威廉·贝弗利在指导他的新女婿参与其商业时这样评论弗吉尼亚的奴隶贸易："经常从岛屿购买黑人，然后运到其他地方出售，人们对购买这样的奴隶十分小心，但是购买新奴隶时就没有顾虑。"18世纪50年代在弗吉尼亚销售了很多船黑人的一个弗吉尼亚的代理商查尔斯·斯图尔特表达了类似的看法，他说甚至最小的黑人小孩，如果是新到的，"将会比最好的西印度黑人卖得要好，普遍认为后者是因为犯了重大罪行才被运走的。"[1] 在直接来自非洲的黑人奴隶中间，种植园主对来自向风海岸和黄金海岸的奴隶有决定性的爱好，一个弗吉尼亚的商人看到了种植园主的偏好，他说"来自黄金海岸的奴隶是种植园主最为认可的"。有英国的公司把安哥拉的奴隶运到切萨皮克出售，但是一般说来马里兰和弗吉尼亚的居民排斥来自这一地区的黑人。因为从安哥拉到切萨皮克需要较长的航程，来自安哥拉的奴隶船只经过漫长的航行，到达切萨皮克后奴隶身体衰弱不堪。弗吉尼亚的代理人在出售安哥拉的奴隶时经常面临困难，倾向认为其他地区的奴隶比安哥拉的奴隶更受欢迎。罗伯特·卡特王相信甘比亚的奴隶尤其适合弗吉尼亚的市场，其儿子约翰也如此认为。后者在帮助出售一船安哥拉奴

---

① Darold D. Wax, "Preferences for Slaves in Colonial America", *Journal of Negro History*, Volume 58, Issue 4 (Oct., 1973), p. 377.

隶后，解释说他们为什么在弗吉尼亚市场不被接受，"这艘船给了我
更加熟悉安哥拉奴隶的机会，我决定再也不做任何关于他们的生意
了……如果你给我发送甘比亚或黄金海岸的黑人，我将尽力为你服务，
但是其他人对世界的这一部分来说似乎太柔弱了，漫长的航行夺走了很
多人（的生命），人们对再次投资感到害怕。"在给另一个伦敦的合伙
人的信中他表达了同样的观点，这些安哥拉奴隶死亡率高，"如果你或
你的朋友给我发送甘比亚或黄金海岸的黑人，我将尽力为你们服务，
但是不接受来自任何其他地方的奴隶。"马里兰商人也得出结论说甘
比亚的奴隶适合在切萨皮克地区存活下来。而且，马里兰以南地区的
商人认为，输入来自同一地区的奴隶可以使使用大量奴隶劳动的种植
园主不必熟悉不同地区的非洲人的身体和品质的差别。种植园主知道
自己所需，商人也尽力满足他们的愿望。南部殖民地使用报纸广告来
公告奴隶船只的到达，这些广告只需公布奴隶船只来自非洲哪个地
区，有了这一信息，购买者就会做出买或不买的决定。虽然种植园主
对奴隶的来源地有一定的偏好，但是这种偏好对奴隶供应所起的作用
是有限的。与奴隶的来源相比，种植园主更优先考虑奴隶的个人质
量，年龄、性别、身体特征和技术等都是重要的考虑因素。由于种植
园主需求的是奴隶的劳动力，年轻力壮最受欢迎："如果是年轻的黑
人，他们来自什么地方不是问题"，一个弗吉尼亚的奴隶主在 1725 年
购买奴隶之后说道。[①] 那些已经拥有一定数量的奴隶的购买者再增加
劳动力，也许对奴隶的来源地和民族归属有一定的偏好，倾向于购买
他们已经熟悉其方式的奴隶，而不是来自那些完全陌生的种群的奴
隶。正如戴维·埃尔蒂斯（David Eltis）所提出的，可能经过一段时
期的错误和实验之后，种植园主发现购买相似背景的奴隶在一起劳动
能更好地提高产量。当需求急切而供应有限时，种植园主就不再注意
奴隶的来源地，而是购买所能得到的任何奴隶。但是当有足够的奴隶
船只到来可以选择时，奴隶的来源地就成为购买者的考虑因素之一，

---

① Ira Berlin, *Many Thousands Gone: The First Two Centuries of Slavery in North America*,
p. 115.

会对决定起一定的作用。种植园主有时有选择并不是说他们对特定种群奴隶的供应有多大影响。例如有权势的卡特家族偏好甘比亚或黄金海岸的奴隶，因为他们对一船从安哥拉运来的奴隶有不良的印象，这些奴隶病弱而且陌生，此后拒绝购买从这一地区运来的奴隶。英国与烟草贸易有有限的联系或没有直接联系的商人倾向于为贩运的奴隶寻找最好的市场。对主要业务是烟草贸易的商人而言，奴隶贸易是其在特定区域维持或扩展烟草贸易的一部分。这些商人更加注意种植园主对奴隶来源地的偏好，而试图迎合他们的要求。

在弗吉尼亚，贩奴船只在生意不好的个别情况下才航行到别的流域出售奴隶，在1153船次的运输中，只有30艘把10名以上的奴隶从一个航运区贩运到另一区域。这些转运的模式更加说明了奴隶购买中的地区偏好。除偶尔从下詹姆斯向上詹姆斯是为了补充水和给养外（在下詹姆斯很少出售奴隶或不出售奴隶），在航运区之间的转运是在上切萨皮克或下切萨皮克从一条河流到另一条河流，而不是在上下切萨皮克之间进行转运。即从约克河到上詹姆斯或在波托马克河南北岸之间转运。在上下切萨皮克之间进行的11次转运中（从约克到马里兰），6艘船中有5艘运载的是从甘比亚或塞拉利昂抓捕的奴隶，这些奴隶在北部有良好的市场。有时运载的奴隶有少量太老，或病弱，不能吸引购买者，不得不再运到另一个航运区贩卖。因而，有少量出售缓慢的奴隶有时从约克河到拉帕汉诺克河，或从拉帕汉诺克河到波托马克南岸或进入马里兰。[①]

在弗吉尼亚南部，从比夫拉湾和安哥拉运来的奴隶占据多数，说明种植园主对奴隶的来源并没有产生多大影响。切萨皮克的种植园主并没有表达对比夫拉湾的奴隶特别喜欢，而且安哥拉的奴隶在大部分加勒比岛屿和南卡罗来纳并不受欢迎。切萨皮克的种植园主对甘比亚、向风海岸和黄金海岸的奴隶与成年男性奴隶一样喜欢。直到18世纪中期上詹姆斯地区是主要的出口地，英国的商人仍然认为约克河

---

① Lorena S. Walsh, "The Chesapeake Slave Trade: Regional Patterns, African Origins, and Some Implications", *William and Mary Quarterly*, 3d Series, Vol. 58, Num. 1 (January 2001), p. 153.

流域是切萨皮克最好的奴隶市场。富有的种植园主都集中在这条河两岸，他们用知名的英国商店的信誉良好的汇票来支付费用，或直接用货币支付。相对而言，居住在偏远地区的种植园主支付的汇票通常来自伦敦或外港信誉较差的商店，汇票信誉也差（bills of exchange），或以烟草支付，或仅用长期信贷来购买。例如，1687年一艘非法输入安哥拉奴隶的货船在约克河出售奴隶，"购买者是最能干的人，用现金购买"。1723年一个弗吉尼亚的种植园主兼奴隶商人约翰·泰洛写信给布里斯托尔的商人艾萨克·霍布豪斯说，他在约克河出售了一船卡拉巴的奴隶，"那条河上有最多的钱"。到18世纪中期，上詹姆斯的烟草价格开始与生产甜香型烟草的地区持平，甚至超过它们，彼德蒙特的种植园主有能力用信誉良好的汇票支付，以满足他们对劳动力不断增加的需求。

但是英国商人为什么把那些较不受欢迎的奴隶（还包括大量的妇女和幼年奴隶）运到最好的市场，而把最受欢迎的奴隶运送到较偏远的港口？斯蒂芬·贝伦特（Stephen Behrendt）对此提出了最好的解释，他说英国商人在不同的非洲市场上雇佣的船只的载重吨位（即运载奴隶的能力）不同。奴隶商人不仅要决定适合非洲某一地区的货品，而且包括船只。非洲海岸各港口的航行限制、奴隶运输的地区利率，可以获得的奴隶的年龄、性别和数量，包括奴隶可能进行的暴力抵抗都是要考虑的因素。到达上圭亚那海岸的船只比在黄金海岸、比夫拉湾和西非中部进行贸易的船只小。商人把运载奴隶最多的大型船只导向美洲最大的奴隶市场，以便尽快出售。虽然贝伦特的分析指的是加勒比，但是切萨皮克的情况也类似。[①] 总体上，到达约克和上詹姆斯地区的船只比那些到达其他地区的船只的载重要大。伦敦、布里斯托尔和利物浦的商人雇佣的船只吨位不同，但是这三个港口的商人都把最大的船只导向这两个地区，虽然比起伦敦和布里斯托尔的商人来说，利物浦的商人到达切萨皮克的船只较小，但他们对目的地的选

---

① Lorena S. Walsh, "The Chesapeake Slave Trade: Regional Patterns, African Origins, and Some Implications", *William and Mary Quarterly*, 3d Series, Vol. 58, Num. 1 (January 2001), pp. 154 – 155.

择更为灵活多变。因而不同种群的非洲黑人在切萨皮克的分布是未经计划的，似乎主要是英国从事烟草和奴隶贸易的商人的一系列市场战略的结果，而当地的购买者影响力有限。

输送到上、下詹姆斯和拉帕汉诺克河的奴隶船只有时不能满足居住在这些地区的种植园主的需求，而到达约克航运区的奴隶船只多，有时会供应这些地区。每年输送到拉帕汉诺克、南波托马克河和上、下詹姆斯航运区的奴隶数量都不是很多，主要吸引这些河流沿岸及其邻近后方的购买者，而且，奴隶出售通常在船只到达的一个星期内完成，主要是当地有预先信息的购买者前来购买，或者安排代理人购买。因此，输入到较小的航运区的奴隶可能都留在离开港的河流两岸及其内地。在18世纪前半期，下詹姆斯的种植园主通常在詹姆斯河南岸边界拥有新土地，半岛低地和中部的种植园主到彼德蒙特中部开拓新领地，居住在北内克的种植园主则向波托马克河上游扩张。大种植园主最先把在潮水带购买的奴隶运送到西部的种植园中使用。结果，这些种植园主的孩子携带潮水带老种植园的奴隶及其在弗吉尼亚出生的后代到新地区定居。一些种植园不邻近河流的种植园主嘱托他们在约克河岸居住的朋友或亲属为他们购买奴隶。弗吉尼亚的奴隶商人有时也把长时间滞留在手中、未能出售的奴隶带到其他地方交易。后来，由于种植园主结婚、迁移、死亡带来的奴隶转移，或者出售造成的奴隶转移，使很多奴隶在两个殖民地的分布更为分散。但是这些因素不足以影响黑人在切萨皮克的整体布局。在弗吉尼亚南部，来自比夫拉湾和西非中部的奴隶仍然占大多数，而在切萨皮克北部，来自上圭亚那和黄金海岸的奴隶占多数。

种植园的个例也证明了这一点。在18世纪第一个30余年里，在约克和拉帕汉诺克的大种植园里，奴隶的分布有类似规律，即这些个体种植园的奴隶主要来自非洲的一个或两个地区。在17世纪与18世纪之交成年的种植园主后代或者从父母那里或者通过妻子的陪嫁获得足够的土地和一些奴隶作为立足之本。继承和陪嫁的奴隶从来都不足以开拓在潮水带继承的种植园，到更远的西部开拓荒地就更少了。种植园主要购买更多的奴隶，可以以这些原始资产为担保，抵押给已经准备好扩展信贷的英国烟草商人。虽然大多数种植园主一次只购买一两个奴隶，很少超过 4 个，但是他们基本在 10—15 年的时间里建立了成年劳动力队伍。偶尔，在一些种植园有足够的资产为未成年的继承人购买地产。但更普遍的情况是，除了自然增长以外，在下一代种植园主成年之前没有更多的增加。一时的集中购买奴隶提高了一个种植园里新到的奴隶来自同一个地区的可能性，而伦敦、布里斯托尔、利物浦的商人一时集中在非洲某一地区贸易又加强了这种可能性。而且，如果在一个地区，一批年轻的种植园主大体在同一时期成长起来——这是切萨皮克欧洲移民的可能结果——他们个人财产的建立不可避免地能够导致黑人奴隶更大程度的集中分布，在同一地区的奴隶来自西非的一个或两个地区。甚至新近到达的奴隶在邻近种植园里可以找到来自同一个海岸或内地的同伴。例如，在威廉斯堡南部的半岛上，约克和詹姆斯河对岸的种植园里，在 1750 年左右大约有 200 名黑人奴隶及其后代居住在由伯韦尔家族所有的 5 个种植园及其附属的无数小地块（quarter）里。这些奴隶在 18 世纪初、18 世纪 20 年代和 30 年代早期到达，其中很多黑人来自比夫拉湾的同一地区。邻近种植园中大致在同一时期购买的奴隶也是如此。在不远的卡斯蒂斯的种植园里，购买奴隶的时间稍晚于伯韦尔家族，其奴隶以来自安哥拉的为主。[①]

直到 18 世纪 40 年代，在潮水带低地，当地的条件，包括不利于健康的环境，大种植园中成年奴隶性别比例不平衡，以及新到的奴隶与殖民地出生的已经取得一定特权的奴隶可能存在的冲突，都不利于奴隶家庭的发展。而且，随着黑人在总人口中的比例不断上升，种植园的纪律越来越严厉和系统。正如威廉·伯德第二世在 1736 年所说："数量使他们傲慢无礼，必然出现违规行为。"[②] 当地的环境有时也允许奴隶继续使用非洲的语言，保留其习俗，并且把这些传给后代。

---

① Lorena S. Walsh, "The Chesapeake Slave Trade: Regional Patterns, African Origins, and Some Implications", *William and Mary Quarterly*, 3d Series, Vol. 58, Num. 1 (January 2001), p. 157.

② Ibid..

　　在弗吉尼亚潮水带中部的大种植园里，由于限定继承的实行，最初非洲人民族来源集中的现象得以延续下来，当然这不是有意的。绝大多数切萨皮克的奴隶主把奴隶看作个人财产，同其他可移动的物品如牲畜、工具、家具一样。父母通常在子女之间相对平等地分配其个人财产，包括男女后代，而不考虑可能给奴隶带来的后果。当主人死亡后，法院在所有继承人中间平均分配这个家庭的奴隶。但是在弗吉尼亚，当没有遗嘱时，长子自动继承所有土地，如果偿付其他家庭成员相应价值，他也有权保留所有的奴隶。同地产一样，限定继承奴隶是一项新法律实践，由弗吉尼亚的种植园主精英从巴巴多斯借鉴而来。1705 年弗吉尼亚的一项法律允许种植园主限定奴隶的继承，同土地一样。① 到 18 世纪 20 年代，很多种植园主精英开始在遗嘱中限定奴隶的继承。通常，不是一个家庭的所有奴隶都限定继承，也可以自由买卖和遗赠。但是一旦对一些奴隶进行了限定继承，使种植园主精英考虑到把所有的奴隶作为家庭财产传递的问题，同限定土地的继承一样，很大程度上原封不动地在男性继承人之间传递。虽然种植园主可能把一两个幼年奴隶遗赠给女儿或孙子，他通常把几乎所有奴隶传递给一两个儿子。这种制度直到美国革命时期才废除。种植园主精英对奴隶的限定继承，在约克和拉帕汉诺克地区尤其普遍，使这一最大、民族归属最为集中的奴隶社区比其他切萨皮克的奴隶居住地更为稳定，民族延续更为清晰。

　　与上南部相比，以种植水稻为主的下南部的奴隶分布更有规律，奴隶来源地更为集中。一些种植园主基于长期的经验，对不同非洲民族的身体和社会特征有相当了解。他们得知一些西非黑人也种植水稻，奴隶主自然专门要这些有水稻种植经验的黑人。南卡罗来纳输入的奴隶中，43% 来自非洲水稻产区，② 非洲人在殖民地经济中的中心地位无可挑战。一个南卡罗来纳的商人在 18 世纪中期评论

---

　　① Lorena S. Walsh, "The Chesapeake Slave Trade: Regional Patterns, African Origins, and Some Implications", *William and Mary Quarterly*, 3d Series, Vol. 58, Num. 1 (January 2001), p. 157.

　　② Mary Beth Norton, etc., edited, *A People and A Nation*, p. 76.

道："除来自黄金海岸的奴隶外，来自甘比亚河（the River Gambia）的奴隶也为我们所欢迎。"① 购买者和出售者都对奴隶的地区和民族来源予以关注，他们不喜欢来自比夫拉湾的奴隶或所谓的卡拉巴人。但是即使如此，种植园主也无法左右国际奴隶市场来满足自己的要求。虽然他们最喜欢甘比亚人，来自中部非洲的奴隶——敌意十足的安哥拉人——在 18 世纪初构成奴隶的最大部分，后来来自塞内加尔（Senegambia）和向风海岸的奴隶占奴隶的大多数。②

综上所述，南部殖民地的奴隶分布总体上而言呈现比较多样化的状况，但是由于奴隶贸易模式等多种因素的影响，在多样化中表现出一定的规律，相同来源地和民族归属的奴隶相对集中地分布在一个地区内。这对奴隶的生活和文化产生了一定的影响。

五 奴隶的劳动和生活状况

17 世纪末，上南部的种植园和下南部的种植园分别以不同的方式走上了以黑人奴隶为主要劳动力的道路。奴隶制和种植园开始在当时历史条件下所能进行的"完美"的结合，种植园依靠大量奴隶劳动力形成规模经营，得到前所未有的发展，产生巨大的经济效益。南部的大宗作物烟草、水稻和蓝靛的生产也主要依靠奴隶劳动进行，也许上南部只有 35% 的烟草是由没有奴隶的小农场生产的，即大多数的烟草是由奴隶制种植园生产的，而在下南部，实际上所有的稻米和蓝靛都在奴隶制种植园里生产。由此可见奴隶劳动的重要性。可以说南部的大宗作物生产是建立在奴隶劳动之上的。

在上南部，17 世纪奴隶制形成初期，奴隶人数稀少，烟草种植园采用的是混合劳动力，黑人奴隶与来自英国和爱尔兰的契约奴一起在烟草田里劳动。主人、女主人及其孩子也经常加入其中。他们在夏季

---

① Mary Beth Norton, etc., edited, *A People and A Nation*, p. 76.

② Ira Berlin, *Many Thousands Gone: The First Two Centuries of Slavery in North America*, p. 145.

很少每周劳动超过 5 天半，冬季意味着劳动任务少，劳动力不仅星期日休息，而且星期六半天和一年的节日也属于自己，即使劳动日，也有很长的午间休息。习俗要求主人为奴仆提供足够的食物、衣服和住所，限制主人管制下属的权力。在混合劳动队伍中，黑人奴隶也从白人奴仆享有的权利中受益。虽然如此，烟草种植园主总是力图从烟草经济中获取最大的利润，因此改变不了奴隶制的剥削本质。只是与后来相比，此时期的奴隶制还不十分严厉。

随着奴隶制的加强，黑人奴隶的增多，种植园依靠黑人奴隶为主要劳动力，白人契约奴与黑人奴隶相分离，奴隶的劳动日益加强，而生活日益恶化。奴隶制的非洲化使黑人奴隶的生活急剧恶化。黑人奴隶的语言也由大西洋的本土非洲人的语言转向非洲内陆的语言。切萨皮克种植园主为了迅速获取利润，输入奴隶的性别比例极不平衡，男女比例超过 2：1。到 17 世纪末这种性别比例不平衡在种植园人口中显示出来。性别比例不平衡使新到的黑人很难建立家庭。由于种植园主在使用女奴隶方面与使用男奴隶差不多，劳动按年龄和身体能力分工而很少按性别分工，妇女在孕育期间的特殊要求无法保证，这破坏了奴隶人口的再生产能力。而且，正如直接进口奴隶导致出生率下降一样，它也导致死亡率上升，因为漫长的越洋航行、环境的改变使黑人容易感染新世界的疾病。切萨皮克奴隶的主要来源是奴隶贸易，出生率低而死亡率高。在到达后的一年内，1/4 的黑人奴隶死亡。[①] 在非洲的长途跋涉和越洋航行使奴隶不仅身体虚弱，而且精神萎靡。

种植园主剥夺黑人奴隶同非洲祖国的联结，更使奴隶的精神受到沉重打击。种植园主打击的第一个目标，是非洲人的名字。名字是黑人同非洲生活的联结。上南部最富有的种植园主之一罗伯特·卡特王在 1727 年在其拉帕汉诺克河的种植园中写信给监工，解释他开始把非洲人转化为美洲俘虏的过程："我给他们取了名字，从名字我们可以知道他们的大小尺寸，我坚信，我们经常地重复他们的名字，以至

---

① Ira Berlin, *Many Thousands Gone: The First Two Centuries of Slavery in North America*, p. 112.

于每一个人都会知道自己的名字，并将随时准备好回答。"① 后来卡特把奴隶送到他的卫星种植园中，在那里监工重复这一过程，使"黑人男子和妇女按照我们给取的名字行动"。在接下来的几个月，继续操练，卡特再次打断新到的奴隶的非洲身份和传统的标志。在很多时候，卡特用英语中各种常见的低微的、古典的名字来为奴隶命名，否定他们成为正常人的进程。

失去姓名仅仅是奴隶无数耻辱的第一个。通常，种植园主对奴隶的奇怪的口音和另类的习俗极不信任，他们谴责新到的奴隶"举止粗鲁野蛮，语言奇异百样，头脑低弱浅薄。"种植园主总是尽可能把新到的黑人送到偏远的高地种植园承担最单调枯燥无味、最辛苦的工作，不让他们做技术性工作。被限制在种植园里的奴隶面临新的艰苦劳动，种植园主对烟草田里的劳动力要求更高。随着白人奴役的衰落，在 18 世纪，奴隶劳动的天数更多，每天劳动的时间更长，在严密的监视下，以更大的编组，超过 17 世纪的程度。虽然生产过程在18 世纪仅发生很小的变化，但是奴隶主将节日天数减少为 3 个：圣诞节、复活节和圣灵降临节，星期六全天都要劳动，很多奴隶在星期天也同样劳动。种植园主还缩短或取消了奴隶的午间休息。在很多地方，种植园主将劳动时间延长到晚上，要求奴隶在晚上碾磨玉米、砍柴。以前冬季是一个轻闲的季节，也逐渐安排了各种任务，包括挖掘树桩、清理牧草、修缮房屋等。冬季的白天短，也没有使奴隶从繁重的劳动中解脱出来，一些种植园主要求奴隶在炉火的照明下劳动到深夜。

种植园体制下，劳动是一切的中心。在 17 世纪，很少种植园主拥有超过一两名劳动力，很多主人在奴隶和契约奴身边劳动，这必然促进他们之间亲近的关系。非洲黑人的输入和拥有的劳动人数的增加允许种植园主及其妻子儿女从田间劳动中解脱出来。他们雇佣监工监督奴隶，有时又雇佣管家（管事）监督监工，按照年龄、性别和能力

---

① Ira Berlin, *Many Thousands Gone：The First Two Centuries of Slavery in North America*, p. 112.

把劳动队伍分开。烟草种植园主相信严格的监管可以提高生产效率，因而把土地分成小块，以保持小的生产单位。为了从奴隶身上榨取更多的劳动，种植园主还把奴隶编队或班，常常把力气大的年轻奴隶安排在每一队的前头。种植园主或其手下安排了烟草生产中所必需的无穷无尽的任务，奴隶必须每一分钟都辛苦劳动。种植园主在18世纪面临不断下降的产量和不断上升的生产成本，尤其在老殖民区域，对奴隶劳动要求的时间更长，劳动任务更重。

虽然黑人奴隶劳动得更为艰苦，劳动时间更长，但是他们很少得到充足的食物、住处和必要的医疗。在这种情况下，奴隶的寿命很短，仅有大约8%的奴隶超过了50岁。实际上，到40岁以后，奴隶的价值就迅速下降。到了50岁，他只有一个名义上的价值，实际上已经没有多大价值了。随着田间劳动力以黑人为主，奴隶可以抗议，但他们的请求止于种植园的边界。在17世纪种植园主请求法院管制不守规则的奴隶，但在18世纪种植园主在种植园中基本拥有独立主权。主人的权威从未受到质疑，黑人奴隶也不能像白人契约奴那样向法院求助，他们没有最后的诉讼法院。种植园主很少关心新奴隶有充足的食物、衣服和住处，因为开放的奴隶贸易使新黑人价格便宜，奴隶的劳动环境差，死亡率高。黑人奴隶被隔离在一个孤独的环境中，没有家庭和亲属，由于语言差异，与监工和劳动同伴也隔离开来。边疆的荒野条件加剧了奴隶生活环境的恶劣。种族隔离使他们不能进入切萨皮克的主流生活，也不能找到同一阶层的同伴。种植园主切断黑人所有的联系：姓名、村庄、部落、家庭等，使奴隶完全依赖主人。种植园主对奴隶的活动加强了限制。1705年和1723年新法律要求奴隶在离开种植园时携带通行证，即使是为了最平常的日常事务，并且禁止他们4人以上聚集，而且限制很短的时间。比立法更严峻的是由种植园主控制的法院确保法律的执行，县法院对那些允许其奴隶"广泛走动"的种植园主予以罚金。①

---

① Ira Berlin, *Many Thousands Gone: The First Two Centuries of Slavery in North America*, p. 113.

　　在到达的奴隶中间几乎没有美洲出生的黑人。很多奴隶在非洲大陆做农民或牧师的经历在新世界一无用处，由于语言障碍，新到的奴隶在主人面前只能沉默地站着，对新土地与白人十分疏远。这样的社会秩序需要赤裸裸的权力来维持。在 18 世纪初，种植园主在其新的政体中调动强制工具。在 17 世纪，伤害、烙印、打骂经常发生，但是在 18 世纪，随着种植园主把一个有奴隶的社会转变成一个奴隶社会，社会暴力的水平在不断升级。切萨皮克的奴隶更经常地面临着枷刑、鞭笞和绞刑，受害的人数也比以前有所增加。种植园主经常使用木棒、皮鞭、烙铁和拳头，他们还发明了新的惩罚办法，在纠正黑人的同时，也侮辱他们，使之丧失斗志。例如，种植园主兼奴隶主威廉·伯德强迫一个尿床的奴隶喝"一品脱尿"，而约瑟夫·鲍尔把一块衔铁放到一个逃跑的奴隶的嘴里。除了这些非人的侮辱以外，还有千奇百怪的毁损刑罚。1707 年卡特王请求法院允许其砍掉"两个名字叫巴巴拉·亨利和黛娜的黑奴"的脚趾。县官员赋予其"分割肢体的全部权力"，这种酷刑只有在罪大恶极时才对白人使用。[①] 但这既不是卡特王这样做的最后一次，也不是切萨皮克的奴隶所遭受的最严重的惩罚。殖民地政府认可种植园主的做法，确保主人有剥夺奴隶生命的权力，而不必担心为此受到惩罚。1669 年以后，在弗吉尼亚，被主人纠正或根据主人的命令纠正时一个奴隶"突然死亡"不再构成重罪。这样的立法很快在切萨皮克普及。在接下来的年代里，切萨皮克的法律制定者以其他多种方式不断扩大奴隶主的权力，从而削弱奴隶的权利。

　　随着种植园主在种植园中拥有绝对的权力，原来的庇护制转向家长制。种植园主像一个家长，对那些接受其统治的人，施以仁慈的对待和提拔，而对那些挑战者，则是无情的惩罚。黑人奴隶是他们统治的主要对象。他们把奴隶看作种植园永远的孩子，要为他们安排一切。正如威廉·伯德在 1726 年所写："我必须使我的每一个人都遵守

---

① Ira Berlin, *Many Thousands Gone: The First Two Centuries of Slavery in North America*, p. 116.

各自的职责……各尽其责，保证机器的运转。"①家长制代表了一种新的主人观念。

下南部奴隶制发展的情形同上南部一样，奴隶的状况也走了一条逐渐恶化的道路。在初期大宗作物生产没有出现之前，奴隶受到的对待相对松弛。在农场和孤立的放牧点，尚处于荒野中的边疆条件只允许对劳动力进行基本分工和实行草率的监督。很多农场很小，不足以雇佣监工，具有不同法律身份的白人、印第安人和黑人奴隶并肩劳动，他们的劳动任务没有多少分别。奴隶承担多种劳动任务，不仅是田间劳动力，而且放牧，或充当手工艺人，从事各种行业。奴隶决定劳动的步伐、决定劳动的标准，在自己中间进行分工，自然也为自己留有一定的休息时间。

随着水稻种植园的建立和扩张，下南部的奴隶不再是从事各种行业或自由的放牧者。他们集中在种植园中，成群劳动。水稻种植园实行群作制（gang system）。黑人奴隶被编队，驱赶到田间劳动，严格监视。根据水稻种植的要求，不同季节进行不同的劳动。每年4月开始播种，有时持续到6月，黑人奴隶赤脚在齐脚踝深的泥水里播种。然后灌溉田地以促使种子发芽。长出幼苗后，需要锄地以清除杂草。然后，水稻田要交替地排水、进水以保持足够湿润，遏制杂草生长，并赶跑前来啄食的鸟类。在生长季节，至少要手工拔草一次，防止杂草超过稻苗的生长。因此在一年的大部分时间，奴隶都在齐膝深的浑浊泥水里劳动，周围蚊虫嗡嗡，上面阳光炙热，劳动条件十分艰苦。8月，即使水田排干，奴隶也不得喘息。水田排干以后，仍有昆虫，又增加了成群的爬虫。奴隶要到田里驱赶贪婪的鸟类，经常使用猎枪，直到9月开始收割。收割后要对稻谷进行加工，种植园成为一个大工厂。收获完毕后，几乎紧接着就是下一轮的劳作。奴隶要为下一年的耕作做准备，整理土地，清理、扩大沟渠水道，重建或加固堤防水坝，修建水闸等。脱粒是一项艰苦巨大的劳动，奴隶在田地劳动一

---

① Ira Berlin, *Many Thousands Gone: The First Two Centuries of Slavery in North America*, p. 118.

天之后，还被种植园主喝令做这项工作。谷物的加工在收获结束之前就开始，直到新的一年的来临。在冬季奴隶要劳动到深夜，通常是女奴隶，在臼里捣米脱壳。无休止的劳动迫使很多奴隶逃跑到森林沼泽里以求解脱。种植园主也进行一系列的试验寻求机械方法脱粒。18世纪60年代，在大种植园中开始使用机械脱粒，但是即使在机器的帮助下，脱粒也要持续到新的一年。年复一年，奴隶几乎不能休息。一句话，水稻对奴隶来说，是一个严酷的主人。

出售水稻的利润流向种植园主的腰包，他们不断迫使奴隶提高产量，扩大种植面积，强化奴隶劳动。18世纪中期，水稻种植园向沿海的低地扩张，这里的劳动任务更为繁重，在海岸沼泽地种植水稻需要无数的水渠以控制水流，这项巨大的工作需要奴隶来完成，并且持续看管，增加了负担。1775年一个苏格兰的旅行者发现"在臭气熏天的水田旁没有活人，所需要的劳动力只有奴隶来承担，这是我所见过的最艰苦的劳动了。"一个欧洲的观察家则这样描述水稻种植："如果可以想象一种特别有害甚至致命的工作，它必然是站在水稻田里的黑人的劳动，泥水淹至脚踝甚至没入膝盖，全身暴露在炙热的太阳底下，呼吸的空气比人体的血液还热；这些贫穷可怜的人如同在一个肮脏的、臭气熏天的火炉里；难以想象一种更恐怖的工作，与波托西的采掘相差无几。"[1]烟草种植的艰辛乏味，远不及水稻。

黑人奴隶的体质在漫长的越洋途中已经受到消耗，到殖民地以后艰苦无情的体力劳动及新环境下的新型疾病，使下南部的奴隶数以千计地死亡。但即使如此，在奴隶贸易开放时期，奴隶主依靠水稻和蓝靛种植所产生的丰厚利润不断扩大奴隶输入，奴隶人数仍在不断增加。奴隶主给予奴隶的生活待遇极低，在供应奴隶的衣、食、住和医疗方面十分吝啬，新到的奴隶经常被赶到拥挤不堪、简陋无比的宿舍里，拥挤的环境又加重了传染病的传播。疟疾加上劳作过度，可以致

---

[1]　Edward C. Kirkland, *A History of American Economic Life*, New York: F. S. Crofts & Co., 1946, p.77.

死。新到的非洲人对黄热病、胸膜炎、肺炎和下南部所有的其他一系列亚热带地方病缺乏免疫力，黑人死亡率高。

男性奴隶占输入奴隶的 2/3，因而在下南部奴隶很难建立正常的家庭生活，进行人口再生产。女奴隶在田地过度劳作，身体瘦弱，怀胎率低、流产率高。直到 18 世纪 20 年代低地的奴隶人口没有自然增长，而切萨皮克的奴隶已经开始自然增长。直到 18 世纪中期低地奴隶的出生率仍在下降，而死亡率仍在急剧上升。从 1730 年到 1760 年，低地奴隶的死亡率超过出生率，奴隶人口的增长依靠源源不断的奴隶输入。18 世纪中期以后美洲出生的奴隶人口再度出现，但低营养、高死亡率，使奴隶人口的增长仍主要依靠持续的奴隶输入。直到 18 世纪 60 年代下南部的奴隶人口才开始自然增长。正如一位历史学家所看到的，"种植园农业把蔗糖岛屿的人口模式带到南卡罗来纳低地"[①]。

如同在上南部一样，在下南部的种植园奴隶制中，奴隶所遭受的第一个灾难是姓名被剥夺。海边的奴隶发现他们被贴上地名的标签，如塞内加尔（Senegal）、彭地治利（Pondicherry）、魁北克（Quebec），或用古典的国王名字命名，如奥赛罗（Othello）、克劳第伍斯（Claudius）等。有一个奴隶成了科尔王（King Cole）。除姓名外，种植园的奴隶还丧失了独立的人格。奴隶主的玩笑不再可笑。种植园主压服非洲奴隶、使之适应种植园要求的过程是十分严酷的。像在上南部一样，随着种植园经济的建立，种植园里使用暴力的水平也在不断升级。种植园主借助于皮鞭、铁条、锁链来管制奴隶，使之适应水稻和蓝靛种植的要求。基督教传教士斥之为"亵渎的、残忍的行径"。即使是"小错误"的惩罚也是十分严重的。有一个种植园主把"邪恶的"奴隶"装进棺材，差点把他们挤死"，"让他们在地狱的机器里待 24 小时。"有少数传教士对这种暴行感到困惑，但是种植园主相信恐怖是维护其统治的有力工具，正如一个种植园主所说："恐怖只为

---

① Ira Berlin, *Many Thousands Gone: The First Two Centuries of Slavery in North America*, p. 149.

奴隶制而创造。"①

　　殖民地政府——相当于种植园主自己——自然认可了这种做法。早在 1690 年南卡罗来纳的立法者就认为奴隶主及其代理人作为"纠正"的结果致使奴隶死亡的，不追究法律责任。甚至一个奴隶因"故意、放纵或残忍"而致死的，杀人者面临的最大惩罚不过是 3 个月监禁，赔偿主人 50 英镑损失。由于杀人者常常是主人本人，罚金也没有多大意义，后来又提高罚金数额。但是正如一个奴隶法律的研究者所说，在南卡罗来纳对杀死奴隶没有资金惩罚。下南部奴隶制的严酷程度在一切方面都超过了上南部。对黑人奴隶的需求更大，黑人奴隶的输入规模更大，对黑人的歧视和统治更为残酷无情。

　　黑人奴隶生活在隔离的种植园中。种植园的黑人奴隶无论在物质上还是文化上都生活在与主人截然不同的世界里。少数奴隶，通常是新近到达的奴隶试图逃跑以达到完全分离。他们"尽可能向东逃跑，想以这种方式返回自己的国家"。但是大多数奴隶在种植园奴隶制的无情现实面前没有选择。奴隶的小屋是其生活的中心。种植园主仔细规划了小屋在种植园中的位置，从自己的大房屋上能看到，又保持一定距离。奴隶以自己熟悉的方式制作物品，建造房屋，奴隶的住处与种植园的其他建筑物判然有别，使奴隶的房屋看起来像一个孤立的村落或如不止一个旅行者所看到的那样，是"黑人城镇"。奴隶不仅在一起劳动，还在"隔离的房屋里"共同生活。"自己互相交流"，下南部的奴隶在美洲重建了自己的非洲世界。

　　上南部从 18 世纪 20 年代奴隶人口开始自然增长，下南部直到 18 世纪 60 年代奴隶人口才开始自然增长。这涉及奴隶的婚姻和家庭的问题。最初种植园主只是尽力使用奴隶的劳动，对奴隶建立家庭的问题是不予支持的。在输入奴隶的过程中，大量输入劳动能力强的年轻男奴隶，女奴隶输入少。奴隶性别比例严重不平衡，阻碍了奴隶家庭的建立。在下南部，到 18 世纪中期，早期可怕的高死亡率逐渐过去，

---

　　① Ira Berlin, *Many Thousands Gone: The First Two Centuries of Slavery in North America*, p. 150.

奴隶的性别比例趋于平衡。奴隶主从自己的利益出发，逐渐认可奴隶建立稳定的家庭的愿望。像在切萨皮克一样，一些种植园主看到奴隶人口再生产的利益，允许奴隶组建家庭。一些奴隶主这样做，因为像南卡罗来纳总督所说的那样，他们相信："越是卡罗来纳本地出生的奴隶，越没有自由意识，也不向往任何其他的国家"，"在白人中间成长的奴隶"，更为适应和服从。下南部种植园规模的不断扩大、奴隶人数的增多也使建立稳定的奴隶家庭比在上南部有更大的可能。"远离的妻子"和长距离的探视，这些在马里兰和弗吉尼亚奴隶家庭生活中的现象，在下南部更为少见。定居家庭使生活在隔离世界中并且劳动艰苦的奴隶有了一定的亲情，对奴隶而言是一种安慰。

奴隶也为建立自己稳定的家庭与种植园主进行斗争，迫使种植园主不断让步。到18世纪中期很多种植园主同意奴隶有与他们相同的情感。一个南卡罗来纳种植园主承认，奴隶"热爱他们的家庭，没有人逃离对方。"为了满足奴隶要生活在一起的愿望，主人有时以家庭为单位购买奴隶。一个把一名不服管束的男奴隶卖到佛罗里达的南卡罗来纳种植园主，被该奴隶将要离开妻子的极度悲伤所感动，以致种植园主反思自己的行为，认识到："把这些本就不幸的人们分开，更增加了他们的不幸。"事实上，有的种植园主甚至为没有妻子的奴隶而担忧。随着种植园文化的成熟，奴隶主承认奴隶家庭的合法性。但是种植园主转让奴隶等行为经常对奴隶家庭造成破坏。从种植园主的角度看，奴隶家庭也有缺点。奴隶聚合在一起的家庭联系，尤其是黑人父母对子女的教导，对种植园主的主人权威是一个挑战。如果说种植园家长要求其"孩子"忠诚，那么奴隶的父母也是如此。在种植园的象征父母与生身父母之间，种植园主显然处于劣势。而且承认奴隶家庭，对已婚女奴隶提供了一定的保护，这对种植园的纪律是一种破坏。更为重要的是，奴隶家庭的出现在种植园内部形成有力的破坏之源，奴隶中的长者有父亲和母亲、叔叔和阿姨的称谓，在新成长的奴隶心中取代了种植园主人的权威地位，种植园的管理和统治秩序更难维护。

六　奴隶经济的起源

　　奴隶经济在大西洋的种植园社会有很长的历史。在 14 世纪地中海和非洲沿海岛屿上的种植园中奴隶经济已经出现，在加勒比岛屿广为实践。虽然奴隶的绝大多数劳动时间和劳动力都被种植园的生产所占据和剥夺，但毕竟不是绝对的。虽然南部殖民地形成的动产奴隶制原则上不允许奴隶拥有财产和独立生产，但是在实践中由于有一定的益处，奴隶拥有财产并没有被完全绝对禁止。种植园奴隶主允许奴隶在种植园的生产之外，自己进行少量简单的生产活动，主要利益在于让奴隶自己供养自己，可以减少开支，在一定程度上转移供养奴隶的负担。允许奴隶独立生产还可以作为一种激励机制来增加奴隶的积极性。奴隶经济正是在这种基础上产生和存在的。不过，它时常受到外界的打击，在风雨飘摇中无比艰难地生存。

　　在上南部，17 世纪随着奴隶制的逐渐形成，奴隶经济就出现了。由于烟草价格变化不定，种植园主在经济萧条时期对劳动力的需求较少，并且对劳动力的维持变得艰难时，允许奴隶独立生产，饥饿的奴隶也更为欢迎自己供养自己。这也是激励奴隶的一种方式。像在西非海岸的大西洋岛屿和加勒比岛屿的甘蔗种植园所做的那样，在劳动力缺乏的经济里，一些奴隶主借助皮鞭刺激生产，但是另一些奴隶主给予奴隶适当的鼓励。种植园主给予奴隶一定的独立劳动的机会，但奴隶要自己提供衣食。这种激励措施不会挑战种植园主的主导地位。而且，种植园主把生计负担转移给奴隶自己，反而能更加集中精力加强自己的生产。种植园主在保持自己权力的基础上，转移了一部分责任。对奴隶来说，自己劳动供养自己意味着更多的付出，但是也意味着掌握了自己的一部分生活，获得了一定的机动性。奴隶通过自己的劳动不仅可以获得更好的衣食，甚至积累一定的财产。在弗吉尼亚，一个县法院的法官允许一个犯错误的奴隶在鞭打或罚金两个惩罚之中选择一个，他可以"从声称为自己的财产"中交付罚金。这说明这名奴隶拥有自己的财产。

　　奴隶主和奴隶本人都小心地维护着这样的安排，通过临时的协商达成协议。不管利益多么平等的分配，这样的协议经常变化，难以长时期维持。奴隶要求增加自己的时间，除传统的星期日外，要求星期六、早晨和晚间的时间。奴隶主不仅反对增加自由时间，而且要求奴隶为自己的生计承担更多的责任。奴隶经济就这样在矛盾和不断斗争中发展。个别奴隶甚至获得了小块土地，他们不仅种植蔬菜和玉米供应自己以及家庭，而且种植烟草，与主人的烟草一起出售。他们还饲养猪、牛等大型牲畜，像主人一样，在当地开放的森林和草地上放牧。偶尔他们制作小物件，卖给主人、邻居或其他奴隶。在弗吉尼亚 1658 年的一个种植园的财产目录显示，两个黑人奴隶独立生产了 1220 磅烟草，第二年收获加倍。[①] 奴隶的独立经济活动在 17 世纪中期随着切萨皮克经济的成长也得以扩大，形式多样。有的奴隶转向手工业作为农业生产的补充，制鞋和伐木是受欢迎的行业。有的奴隶在自由时间去做类似计时工资劳动者，另有一些人成为主人的合作伙伴，向他们转让一部分独立生产的权力。奴隶因而进入交换领域，买卖商品和服务，与主人、邻居互相借取或借给少量资金。这些交易需要他们能够自由移动，由此获得了切萨皮克的地理和社会知识。奴隶还直接与商人及种植园主进行交易，把债务让与他人，租借土地增加自己的收入。在 17 世纪马里兰和弗吉尼亚的记录中，可以零散地看到在这些交易中，自由人把财产分给奴隶，奴隶把财产遗赠给自由人。虽然奴隶的财产在切萨皮克的经济中只占微量的部分，但是奴隶广泛参与切萨皮克的经济活动。

　　奴隶的经济活动所带来的社会独立引起一些奴隶主的注意。他们不能忍受奴隶自由活动，与陌生人在平等的基础上讨价还价。奴隶主

---

　　① Ira Berlin, *Many Thousands Gone: The First Two Centuries of Slavery in North America*, p. 34.

担心奴隶的产品过于经常地与他们的混合，会鼓励奴隶、奴仆和以前的奴仆联合在一起进行偷窃，从而损害自己的利益。殖民地官员（通常本身也是种植园主）也反对这样的实践及其带来的恶果。但是种植园主否认他人的奴隶进行独立的经济活动的价值，又不愿意否认自己的奴隶独立劳动的权力，尤其是这样的独立生产将奴隶的生计转移给奴隶自己。种植园主常常自相矛盾，陷入困境。一个弗吉尼亚的种植园主公开宣称禁止其奴隶"交易"的权力，但是在实践中又违背自己的命令。

但是对奴隶经济的反对仍然相当强烈，并随着时间的推移而增加。弗吉尼亚和马里兰都立法禁止与奴隶、奴仆交易，地方司法机构也同样禁止。当禁止非法交易的规定未执行时，愤怒的种植园主诉诸法院。官方的禁止命令成为衡量奴隶经济的一个材料。1652 年弗吉尼亚一个县的官员反复说明与奴隶交易是该县长久建立的禁令，但两个奴隶伊曼纽尔·德里格斯和巴肖·法南登说服主人公开承认"其现在所拥有的牛、猪和鸡……是合法获得""在其有生之年和死后可以自由处置"。两周后，德里格斯卖给一名荷兰商人一头牛，证明该牛是其"自己饲养，由法院命令合法所有"的。广泛参与交易使奴隶获得参与社会的机会和经历。奴隶没有被限制在种植园之内，其有机会与外界各种社会地位的人们接触，并且建立起交往关系。

到 17 世纪末，随着烟草种植园的扩张、奴隶制的日益严格及奴隶在主人的土地上劳动时间延长，意味着他们在自己的菜园或零星地面上照料的时间在减少。奴隶独立的经济随着大种植园主版图的扩张而萎缩。17 世纪的种植园主很乐意允许奴隶自己养活自己，自己提供衣食之需。新的大种植园主将奴隶劳动时间最大化，每周为奴隶提供粮食，按季节配发衣服。种植园的奴隶通常有自己的菜园，在谷仓附近饲养家禽、狩猎、捕鱼以贴补零用。但是很少再有奴隶种植份地、生产烟草，或者喂养猪、牛等大型家畜。如果有这样的情况也是非法的，1692 年弗吉尼亚立法机构要求主人没收"任何黑人或奴隶的牛、猪"，如果种植园主不执行，这些财产将成为教会的财产，"被没收以接济穷人"①。

在这种条件下，奴隶经济只在很少情况下越过主人的界限。切萨皮克的奴隶之间相互交易，偶尔向主人提供一些家禽，主人给予几个硬币，并且告诫要节俭之类的话。奴隶的独立交易只能秘密进行。在主人眼中如同偷窃。奴隶成为切萨皮克"普遍的小鸡商人"。

在下南部，边疆生活的巨大压力使奴隶主像切萨皮克的奴隶主一样要求奴隶自己供养自己。无意识中，南卡罗来纳的种植园主在新殖民地从开始就导致了奴隶经济的诞生。很快也出现了反对的声音，因为很多奴隶主不能接受由此带来的奴隶活动的独立性。1683 年，也许是南卡罗来纳签署的第一个关于奴隶制的立法，议会禁止"奴仆与奴隶之间进行交易"，1687 年又获通过的法律规定，禁止奴隶征收和侵占主人财产。后来又增加其他限制，包括限制奴隶的活动、对与奴隶进行交易的白人予以处罚等。1691 年的奴隶法典重述了这些规定，并规定禁止奴隶主"像以前所做的那样"，给予奴隶在星期六下午自由的时间。1714 年南卡罗来纳的立法剥夺奴隶拥有"猪、牛或马等牲畜"的权利。② 但是这些限制独立的奴隶经济的无数立法仅仅证明了奴隶经济的程度，像各个大陆殖民地一样，在实践中对奴隶经济的限制作用很小。

到 18 世纪初期，奴隶经济在南卡罗来纳已经深深扎根。虽然以菜园和奴隶自养地为中心———一个奴隶主称之为奴隶的"小种植园"———它扩展到男奴隶的狩猎、捕鱼、女奴隶饲养家禽。奴隶享有星期天休息的时间，可以维持自己的经济。允许进行种菜、狩猎、捕鱼，既加强了奴隶的独立性，也补充了奴隶的供应。一个牧师在 1712 年记载："很多种植园主把自己从为奴隶提供衣食的麻烦中解脱出来，每星期允许他们有一天的时间清理土地、种植作物，为自己及家庭提

---

① Ira Berlin, *Many Thousands Gone: The First Two Centuries of Slavery in North America*, p. 119.

② Ibid., p. 68.

供衣食之需。"① 而且，种植园主甚至允许奴隶自己种植水稻，在主人的土地上拣拾稻穗，归自己所有。奴隶生产的稻米可以同菜园的产品一起出售，这在很大程度上扩大了奴隶经济。

但如果奴隶仅仅自己供养自己，对奴隶经济的抱怨也许会极少。像切萨皮克和北部殖民地一样，奴隶不满足于仅仅自己供养自己。他们独立的经济活动很快出现了剩余，他们把这些剩余拿到市场上去，卖给愿意出价购买的人。奴隶还出卖自己的劳动：鉴于主人也把他们雇佣出去，他们自己把自己雇出去。1712 年的法律表达了他们的苦恼，针对这样的实践，允许"奴隶高兴到哪里去工作就到哪里去工作，任意去做其所愿意的工作，只要付给主人一定的预先协商好的钱就行。"②

这些立法限制反映了奴隶主对奴隶雇佣和奴隶经济的担忧和不适。但是这是种植园主阶层所反对的，种植园主个人则不然。奴隶主本人是奴隶的首批顾客之一，他们经常违反自己所制定的法律。事实上，一些奴隶主雇佣奴隶作为他们的代理人，尤其在与印第安人交易时。但是通常，奴隶自己出售自己的产品，在查尔斯顿和其他商业路口建立市场，为自己的独立赢得坚实的经济基础。

在上南部随着奴隶制种植园经济的发展限制了奴隶独立的经济活动，但在下南部就不是这样，水稻经济的发展反而加强了奴隶经济的力量。在 18 世纪，奴隶进一步扩大了为自己劳动的时间，把第一代奴隶争取到的特权转变成自己的权利。到 18 世纪中期，种植园的奴隶"耕作尽可能多的土地"，他们普遍拥有星期天的时间来管理田间的玉米、马铃薯、花生、甜瓜等。奴隶对自己土地里的作物仔细照料，与为主人的田地劳作形成鲜明对比。主人的田地显得简单而杂乱。下南部的奴隶"对自己的小块份地耕作得比主人好得多"，一个苏格兰旅行者注意到。她还说"他们饲养猪、家禽，制瓢等，在一切

---

① Ira Berlin, *Many Thousands Gone: The First Two Centuries of Slavery in North America*, p. 69.

② Ibid..

方面甚至比我们中间的贫穷白人提供得还要好"①。

正如在上南部一样，下南部的奴隶也希望主人定期给他们发放食物、衣服，提供住处，满足他们的医疗要求。在诸如圣诞节之类的节日，奴隶希望获得额外的礼物。低地种植园主很少逃避他们对奴隶所负有的供应义务。在他们看来，定期的保障加强了自己的权威，完成了他们作为主人的义务。但是奴隶对这些并不满足。他们坚持自己生产的权力，把这作为自己生活的道路，而不是主人的施舍或救济。因此，他们希望有定期的粮食供应，参加圣诞节猜谜游戏并获得礼物，他们保卫自己作为独立生产者的权利，要求更大的菜园和土地及更多的自主时间。简言之，在主人与奴隶对各自的权利不断的协商和再协商过程中，奴隶经济的斗争与主人经济的斗争是并行的，奴隶经济对主人的种植园经济是一种补充，也使种植园经济更为复杂化。

虽然斗争的战线在不断发生变化，到18世纪中期种植园主已经承认了奴隶独立生产的权利，认为奴隶财产的积累增强了他们对种植园的依赖，削弱了逃跑的愿望。因此，一些种植园主不是努力阻止奴隶积累财产，而是鼓励和保护奴隶的财产。奴隶主偶尔购买其奴隶饲养的牲畜；奴隶被出售时，主人经常或者购买奴隶的财产，或者允许奴隶的财产随人身一起转移。水稻种植之所以能够从南卡罗来纳扩张到佛罗里达，只有在奴隶"小财产"的转移运动中才能实现。

奴隶经济的成长并不是未受到注意。没有奴隶的主人看到奴隶经济的利益，种植园很快被一群小商贩包围，出售或供应商品，讨价还价，获得信贷等。由于担忧这些人带来叛乱的思想，低地的立法者多次命令限制这种商业，但是立法机构对奴隶独立的经济活动并没有更多的影响。奴隶生产的物品到达种植园以外的市场，有时把乡村和城镇的奴隶联系起来：一些奴隶通过奴隶水手的代理人出售自己的物品，这些人在种植园和港口之间的河流上来回穿梭。因此，下南部城镇的成长和大宗作物生产日益增强的专门化为奴隶的产品提供了不断

---

① Ira Berlin, *Many Thousands Gone: The First Two Centuries of Slavery in North America*, p. 164.

扩大的市场。种植园主不喜欢独立的蔬菜农场供应种植园的奴隶，不喜欢奴隶把主人的产品与自己的产品混合起来的倾向，不喜欢奴隶在商贩和其他自由白人中间交新朋友。但是，水路交通的方便和白人监督的缺乏都使限制奴隶独立的经济活动十分困难。

为了把奴隶留在种植园中，种植园主与他们直接交易，用制造品换取奴隶的产品，并且对奴隶星期天的劳动给予报酬，购买他们的手工制造品。亨利·劳伦斯把自己描述为是奴隶的一个"代理人"，他曾经以"每件马甲 10 蒲式耳谷物"的价格把"一些鲜艳的马甲换给一些想要的黑人。"后来，得知其监管下的一个种植园缺乏供给，他授权监工"以奴隶所愿意出售的最低价格，合法购买所有你知道的奴隶的产品。"① 种植园主从奴隶对下南部独立经济活动的参与中看到好处，但是获得的利益毕竟很小，这使得奴隶通常具有的权利基本限于菜园和供养地（provision grounds）。虽然直到美国革命前夕，奴隶拥有的财产基本很少，但是这意味着种植园的奴隶在水稻种植的残酷条件下获得的一点自由和寄托，也提高了奴隶自身的物质条件，缩短了与奴隶主的权威之间的社会距离。

水稻种植园所实行的任务制作业方法，最初是种植园主季节性地不在种植园的产物，对奴隶经济是一种支持：支持了奴隶自己进行生产以争取更好的物质条件的愿望。在任务制下，加上黑人工头的帮助，每天能够剩余一定时间让奴隶为自己而生产。即使在劳动任务最为繁重的情况下，通常的任务也允许奴隶掌握自己的劳动时间和劳动强度。一些身强力壮的奴隶可以在下午提早离开田地，既可以免受午后炎热的阳光烤晒之苦，也可以使他们在最强的光照过后有一定的时间在自己的菜园劳动，饲养牲畜。

总体上看，奴隶经济是在种植园主的控制和允准下的极为简单的生产活动，是种植园经济的附属：既不可能给种植园主带来威胁，对双方又有一定的益处。从某种意义上说，在动产奴隶制下，奴隶经济

---

① Ira Berlin, *Many Thousands Gone: The First Two Centuries of Slavery in North America*, p. 166.

的存在虽然有出乎意料的一面，但是也有其自然性，因为任何严酷的制度都不可能绝对禁止人拥有少量的财产和独立的活动，这是社会人的一种基本能力和需要。

七　奴隶的反抗斗争

种植园的奴隶的处境是严酷的。面对严酷的待遇，奴隶的反抗不断，并且随着种植园体制的扩张而日益增加。暴力、孤独、疲劳和陌生常常使种植园的奴隶陷入深深的绝望之中，有时导致自残，甚至进行各种各样的反抗斗争。奴隶几乎在种植园体制的每一个环节都进行抗议，抗议劳动的组织、步骤和强度，挑战种植园主的权力。他们使用无数的方法来破坏主人的要求，扩大自己对劳动和生活的权利。如果说种植园奴隶制的实行要求种植园主加强暴力水平，他们也面临着同等的暴力反抗。

在实行任务制劳动的水稻种植园，劳动任务和标准一直是奴隶和种植园主争执不休的问题。奴隶为扩大自己的自主劳动时间而斗争，种植园主则尽可能地压缩奴隶的自主时间。虽然奴隶和主人在种植水稻和锄草的问题上似乎取得一致，即一个完全成年劳动力每天完成1/4英亩的任务，但是其他消耗时间不同的劳动仍在争议之中，清理沟渠、水稻脱粒尤其是发生摩擦和冲突的根源，奴隶主或其代理人挥舞皮鞭进行威胁和惩罚，奴隶则装病或逃往沼泽地。

奴隶和主人之间的斗争内容在不断变化。引进新作物品种、新设备和新技术时通常是新一轮协商的开始。新到达一个监工或管事时也是如此，奴隶会很快试探新到者的性格。监工通常十分小心，不过分压榨奴隶。一个名叫休伊的监工由于过分压榨奴隶，被奴隶们淹死了。虽然在与奴隶斗争中丢掉性命的监工不多，但是有很多监工却因此被解雇。名字是奴隶非洲身份的一个标志，虽然种植园主在奴隶一购买来就为他们重新命名，但是奴隶们却暗中保留了"原来的名字"。例如当1767年夏两名奴隶从一个佐治亚的种植园逃跑时，其主人注意到一个"自称高拉咖（Golaga），而给他起的名字是阿贝尔（A-bel）"，另一个自称"阿波罗姆（Abbrom），给他起的名字是贝内特（Bennet）。"7 年以后，相似的广告显示这样的实践仍没有结束，一个名为斯马特的逃跑者，"通常以原来家乡的名字兰道拉（Landora）称呼自己。"到 18 世纪中期，在南卡罗来纳几个大种植园里，超过 1/5 的奴隶有非洲名字。① 因此如果新制度以剥夺非洲人的姓名开始的话，奴隶则很快赢回了这个身份的标志。奴隶的另外一种特殊的抗议和自我保护方式是保持沉默和装作无知。尤其是新到的奴隶，利用对语言、环境和种植园的日常劳动的无知来为自己争取利益。一个观察家看到一个马里兰种植园里新到的奴隶，其"为他们的毅力感到惊讶"，"让 100 个人为其示范如何锄地或推独轮车，他还是不会。"

除消极怠工这种无声的反抗外，逃跑是奴隶常用的一种反抗方式，也是有力的斗争武器，而且逃跑这种方式在下南部是一种更有效的武器。水稻和蓝靛的管理十分紧凑，不能耽误，只要在关键时刻潜逃几天，对水稻和蓝靛的损失都是致命的。在有了几次经历之后，亨利·劳伦斯得出结论说最好"化解"潜在的逃跑者，因为先前的逃跑"给我带来很大的麻烦和损失"；为了再次坚持种植园的纪律，他不得不卖掉一个有价值的劳动人手以"避免再一次逃跑"。在奴隶逃跑追求自由的同时，奴隶主也在设法避免逃跑行为的发生，更避免逃跑的奴隶建立起据点。

边疆和荒野为奴隶的逃跑和隐蔽提供了方便。他们逃跑到偏远的山地和低洼的沼泽里躲避起来，建立"营地"，奴隶通常结队逃跑，包括妇女和孩子。在 18 世纪 20 年代，有报告说逃跑的奴隶在弗吉尼亚周边的大山里建立了一个定居地，引起殖民地官员的恐慌。1729年，12 名奴隶携带食物、衣服、工具和武器逃离詹姆斯河瀑布线附近的一个新种植园，在莱克星顿（Lexington）附近建立自己的定居地。两年后，一个新到的非洲奴隶亨利，从马里兰乔治王子县逃跑，加入

---

① Ira Berlin, *Many Thousands Gone: The First Two Centuries of Slavery in North America*, p. 173.

了一个在欧洲殖民范围之外的孤立的队伍中。大约同时，一个在弗吉尼亚南部边界的大沼泽里考察的种植园主，偶然碰到一个"自称自由"的黑人家庭。① 虽然殖民地官员对这些逃跑者的营地十分厌恶和恐慌，他们常常力图把这些营地毁灭，但是追捕这些荒野中的奴隶是一件艰难、危险而又代价昂贵的任务。因此，只要奴隶的据点距离种植园有一定距离，殖民地官员就睁一只眼、闭一只眼，允许一些定居点存在。奴隶定居点的生活十分艰难，也许比奴隶在种植园的生活还要艰难，奴隶做出这样的决定要承担巨大的危险，定居点往往由年轻奴隶组成。但是逃跑之容易、定居点的存在使奴隶主在对待奴隶方面更加谨慎。随着种植园向边疆地区的扩张，原来可以躲藏的奴隶"营地"逐渐被消灭，到18世纪中期奴隶建立的据点在切萨皮克地区已全部消失。在下南部，虽然水稻经济的扩张使沼泽和森林在缩小，但仍然有很多地方可供逃跑者躲藏。奴隶的"营地"在低地地区继续存在，与种植园世界共存。1765年在萨凡纳河北岸的一个沼泽里发现了一个由大约40名逃跑者建立的"殖民地"，包括妇女和孩子。这个团伙采取军事性的组织方式，每天天色发亮，击鼓开始新的一天，他们过着看似以狩猎和捕鱼为生的流浪生活，其营地包括4座相当好的建筑。生活供给也相当充足，入侵的战士发现"大约15蒲式耳稻米，还有毛毯、锅、桶、鞋、斧和很多其他工具。"② 这样多的物资没有种植园奴隶的帮助是不可能的，其存在显示了在种植园世界与逃跑定居地之间存在某种联系。

奴隶还常常向混乱的边疆地带逃跑。边疆是一个土著人、白人狩猎者、占地者和农民混杂的地带。逃难的黑人奴隶有时能在这里的种植园得到雇佣。虽然也是出于对劳动力的需求，但是边疆种植园中劳动力的多样化特征使其劳动纪律相对松弛，不像低地大水稻种植园那样严酷，对逃难的奴隶来说也是一种解脱。逃难的奴隶甚至还加入到土匪中间来，这些土匪团伙种族多样，是"无数流浪的黑白混血人、

---

① Ira Berlin, *Many Thousands Gone: The First Two Centuries of Slavery in North America*, pp. 120 – 121.

② Ibid. , p. 170.

自由黑人以及马贼的集合"。

奴隶还逃往人口密集的城镇。查尔斯顿就是逃跑奴隶的天堂。一些奴隶只是逃出来放松几天，一些奴隶希望乘坐往来的船只，永久地逃离奴隶生活。对黑人奴隶来说，是海洋而不是后方陆地提供了最有保障的自由之路。在查尔斯顿城里，只有极少数黑人获得自由。与17世纪的新阿姆斯特丹相比，查尔斯顿的自由黑人可以忽略不计。城里的奴隶首先也是农业劳动力，还几乎没有奴隶主可以使用奴隶做仆役。简言之，查尔斯顿对黑人的意义不是奴隶世界中的自由之岛，而是奴隶的集会地。

发动叛乱是奴隶反抗的最激烈形式。早在17世纪70年代，弗吉尼亚人就开始谈论黑人阴谋的话题，随着黑人人口的增长，在南部存在对黑人的普遍恐惧，"在很多地方，这是一个令人烦恼的、绞人心肠的恐惧，不断地被不可否认的奴隶不满的例子所加强"，温斯洛普·乔丹写道，"每个种植园主都明白，奴隶法的基本目的是阻止和破坏黑人叛乱。"在18世纪的前10年，上南部充满着反抗奴隶制的阴谋和叛乱。1709年、1710年、1722年和1729年开始的连续3年，种植园主发现了数次奴隶的阴谋，用弗吉尼亚总督的话来说，就是"发动反抗陛下的战争"。虽然奴隶渴望以暴力反抗种植园主，但是种植园主几乎垄断所有的实际力量，尤其可以获得政府权威的支持，因此最终仍是种植园主获得胜利。反抗除要求体力外，同样要求智谋。

在南卡罗来纳，由于黑人占据多数，对奴隶叛乱的担忧和恐惧尤其强烈，1711年一个当时人说那里的白人充满"巨大的恐惧"，此后的30年里奴隶反叛和暴乱此起彼伏，接连不断。1720年在查尔斯顿附近因密谋造反，几名奴隶被活活烧死，其他奴隶被送出殖民地。南部殖民地最严重的一次奴隶叛乱发生在1739年的查尔斯顿，在这起最重大的事件中，由卡图（Cato）率领的一群奴隶袭击了斯托诺（Stono）附近的军火库，在袭击了该地的白人以后企图逃向西属佛罗里达，在战斗中30名白人死亡，44名奴隶死亡。第二年另外一起有200名奴隶卷入的阴谋被揭发，遭到残酷镇压，一天绞死10名奴隶，连续进行了5天，共有50名奴隶被绞死，以示对黑人奴隶的惩戒。

同年稍晚，查尔斯顿遭遇大火，黑人被怀疑有纵火嫌疑，2 人被处决。①

虽然奴隶以各种方式反抗压迫、剥削和奴役，并且对种植园主造成一定的威胁甚至损失，但是总体而言，黑人奴隶还是处于种植园主的控制之下，日复一日、年复一年地进行繁重的劳动，这是奴隶制种植园得以存在和高效运行的基本保证。

---

① I. A. Newby, *The South*, *a History*, p. 60.

第四章

南部的种植园经济和种植园社会

前面主要探讨了英属北美殖民地南部种植园经济的起源和发展状况，重点探讨了奴隶制种植园的形成过程，因为奴隶制问题是种植园经济发展中至关重要的问题。本章将一方面从微观上具体探讨奴隶制种植园的规模和内部的管理，另一方面放眼整个南部，从宏观上探讨采用奴隶劳动的种植园经济所带来的经济结构特征和对社会发展的影响。由于种植园经济不仅在经济上在南部居于主导，而且对社会发展产生广泛而深刻的影响，以致整个南部社会可以称为"种植园社会"。

一 种植园的规模和管理

种植园的规模可以从两个方面考察：地产面积和劳动力状况。首先从土地面积看。殖民初期，弗吉尼亚和马里兰的烟草种植园规模较小，主要由独立的小土地所有者承担，1626—1632 年，弗吉尼亚种植园的平均面积是 160 英亩，最大的达到 1000 英亩。17 世纪后半期，种植园的平均面积是 674 英亩。虽然有一些大种植园主，但小种植园主最为普遍，不管是一个自由民，还是刚获得解放的契约奴。他有一所相当舒适的房屋，但还不是砖结构的大厦。种植园比北方的农场要大，因为土地容易获得，而且种植烟草必须有一定的土地储备。这些小种植园的大部分仍是森林，但在清理的地块上，主要种植物自然是烟草。从 17 世纪 70 年代开始，随着黑人奴隶被应用到种植园，种植园规模迅速扩大；到 17 世纪末，弗吉尼亚烟草种植园的平均面积达到 688 英亩，最大的种植园占地 1 万英亩以上。[①] 18 世纪，烟草种植园的规模进一步扩大，大约在 10 个种植园主中就有一人拥有超过 1000 英亩土地的种植园。

拥有奴隶数量是衡量种植园规模的另一个重要指标。17 世纪的烟草种植园拥有的奴隶数量是有限的，大多数种植园只拥有几名奴隶，少数种植园拥有 10 名以上奴隶，拥有 20 名以上奴隶的种植园就更少了。拉塞尔·麦纳德（Russell R. Menard）对两组保存下来的种植园遗产目录的调查为我们提供了 17 世纪、18 世纪种植园拥有奴隶数量的详细状况。

第一组遗产目录是马里兰西海岸南部的 4 个县：卡尔弗特、查尔斯、圣乔治王子和圣玛丽保存的 1658—1710 年的 300 个种植园主的遗产目录，共记载了 1618 位奴隶。这 4 个县在马里兰西海岸南部，是最早大量使用奴隶劳动的地区，在 18 世纪初马里兰有一半以上的奴隶都生活在这 4 个县。1658 年在这 4 个县至多有 100 名奴隶，大约占人口的 3%，到 1710 年有超过 3500 名奴隶，占人口的 24%。[②] 在 17 世纪很少种植园主拥有大量奴隶，在 1658—1710 年留下遗产目录的 300 个奴隶主中间，只有 15 人拥有 20 名以上的奴隶，有 38 人拥有奴隶数量超过 10 名。将近一半的种植园主拥有 1—2 名奴隶。拥有奴隶较多的大种植园把奴隶分成小组。很多奴隶生活在只有几名黑人奴隶的种植园中，超过一半的奴隶生活在拥有奴隶 10 名以下的种植园中，将近 1/3 的奴隶属于拥有奴隶 5 名以下的种植园。如表 15 所示。

表 15　马里兰西海岸南部四县奴隶在种植园的分布（1658—1710 年）

每个种植园拥有的奴隶数量	种植园数量（个）	在种植园总数中所占比重（%）	奴隶数量（人）	在奴隶总数中的比重（%）
1—2 人	145	48.3	198	12.2
3—5 人	70	23.3	273	16.9

---

① 张福运：《美洲黑奴》，福建人民出版社 2000 年版，第 45 页。

② Russell R. Marnard："The Maryland Slave Population, 1658－1730：A Demographic Profile of Blacks in Four Counties"，*William and Mary Quarterly*, Third Series, Vol. 32, Issue 1（Janu., 1975），p. 30.

续表

每个种植园拥有的奴隶数量	种植园数量（个）	在种植园总数中所占比重（%）	奴隶数量（人）	在奴隶总数中的比重（%）
6—10 人	47	15.7	356	22.0
11—20 人	23	7.7	340	21.0
21 人以上	15	5.0	451	27.9
合计	300	100.0	1618	100.0

资料来源：Russell R. Marnard："The Maryland Slave Population，1658 – 1730：A Demographic Profile of Blacks in Four Counties"，*William and Mary Quarterly*，Third Series，Vol. 32，Issue1（Janu. ，1975），p. 35.

到了 18 世纪，马里兰奴隶人口增长很快，4 个县的奴隶数量从 1710 年的大约 3500 名增加到 1755 年的 15000 名，平均每年的增长速度是 3.33%。[1] 种植园拥有的奴隶数量也在增加，18 世纪 20 年代更多奴隶属于大种植园。第二组遗产目录是 1711—1730 年查尔斯县和乔治王子县的 117 个种植园主的遗产目录，共记载了 1569 名奴隶。可以看出，有超过 1/5 的种植园拥有奴隶 10 名以上，将近一半的种植园拥有奴隶 6 名以上。1721—1730 年的数据如表 16 所示。

表16　马里兰查尔斯县和乔治王子县的奴隶分布（1721—1730 年）

每个种植园拥有的奴隶数量	种植园数量（个）	在种植园总数中所占比重（%）	奴隶数量（人）	在奴隶总数中所占比重（%）
1—2 人	40	34.2	57	5.9
3—5 人	26	22.2	105	10.8
6—10 人	26	22.2	188	19.3
11—20 人	14	12.0	198	20.3
21 人以上	11	9.4	426	43.7
合计	117	100.0	974	100.0

资料来源：Russell R. Marnard："The Maryland Slave Population，1658 – 1730：A Demographic Profile of Blacks in Four Counties"，*William and Mary Quarterly*，Third Series，Vol. 32，Issue1（Janu. ，1975），p. 50.

---

[1]　Russell R. Marnard："The Maryland Slave Population，1658 – 1730"，*William and Mary Quarterly*，Third Series，Vol. 32，Issue 1（Janu. ，1975），p. 49.

18 世纪烟草种植园向彼德蒙特扩张，通过对彼德蒙特种植园拥有的奴隶状况可以看出，绝大多数彼德蒙特的奴隶居住在中小种植园中。彼德蒙特各县在早期的开拓阶段，多数奴隶属于拥有奴隶在 10 名以下的种植园。但种植园的面积增加很快。大约建立在一二十年以后，多数奴隶就居住在拥有奴隶 10 名以上的种植园了。18 世纪 70 年代，在彼德蒙特的绝大多数县，40% 的奴隶属于拥有奴隶 20 名以上的种植园。美国革命时期，奴隶集中在拥有奴隶 11—29 名的中等种植园，潮水带与彼德蒙特区别不大。虽然在 18 世纪后期拥有奴隶 30 名以上的种植园稀少，但是该地区绝大多数奴隶生活在面积足够大的种植园，有自己的社区生活。[①] 如表 17、表 18 所示。

表 17　　　　彼德蒙特的种植园规模（1720—1770 年代）　　　　单位:%

斯波茨凡尼亚县（Spotsyvania）

时间	种植园拥有的奴隶数量及在奴隶总人数中所占的百分比				奴隶总数量（人）
	1—5 人	6—10 人	11—20 人	21 人以上	
1720 年代	30	35	35		37
1730 年代	6	42	20	32	209
1740 年代	18	26	29	27	618
1750 年代	11	21	25	43	618
1760 年代	12	22	35	31	592
1770 年代	19	26	23	32	352

古奇兰县（Goochland）

时间	种植园拥有的奴隶数量及在奴隶总人数中所占的百分比				奴隶总数量（人）
	1—5 人	6—10 人	11—20 人	21 人以上	
1730 年代	49	30	21		71
1740 年代	38	23	39		128
1746 年	21	34	22	23	2246
1750 年代	32	38	13	17	180
1760 年代	32	45	10	13	160
1770 年代	13	25	38	25	464

---

① Philip D. Morgan and Michael L. Nicholls, "Slaves in Piedmont Virginia, 1720 – 1790", *William and Mary Quarterly*, Vol. 46, No. 2（April 1989）, p. 238.

奥兰治县（Orange）

时间	种植园拥有的奴隶数量及在奴隶总人数中所占的百分比				奴隶总数量（人）
	1—5 人	6—10 人	11—20 人	21 人以上	
1730 年代	50	50			28
1740 年代	18	17	41	24	226
1750 年代	8	3	39	50	238
1760 年代	15	33	40	12	211
1770 年代	12	40	40	8	255

阿米利亚县和爱德华王子县（Amelia, Prince Edward）

时间	种植园拥有的奴隶数量及在奴隶总人数中所占的百分比				奴隶总数量（人）
	1—5 人	6—10 人	11—20 人	20 人以上	
1730 年代	100				8
1736 年	30	35	28	7	698
1740 年代	31	16	53		107
1749 年	23	35	25	17	2842
1750 年代	19	11	13	57	311
1755 年	22	45	21	11	482
1760 年代	12	20	31	37	699
1767 年	13	28	30	29	7098
1770 年代	13	18	44	25	511

卢内堡、夏洛特和麦克伦堡（Lunenburg, Charlotte, Mecklenburg）

时间	种植园拥有的奴隶数量及在奴隶总人数中所占的百分比				奴隶总数量（人）
	1—5 人	6—10 人	11—20 人	21 人以上	
1740 年代	100				4
1750 年	30	34	13	23	1540
1750 年代	39	36		25	114
1760 年代	20	19	13	48	359
1764 年	20	32	27	22	4546
1770 年代	10	19	55	16	482

续表

切斯特菲尔德县（Chesterfield）

时间	种植园拥有的奴隶数量及在奴隶总人数中所占的百分比				奴隶总数量（人）
	1—5 人	6—10 人	11—20 人	21 人以上	
1750 年代	14	41	45		345
1756 年	17	29	27	27	2420
1760 年代	8	13	44	35	518
1770 年代	12	25	37	26	878

哈利法克斯和皮茨尔凡尼亚县（Halifax，Pittsylvania）

时间	种植园拥有的奴隶数量及在奴隶总人数中所占的百分比				奴隶总数量（人）
	1—5 人	6—10 人	11—20 人	21 人以上	
1750 年代	51	49		27	37
1755 年	15	44	14		254
1760 年代	42	32	26		95
1767 年	30	34	23	13	646
1770 年代	32	29	24	15	144

劳登县（Loudoun）

时间	种植园拥有的奴隶数量及在奴隶总人数中所占百分比				奴隶总数量（人）
	1—5 人	6—10 人	11—20 人	21 人以上	
1760 年	23	29	25	28	992
1760 年代	42	8	50		102
1770 年代	16	34	30	19	274

资料来源：Philip D. Morgan and Michael L. Nicholls，"Slaves in Piedmont Virginia, 1720 – 1790"，*William and Mary Quarterly*，Vol. 46，No. 2（April 1989），pp. 239 – 240.

表 18　　　　　彼德蒙特种植园的规模（1782—1785 年）　　　　单位:%

地区	种植园拥有的奴隶数量及在奴隶总人数中所占百分比				奴隶总数量（人）
	1—5 人	6—10 人	11—20 人	21 人以上	
阿米利亚县	10	16	28	46	8749
坎伯兰县	12	21	24	43	3934
切斯特菲尔德	11	19	30	40	5961
古奇兰县	15	20	24	41	3840

续表

地区	种植园拥有的奴隶数量及在奴隶总人数中所占百分比				奴隶总数量（人）
	1—5 人	6—10 人	11—20 人	21 人以上	
阿尔伯马尔	15	19	26	40	4409
路易莎	15	19	29	37	4485
奥兰治	16	15	30	38	2848
阿默斯特	18	18	28	36	3852
弗卢万纳	22	21	19	37	1330
哈利法克斯	22	24	32	22	3290
皮茨尔凡尼亚	23	32	25	20	1835
合计	15	19	27	39	44533

资料来源：Philip D. Morgan and Michael L. Nicholls, "Slaves in Piedmont Virginia, 1720 – 1790", *William and Mary Quarterly*, Vol. 46, No. 2 (April 1989), p. 241.

　　1782—1783 年弗吉尼亚的人口调查也表明，在 8 个县里拥有奴隶的人非常广泛。大约 1/4 的居民拥有 10 名以上奴隶，一半的人拥有 1—9 名奴隶，剩余的 1/4 没有奴隶。[①] 最后一类白人是那些没能逃脱或适应弗吉尼亚农业的转型。他们落入了贫穷白人的地位，痛恨黑人奴隶制。法国哲学家查斯特卢斯（Chastellux）这样描述美国革命时期的他们："在这些大种植园的附近，经常发现破旧的茅屋，居住着脸色苍白、衣衫褴褛的白人，证明他们的贫穷。" 18 世纪弗吉尼亚的经济阶层为：没有奴隶的贫穷白人、大量的小种植园主、位于顶层的大种植园主。大种植园主的种植园达数千英亩，奴隶数量也相应很多。1782—1783 年弗吉尼亚的人口统计显示，最大的奴隶主是约翰·塔布，有 257 名奴隶，乔治·华盛顿有 188 名奴隶。[②] 不过，这些奴隶可能分布在几个种植园中。

　　虽然烟草种植园无论在土地面积还是在拥有奴隶数量方面都随时代的发展在扩大和增加。但是下南部的水稻和蓝靛种植园的规模更大。在美国革命前夕，弗吉尼亚和马里兰的烟草种植园比南卡罗来纳

---

①　Edward C. Kirkland, *A History of American Economic Life*, New York：F. S. Crofts & Co.，1946, p. 75.

②　Ibid..

和佐治亚的水稻和蓝靛种植园小得多。上南部最大的种植园主，如伯德、卡罗尔、卡特和杜拉尼等，拥有数千英亩的土地，数百的奴隶，把土地分成无数的"区域"（quarter，或译为种植园分部）进行管理，一个区域上的劳动力很少超过 12 人，这在烟草种植中是必要的，严格监督，高度组织编队，例如，弗吉尼亚的罗伯特·卡特，把他的 500 个奴隶分配到 18 个分散的种植园中。18 世纪下南部的种植园规模也随着黑人奴隶人数的增长而扩大。到 1720 年，在南卡罗来纳 3/4 的奴隶属于拥有奴隶 10 名以上的种植园主，种植园的规模继续膨胀，到 18 世纪中期，1/3 的奴隶属于拥有奴隶 50 名以上的种植园。在一些地方种植园规模更大，例如到美国革命时期在乔治敦区（Georgetown District），一半以上的奴隶属于拥有奴隶超过 50 名的种植园，多于 1/5 的奴隶生活在拥有奴隶 100 名以上的种植园中。[1] 更有大种植园主拥有奴隶在 500 名以上，与上南部不一样，下南部水稻种植园的奴隶更为集中，例如下南部的水稻种植园主亨利·米德尔顿，与弗吉尼亚的烟草种植园主罗伯特·卡特的做法正好相反，他把 800 名奴隶聚集在查尔斯顿北部沿阿什利河的种植园中。在佐治亚，由于最初坚持小土地所有制和禁止输入黑人奴隶，殖民地的发展缓慢。1740 年、1752 年先后放弃了对地产面积和奴隶制的限制，此后佐治亚海岸地区的发展模仿南卡罗来纳。到美国革命前夕，佐治亚的水稻种植园的规模与南卡罗来纳相差无几。相对于上南部的烟草海岸，下南部的水稻海岸的种植园地产面积较小，但是种植更为密集，不是那么分散，有更大的劳动力队伍。1790 年查尔斯顿地区的种植园平均超过 30 名奴隶，大种植园主的奴隶数以百计。[2] 水稻种植园主依靠大量的奴隶劳动积累了巨额财富。1774 年在英属大陆殖民地死亡的最富有的人中，9/10 是南卡罗来纳创造财富的水稻种植园主。他们是美洲最富有的人，也许是当时世界上最富有的人。到 1770 年上南部的烟草出口为

---

① Ira Berlin, *Many Thousands Gone: The First Two Centuries of Slavery in North America*, p. 146.

② Edward C. Kirkland, *A History of American Economic Life*, New York: F. S. Crofts & Co., 1946, p. 78.

平均每个自由居民带来 3 英镑的收入，而在下南部，南卡罗来纳的水稻和蓝靛出口为每个白人带来 9 英镑的收入。

随着种植园规模的扩大，带来了管理的问题，大中型种植园多雇佣监工进行管理，直接监督奴隶劳动，有时还雇佣管事监督监工。监工、管事都由自由白人担任，他们属于雇佣工资劳动者，有时也有契约奴担任监工。监工之下有工头，一般由资深的、令白人信任的奴隶担任。种植园形成了种植园主—管事、监工—工头—奴隶的管理体系。不过，上南部烟草种植园与下南部的水稻种植园的管理和劳动方式有所不同。上南部的烟草种植园奴隶劳动较为分散，采用小组制（the gang labor system）劳动。种植园主雇佣管事管理，或派遣到种植园分部（quarter）中。下南部的水稻种植园则采用任务制作业（the task system），这是种植园主季节性地不在种植园的产物。由于水稻种植园分布在卡罗来纳海岸潮湿的低洼沼泽地中，夏季又极其炎热，并且容易感染疟疾、痢疾等疾病，绝大多数种植园主及其家庭一年中只有几个月时间留在种植园中，在夏季到秋初的一段时间他们则离开种植园，常常 5 月初就离开，直到 11 月霜降来临返回，到查尔斯敦的居所或者气候更好的罗德岛的纽波特避暑。种植园监工因此承担了绝大多数日常工作。一名监工约翰·大卫·肖夫这样评论这个地区：春天是一个天堂，夏天是一个地狱，秋天是一座医院。由于种植园主不在种植园，对奴隶劳动时间不能直接监督，逐渐采纳了任务制的劳动方式，即为一个奴隶每天规定一定的劳动任务，以完成任务为准。一天的任务通常是一个劳动力在 8—9 小时的时间内所能完成的劳动，奴隶完成劳动任务后时间可以由自己支配。这样便于对奴隶劳动进行计量，种植园主也可以了解和控制其奴隶劳动。每个奴隶通常可以种植 2 英亩蓝靛（0.8 公顷），3 英亩水稻（1.2 公顷）。烟草种植园的群组制需要奴隶的高度自觉和主人或监工的近距离监督。

到 1730 年，虽然卡罗来纳和切萨皮克都拥有奴隶制，但这两个地区有很多差异。在切萨皮克的种植园主中间，只有极少数的精英在财富方面能与卡罗来纳的水稻种植园主相比，在切萨皮克，拥有 50 个或者 100 个奴隶的种植园主很少，是个例外，而在卡罗来纳，这是记载的最小数字。两个地区的农业生活也很不一样。在切萨皮克，除了偶尔到首府，或极少见地到欧洲作一次旅行外，种植园主及其家庭主要待在种植园中，中小种植园主更为可怜，他们外出的范围仅限于县法庭、农村商店、当地酒馆和烟草检查站。相反，在卡罗来纳，乡村生活只是季节性的，种植园主在春末离开，开始城镇生活。

水稻和蓝靛种植中所需要的日益增强的分工细化也促使奴隶加大了对生产过程的控制。在 18 世纪中期随着种植园的不断扩张，本就等级森严的低地种植园变得越来越完整，经营也愈加困难。水稻和蓝靛种植园的规模庞大，迫使种植园主不得不把选用劳动力的权力加以分散。不管种植园主多么仔细地管理其种植园，仍然需要一些人来直接组织生产。这种工作很多就落在工头的身上，以及人数不断增长的奴隶手工工匠、技师身上。到 18 世纪中期工头的地位在上升，成为下南部种植园的固定职位，工头通常由奴隶担任。他们开始巩固自己在种植园中的权力和地位，由于直接带领奴隶，在奴隶中颇具声望，有时白人监工也不得不听从工头的意见和安排。工头的地位得到提升，逐渐超乎种植园的众多奴隶之上。

在工头之下是种植园的技工和手工工匠，由于非奴隶主的白人缺乏，种植园主不得不把奴隶培养成有技术的劳动力。例如水闸管理员，好似真正的水力工程师，负责建造和管理灌溉稻田的水渠；奴隶制桶匠，制造用于装运稻米的大桶和用于加工蓝靛的大缸；奴隶制砖匠和泥水匠，负责制砖，修建烘烤蓝靛的窑房；奴隶马蹄铁匠负责制造马、骡的铁掌，而奴隶木匠负责维护修缮种植园。还有奴隶水手，把大种植园和查尔斯顿以及其他低地港口联系起来，把外界的消息和供给带到种植园，把种植园的出口作物运走。

在 18 世纪随着下南部种植园的规模日益扩大，内部结构更为复杂，技术更为精良，种植园里的技术奴隶和机动奴隶的人数有所增加。到 18 世纪 30 年代奴隶已经控制了那么多的行业，以致南卡罗来纳的整个政治统治阶层，包括总督、参事会和代表议会认为应该向英王请愿，反对把奴隶训练成"手工工匠"的行动，但这种反对效果甚微。随着时间的推进，种植园主把机器引进种植园以提高生产效率，包括鼓风机、机械臼和抽水机，但这些都由奴隶来操作。低地种植园主向南扩张到佛罗里达时，也没有迹象表明要雇佣白人手工工匠。没有人怀疑黑人具有"很强的能力和惊人的聪明学习技艺"。而在以北的殖民地则很少听到这种看法。种植园主通常把奴隶训练成为"制桶匠、木匠、泥水匠、铁匠和其他行业的工匠"。随着不断增长的水稻贸易的要求，需要更大更多的船只，奴隶水手的人数也在增加。到18世纪最后二三十年，有12名以上的水手帆船在水稻地带的河流上航行，而其水手通常全部是黑人。

正如在切萨皮克一样，男性几乎垄断了农业中的所有技术职位，大量的田间劳动力留给妇女担任，比例很不平衡，年轻妇女更是被安排承担最繁重的任务。一个卡罗来纳的种植园主在1769年装备其佛罗里达的种植园时，很高兴地看到来了"两名年轻强壮的姑娘，可以做同任何男人一样的工作。"种植园里的这种劳动分工模式，女奴隶几乎被排除在技术工作之外，种植园主安排她们做各种各样的工作，使女奴隶有自己的些许位置，因为一些工作需要相当的力量、技巧和专门知识。种植园主通常轻视这些工作，认为是"新奴隶所不能从事的制衣、照料病人等各种杂七杂八的工作"，但是奴隶对种植园里的女裁缝、护士和助产士等很重视，并相应地尊重她们。

虽然工头和手工工匠在奴隶中间是最高层，其权力来源却是不同的。与工头不一样，奴隶工匠、技工和水手的权力基于其自己的成就，而工头的权力来自与主人的关系。他们努力工作，取得成就，这赋予他们一定的自信，但也使他们成为最容易逃跑和反叛的群体。同时也促使他们进入市场，改善自己以及家庭的生活条件。与城镇中的同伴一样，种植园中的工匠发现殖民地对技术劳动力的需求使他们有机会赚取一点现金，把自己的技能转化成物质利益，同时增强对世界的理解。工作的奴隶相互拜访，结伴去捕鱼，打猎，采集。对1749年一个奴隶结盟组成的反叛团伙的调查显示，数十位奴隶远远地逃离原来的种植园，"他们在一起吃、住、玩、笑。"水稻革命促使种植园的奴隶具有一定的地位，无论在数量上还是在技能上，而这一切是切萨皮克的奴隶所无法奢望的。下南部的种植园主承认他们的奴隶"能够自己管理一个种植园"①。

二　主要种植物：烟草

英国在北美殖民之初，烟草在弗吉尼亚的种植，不仅挽救了处于危亡中的殖民地，而且弗吉尼亚由此开始了烟草繁荣。随着马里兰殖民地的创建，烟草种植又扩张到马里兰。直到殖民地时期结束，烟草一直是上南部的主要种植物、主要出口品，也是上南部殖民地的现金作物。烟草是殖民地时期上南部经济的核心和主导，上南部的财富与烟草紧密相连，烟草是财富的代名词。在不同时期都可以见到关于烟草重要性的表述：称烟草是殖民地的经济命脉，上南部的经济是烟草生产的单一经济等。

上南部的烟草业在殖民地时期经历了两次增长，第一次开始于1616 年商业种植开始之际，止于 17 世纪 80 年代，第二次增长大约从1715 年开始，到美国革命时期。在这两次增长中间的一次低谷是 30年的萧条停滞期，在这期间烟草出口量在 2800 万磅左右波动，虽然在世纪之交有一次较强的增长。1715 年以后切萨皮克烟草业的繁荣在几个方面与 17 世纪不同。除了短暂的突然的波动所带来的中断以外，与 17 世纪 80 年代以前逐渐减速的特点相比，这一时期烟草生产一直在稳步增长，但速度更慢。在 18 世纪英国对切萨皮克烟草的进口仅以每年 2% 的速度增长，而迟至 17 世纪 70 年代增长率也接近 4%。②而且，不管生产费用和烟草价格的稳定上涨，烟草业在发展之中，除了从 18 世纪 20 年代中期开始的 20 年间费用和价格都相对稳定时期。这表明，不断增长的需求是主要的刺激，在 17 世纪 80 年代以前，供

---

① Ira Berlin, *Many Thousands Gone: The First Two Centuries of Slavery in North America*, p. 169.

② John J. McCusker & Russell R. Menard, *The Economy of British America*, 1607 – 1789, The University of North Carolina Press, 1985, p. 124.

应的增加同不断增长的需求一起扩大了出口。英国国内市场，是切萨皮克烟草在 1700 年以前的主要流向，在 17 世纪 80 年代以后几乎没有增长，甚至逐渐缩小，而再出口业务迅速扩大：在殖民地时期的最后 10 年，英国进口的约 85%—90% 的烟草又出口到欧洲大陆市场。[①] 18 世纪切萨皮克市场的组织也发生了主要结构上的变化，尤其是当地独立的商人阶层的兴起取代了以前的寄售制度，购买获得再出口贸易。而且，在生产的组织方面也发生了变化，在 17 世纪大多数烟草是由自己经营的种植园生产的，小种植园主在家庭成员的帮助下，有时有契约奴的帮助，进行生产。自耕农生产者在整个殖民地时期都很重要，但是在 18 世纪租借的种植园和使用奴隶劳动的大种植园主导了生产。

烟草一直是上南部的主要出口产品，直到殖民地时期末，烟草仍然是最主要的出口产品。在 18 世纪初烟草出口占上南部殖民地出口的 95% 以上。18 世纪以后有所下降，但在革命前夕依然占到 3/4 以上，[②] 在上南部的出口中仍然占据绝对优势，如表 19 所示。而且，烟草在英属北美大陆十三个殖民地的各类出口产品中始终居第一位。1766 年，在北美各殖民地农产品出口值中，烟草占 87.3%。[③] 1770 年烟草的出口值达到 906638 英镑，在同期十三个殖民地的近六十类出口产品中居第一位。[④] 因此，烟草不仅是南部殖民地的主要种植物和大宗出口产品，它还是英属北美大陆十三个殖民地位居第一位的出口产品，是最主要的出口产品之一。

---

① John J. McCusker & Russell R. Menard, *The Economy of British America*, 1607 – 1789, The University of North Carolina Press, 1985, p. 124; 同时参见 U. S. Department of Commerence, Bureau of the Census, *Historical Statistics of the United States*, *Colonial Times to* 1970, Part 2, p. 1190, Series Z 449 – 456.

② John J. McCusker & Russell R. Menard, *The Economy of British America*, 1607 – 1789, Chapel Hall: The University of North Carolina Press, 1985, pp. 130 – 131.

③ 吉尔伯特·菲特、吉姆·里斯：《美国经济史》，辽宁人民出版社 1981 年版，第 86 页。

④ U. S. Department of Commerence, Bureau of the Census, *Historical Statistics of the United States*, *Colonial Times to* 1970, U. S. Government Pringting office, Washington, D. C., 1975, Part 2, p. 1184.

表 19　　　　　　　　　上南部出口产品的平均年出口值及目的地

（1768—1772 年）（Pounds Sterling）　　　单位：磅

产品种类	大不列颠	爱尔兰	南欧	西印度	总计
烟草	756128				756128
谷物	10206	22962	97523	68794	199485
铁制品	28314	416		461	29191
木材及木制品	9060	2115	1114	10195	22484
其他	23344	3357	526	12368	39595
合计	827052	28850	99163	91818	1046883

资料来源：John J. McCusker & Russell R. Menard, *The Economy of British America*, 1607 –
1789, Chapel Hall：The University of North Carolina Press, 1985, p. 130.

　　水稻在 18 世纪是下南部的大宗出口作物，水稻之于南卡罗来纳，
"如同烟草对于弗吉尼亚和马里兰一样"。[1] 下南部的稻米出口，1699
年为 131207 磅，1700 年增加到 394130 磅。水稻出口在 18 世纪前 30
年迅速扩张，1710 年达到 1600983 磅，1720 年达到 6485662 磅，
1727 年出口突破 1000 万磅，达到 11291280 磅，到 1730 年出口
18774900 磅。18 世纪 30 年代初期有几年的下降，到 18 世纪 30 年代
末出口再次迅速上升，1740 年出口达 43326000 磅。18 世纪 40 年代
和 18 世纪 50 年代早期是萧条时期，18 世纪 50 年代中期以后再次发
展，直到革命前夕保持稳步上涨。1760 年出口为 35327250 磅，1770
年出口增加到 83708625 磅，1774 年革命前夕出口 76265700 磅。[2] 虽
然下南部有多种出口产品，如鹿皮等，但稻米在下南部的出口中占据
主导地位，成为英属北美殖民地的另一种大宗作物。稻米在 18 世纪
20 年代跃居下南部出口的首位，18 世纪 40 年代后期占南卡罗来纳出
口值的近 60%，在以后 20 年中由于蓝靛的出口，所占份额有所下降，

---

　　① John J. McCusker & Russell R. Menard, *The Economy of British America*, 1607 – 1789,
The University of North Carolina Press, 1985, p. 175.

　　② U. S. Department of Commerence, Bureau of the Census, *Historical Statistics of the United
States*, *Colonial Times to* 1970, Part 2, p. 1192.

但是在 1770 年前后稻米依然占该地区出口值的一半以上[1]（如表 20 所示）。稻米在英属北美大陆殖民地的所有出口产品中居第三位，位于烟草和小麦之后，大约占北美大陆十三个殖民地所有出口值的 10%。

表 20　　　　　**下南部出口产品的平均年出口值及目的地**

（1768—1772 年）（Pounds Sterling）　　　单位：磅

出口产品	大不列颠	爱尔兰	南欧	西印度	非洲	合计
稻米	198590		50982	55961		305533
蓝靛	111864	.				111864
鹿皮	37093					37093
海军产品	31709					31709
木制品	2520	228	1396	21620		25764
谷物	302	169	1323	11358		13152
牲畜	75	366	103	12386		12930
其他	11877	515	365	785	362	13904
合计	394030	1278	54169	102110	362	551949

资料来源：John J. McCusker & Russell R. Menard, *The Economy of British America*, 1607 - 1789, Chapel Hall: The University of North Carolina Press, 1985, p. 174.

三　经济多样化的发展趋势

虽然烟草作为上南部主要的现金作物，占据了绝大多数种植园主的精力，依靠烟草为其提供收入，但是从殖民之初也有其他行业。烟草种植的单一性是相对的，不是绝对的。种植园主首先是农场主，如同在英国农牧结合的地区一样，在切萨皮克种植园中最常看见猪、牛，家畜饲养是当地经济的一个重要组成部分。此外，还种植果园，同清理土地、管理烟草和玉米地、饲养家畜一样都是殖民地经济发展

---

[1]　John J. McCusker & Russell R. Menard, *The Economy of British America*, 1607 - 1789, p. 176.

的一部分。不过，玉米、果园、家畜的生产主要用于自给。

　　17 世纪 80 年代开始的烟草业长期萧条给长期以烟草的单一种植为主的种植园主造成沉重的打击，也对切萨皮克的经济发展产生有力的影响。萧条影响了每一个人，但比起在主要河道岸边拥有最好土地的种植园主来说，那些拥有贫瘠土地的人遭受了更重的打击，无论在内地或是边疆。由于土壤、种植园位置、拓殖时间、同英国商人的联系等因素的差别，不同地区受到影响的程度也不尽相同，这也在很大程度上决定了应变方式的不同。例如在弗吉尼亚，最好的土地在詹姆斯河和拉帕汉诺克河之间，即约克和中塞克斯两县，这里种植价值最高的甜香型烟草，主要供应伦敦市场。在马里兰西海岸南部，尤其是安妮阿伦德尔县，主要是生产价值较低的 oronocco 烟草，在东海岸南部和詹姆斯河南岸的萨里（Surrey）、下诺福克（Lower Norfolk）县则是中等或劣质的土壤，其生产的烟草价格低，受到的打击最为严重。种植园主看到了过分依赖烟草的劣势，促使这些地区最早从烟草种植转移为种植其他作物，而不单纯种植烟草。因此成为第一批从烟草种植转移的地区。

　　虽然烟草价格在周期性波动，但是烟草消费市场依然存在。当烟草价格在每磅 1 便士以上时，种植园主可以勉强维持生计，将剩余粮食、牲畜出售或做些临时的工作来补贴生活，增加收入，确保生活富足。但是 1680 年以后的长期萧条将众多的小生产者推向边缘地区，寻求新的收入来源。在马里兰东海岸种植园主逐渐转向生产英国谷类，主要是小麦，供出口，并且制造粗质的低廉的羊毛布供自己消费。在下诺福克县，烟草种植被生产焦油、牲畜、粮食等向西印度出口的产品取代。17 世纪晚期的烟草萧条的影响加上地区差异，使烟草海岸出现了一定的经济多样性。在东海岸、弗吉尼亚东南部和邻近北卡罗来纳的地区越来越多地种植谷物、进行肉类和森林产品的生产。多样化的趋势在 18 世纪加快，正如 1714 年马里兰总督约翰·哈特看到的那样，他在写给英格兰的博林布洛克君主的信中说，如果"不采取某种措施鼓励烟草种植，大不列颠将在几年内失去这项贸易的利益"，他接着解释说，居民发现自己"种植烟草的景况日益变坏"，他接着说，"他们现在养殖牛，多种谷物，因为他们发现在牙买加、巴巴多斯、利沃德岛，甚至在葡萄牙有一个现成的市场。"他还说因为种植园主从烟草中获利甚小，他们现在自己缝制衣服，而不是从英国购买。[①] 经济多样化的趋势在 1740 年以后加快，谷物价格的收入使马里兰北部的种植园主甚至放弃烟草生产，转而种植小麦，小种植园主则向谢南多厄河谷迁移。到 18 世纪 60 年代上南部的生产布局呈现马蹄形，在马蹄中心地带依然是烟草种植区，在周围则是混合农业带，从弗吉尼亚东海岸的南端，北至特拉华，向西穿过马里兰北部，向南到谢南多厄河谷，进入北卡罗来纳境内，主要种植谷物、大麻、亚麻，以及森林产品加工等。

上南部在 18 世纪 80 年代以后出现并在 18 世纪逐渐增强的经济多样化的发展趋势最初主要是受烟草价格降低的影响所致。由于烟草价格的降低，种植园主被迫转变经营。18 世纪切萨皮克的种植园虽然不如内战前那样复杂精致，但是也是高度复杂的事业。18 世纪成功的种植园主从事各种职业，从农业、商业到金融、制造业，而且这种多种经营是他们成功的关键。切萨皮克地区从事多种经营的大种植园的出现在不同地区发生的时间不同。例如在 17 世纪 80 年代一群这样的种植园明显出现在弗吉尼亚潮水带地区，一代人以后在马里兰北部出现类似的种植园。最早的种植园过度依赖烟草贸易，以后的种植园兼种烟草和谷物。很多历史学家强调烟草在切萨皮克种植园社会成长中的重要性，一些人甚至认为多样性农业不是一个真正的种植园经济的代表。最近有学者研究提出，事实上种植园产品的多样性在 18 世纪促进了上南部种植园的成长和发展。

此处以马里兰东海岸地区为例，通过考察烟草种植园主的生存和经营状况来分析其对经济多样化的采纳。

切萨皮克的种植园主依靠种植烟草到底生活得怎样呢？大种植园主、小农场主和佃农都在艰难地维持生计。由于从对土地和劳动力的

---

① Paul G. E. Clemens, "The Operation of An Eighteenth‐Century Chesapeake Tobacco Plantation", *Agricultural History*, Vol. 49, No. 3 (July 1975), p. 517.

投资中获得的回报很少，在 17 世纪早期种植园主就开始自己生产粮食。很多农场主自己织布，同时当伐木匠、箍桶匠和铁匠。维持生计的农业获得发展，是因为切萨皮克烟草经济的弱小，多样化生产在弗吉尼亚和马里兰的一些地区事实上提供了经济发展的另一条道路。利用马里兰东海岸的记载来描述切萨皮克烟草种植园的经营是可能的。直到 18 世纪中期，东海岸是一个重要的烟草种植区。1750 年以后，在托尔伯特县烟草仍是重要的作物，其他东海岸的县的多样化农业像安纳波利斯北部和西部，以及弗吉尼亚的詹姆斯河下游和阿科马克地区一样，是典型的谷物—烟草的混合种植，东海岸的经济可以从农场记录和种植园主的死亡记述和目录中得到重现，税收登记目录和土地记录使这个地区的社会结构有一个清晰的图像。最初由富人和穷人共同分享的依赖烟草的经济逐渐向多样化的农业发展。

在 17 世纪和 18 世纪早期，烟草在马里兰东海岸是主要的现金作物，最重要的经济活动。为了估计种植园主种植烟草的成功，必须了解：①每个劳动力的产量；②维持一个劳动力的费用；③需要对土地和劳动力进行的投资数量；④种植园主从投资中获得收益的时间。首先说 18 世纪 20 年代的奴隶资产，在东海岸的记录中不完全，种植园主的经济状况可想而知。对 18 世纪 20 年代的种植园主而言，土地比第一批殖民者得到的更贫瘠，而价格更贵，他们从烟草中获利更少，但是他们有更充足的奴隶、食物和衣物供应。简言之，他们比 17 世纪的同行经营效率更低，在 17 世纪从购买奴隶和土地中获得 6%—7% 的收益是正常的，在 18 世纪，几乎没有种植园主获得超过 5%—6% 的收益，除非他们同时种植谷物，出售肉类。

冗长乏味的准备过程和短暂的种植季节限制了一个劳动力一年所能生产的烟草数量。罗伯特·戈德伯勒的财产记录清晰地展现了烟草生产的画面。在 18 世纪的第一个 10 年，戈德伯勒的每一个奴隶可以生产 2600 磅烟草，到 18 世纪 30 年代，虽然他开辟了新的土地，且产量降到大约 800 磅，但是现在的奴隶还要种植很大数量的谷物。财产目录中的作物报告和其他的财产账目显示，在 17 世纪晚期平均每个工人的产量超过 2000 磅，到 1740 年下降到 1200—1400 磅，在

1740 年最好的种植园产量也不过 1600 磅。在 18 世纪早期，一个没有奴隶但有妻子和年长的孩子做帮手的农场主一年可以收获不多于 2400 磅。[1] 为了给奴隶提供衣服和纳税，种植园主花去了收获的相当一部分。东海岸的种植园主让劳动力穿得很好，对契约奴和奴隶平等对待。在爱德华·劳埃德的种植园，1773 年每一个男性奴隶得到价值相当于 360 磅烟草的衣物，包括 7 码布料、一件背心上衣、一条裤子、一双鞋子和两件衬衫（见表 21）。劳埃德给每个女奴隶一条裙子、一双长袜、一件短上衣和两件罩衫，同样有几码布料。18 世纪 20 年代东海岸的种植园主基本与劳埃德的花费相似。切萨皮克的冬季寒冷，必须购买大量的衣物才能过冬，种植园主显然把对奴隶的相当大的花费当作自己一年的义务和责任。除了提供衣物外，种植园主还必须交税，付给监工收获物的 1/10 到 1/7，在收获季节购买甜酒和啤酒。在完成所有的开支后，种植园主大概剩余收获物的一半。这就是种植园主的净收入。

表 21　　供养一个田间劳动力每年所需的典型开支（c. 1720）

		以烟草计（磅）
衣服	15 码布	240
	鞋	60
	长袜	25
	织布费用	25
纳税	县	90
	教堂	40
	殖民地（Province）	20
合计		500

资料来源：Paul G. E. Clemens, "The Operation of An Eighteenth – Century Chesapeake Tobacco Plantation", *Agricultural History*, Vol. 49, No. 3, （July 1975）, p. 520. 其来自：Lloyd Collection, Maryland Historical Society, Baltimore; Inventories and Accounts; Inventories; Talbot County Court Records; Eastern Shore Parish Records; Queen Anne's County Levy Book – all Hall of Records, Annapolis, Maryland. See also, Appendix Tables 1, 2, 3.

---

[1] Paul G. E. Clemens, "The Operation of An Eighteenth – Century Chesapeake Tobacco Plantation", *Agricultural History*, Vol. 49, No. 3 （July 1975）, p. 519.

在 18 世纪 20 年代，种植园主如果购买一个奴隶，他对土地和奴隶的投资大约为 30 英镑；而对一个契约奴的投资是 10 英镑多一点（见表 22）。每名劳动力都需要土地种植烟草，还需要一点土地为自己种植食物。他每年能种植的土地不多于 1.5 英亩，但是由于烟草很快耗尽了土壤的肥力，每 4—5 年就要开辟新的土地。在一生中，一个奴隶种植烟草，可以耗尽 10 英亩土地的地力，他还要至少 2—3 英亩土地种植谷物和放牧，以供应自己的食物。事实上，很多种植园主购买的土地远远多于这个估计的数字，通常平均每个奴隶至少需要耕作 50 英亩土地。种植园主也许因为管理不善还要购买另外的土地，他购买土地还可能是为了家庭将来的需要。购买一个契约奴需要投入的资本少一些。一个契约奴花费相当于一个奴隶的 1/3，由于服役期限短，他们需要的土地也少，但是在服役期满、获得自由之时，种植园主必须提供衣服、农具和一大桶粮食。

表 22　　　一个奴隶制烟草种植园的产量、投资与收益（c. 1720）

		低产	中等	高产
每个劳动力每年的烟草产量		1200	1600	2000
每年消费的烟草量（磅）	纳税和衣服	500	500	500
	监工报酬（收获的 1/8）	150	200	250
净产量（以烟草计）		550	900	1250
25 年后净产量的价值（英镑）		57.3	93.8	130.2
投资（英镑）	土地	3.0	3.0	3.0
	劳动力	24.4	24.4	24.4
合计		27.4	27.4	27.4
25 年后的净收益（英镑）		29.9	66.4	102.8
收益率（%）		3.0	5.0	6.4

资料来源：Paul G. E. Clemens, "The Operation of An Eighteenth – Century Chesapeake Tobacco Plantation", *Agricultural History*, Vol. 49, No. 3（July 1975），p. 522. 其来自：Inventories; Accounts; Talbot County land Conveyances – all Hall os Records, Annapolis, Maryland.

如果种植园主购买了一个年龄在 18—20 岁的奴隶，那么可以使用 25 年；大多数罪犯契约奴要服役 7 年或者 14 年；普通契约奴服役 4—7 年。但是，这些预定数字可能超过种植园主实际获得的劳动时间。高死

亡率、逃跑、在刚到达切萨皮克的早几年对于田间劳动不熟练，都可能
降低一个劳动力的价值，即削弱农场主从投资中所获得的回报。死亡也
许是最重要的因素，但是直到今天对弗吉尼亚和马里兰的奴隶的预期寿
命也没有准确的研究。田间劳动的艰苦和潮水带沼泽地传播的疾病对黑
人和白人的生命都是严重威胁。迟至1750年，达到20岁的白人男性可
以再活约不到30年。奴隶的预期寿命可能更短。到40岁以后，其价值
迅速下降。到了50岁，他只有一个名义上的价值，实际上已经没有多
大价值了。在任何时期，仅有大约8%的奴隶超过了50岁。逃跑对契约
奴主人的影响比对奴隶主的影响更大。契约奴逃跑到宾夕法尼亚、卡罗
来纳或者特拉华，种植园主因此失去很多劳动力。另外，劳动力最初几
年的劳动效率不如后来的几年。在早几年，劳动力还没有掌握种植和管
理烟草的技能，他生产的烟草就少。对服役年限短的契约奴来说，这是
一个重要的损失。在18世纪20年代，如果购买一个奴隶，仅仅种植烟
草的话，种植园主可以从投资中获取5%的利润。在17世纪，那些拥有
奴隶或者契约奴的种植园主，可以获利超过6%。在18世纪早期，烟草
的低产量导致低收益，但是，很多种植园主像罗伯特·戈德伯勒一样，
通过种植谷物来增加收入。通过对烟草的仔细管理，并且种植一些谷
物，依靠种植园的产品来供养奴隶，种植园主可以获得多于6%的利润
率，可以支持他对大宗作物的继续投资。一个在7年中生产1600磅烟
草的契约奴可以为其主人带来11%的收益，但是如果产量低于1200
磅，服役期限是5年，则种植园主会破产。这又表明认真经营的重要
性。很明显，无论奴隶主或者契约奴主人，都不能从烟草种植中获取巨
额利润。

　　奴隶主面临的问题更为严重。只有少数烟草种植园主拥有奴隶。
几乎一半的奴隶属于几个屈指可数的极为富有的商人兼种植园主，其
他奴隶属于10%的自由白人男性。[①] 在18世纪20年代的社会结构里，
奴隶主以下是家庭农场主，他们拥有房屋，通常有一些土地，偶尔有

---

　　① Paul G. E. Clemens, "The Operation of An Eighteenth – Century Chesapeake Tobacco Plantation", *Agricultural History*, Vol. 49, No. 3 (July 1975), p. 522.

一个仆人。白人社会的底层是佃农。在 18 世纪早期，家庭农场主和佃农比奴隶主的生计更为艰难。大商人—种植园主在东海岸肥沃的海边的土壤开辟产地。把从 17 世纪 60 年代以来他们或其家族积累起来的钱财投入到法律、商业、政治和农业中，这些种植园主建立了 1000 英亩土地的种植园，有 10 个或以上的奴隶劳动。例如理查德·贝内特，在这个地区 24 个商人—种植园主中是最富有的，拥有超过 5000 英亩的土地和 30 名奴隶。小一些的奴隶主有 300—1000 英亩的土地，平均每个人大约 2 名奴隶。见表 23。

表 23　　　　　　　　　18 世纪 20 年代东海岸的劳动力状况　　　　　　单位：人

县别	奴隶主	家庭农场主	无地白人	男奴仆	男奴隶	女奴隶	合计
托尔伯特县	130	520	410	80	240	170	1550
肯特－昆安妮县	230	1070	820	160	480	340	3100

资料来源：Paul G. E. Clemens, "The Operation of An Eighteenth – Century Chesapeake Tobacco Plantation", *Agricultural History*, Vol. 49, No. 3（July 1975）, p. 523. 其来自：Estimates from Talbot, Kent, and Queen Anne's Counties Tax Lists of 1722 and Inventories, 1720 – 1730, Hall of records, Annapolis, Maryland.（1722 年托尔伯特县、肯特和昆安妮县的税收目录和 1720—1730 年财产清单）

家庭农场主（householders = family farmers）拥有一处居所，占自由白人男性的一半（见表 23）。他们中的绝大多数拥有土地，大部分有 100—300 英亩。小农场主没有奴隶，但是他们在繁荣的年代常常需要奴仆。他们农场的最好产量为每年 2400 磅烟草；为家庭成员购买衣物、纳税以后，剩余约 1400 磅烟草。在为儿子购买土地或者购买一个奴仆之前，还要购买他所需要的英国商品，如床、床单、锅等，农用工具也常常是进口的。在种植园主的一生中，也许有一两次烟草价格上涨到每磅 1 便士以上，他才能够存款，购买一个奴仆，或偶尔跻身于奴隶主阶层。但是，他的所有可以使他过朴素自然的、一般舒适的生活。佃农经营最小的、收益也最少的种植园。在 18 世纪早期，在托尔伯特县有 400 名佃农，他们中的大多数租种不到 200 英亩的土地，很多只租种 50 英亩。租借期限通常不到 5 年，常常只有 1 年，但是偶尔也有 7 年或 21 年的。租借期限差别很大。长期租借通常在最初几年以后需要提高租金。一些土地主人要求以谷物而不是烟草来交纳租金；一些土地主人要求佃农改良土壤，保证土地肥力。租金在 500—1000 磅烟草，平均约为 600 磅烟草。由于要偿付租金，佃农的生活不如小土地所有者（见表 24）。他提高自己的地位的机会更少，当烟草价格下降时，情况更糟。

表 24　　　　小土地所有者和佃农的典型的年收入和支出

（ c. 1720 ）（以烟草磅计）

		有地家庭	佃农家庭	单身佃农
产 量		2400	2400	1200
支出	衣服	850	850	350
	税收	150	150	150
	租金	—	600	600
结 余		1400	800	100

资料来源：Paul G. E. Clemens, "The Operation of An Eighteenth – Century Chesapeake Tobacco Plantation", *Agricultural History*, Vol. 49, No. 3（July 1975）, p. 524.

但是，烟草的低价格促使种植园主种植一些谷物，或饲养牲畜、生产肉类以增加收入。玉米、牛肉和猪肉的生产实际上在 1660 年托尔伯特殖民伊始就开始了。在 17 世纪，土地所有者生产足够的粮食和肉类供应自己和家庭，把少量剩余出售。到 18 世纪早期，事实上所有的海湾边和大查普唐克（Great Choptank）的土地所有者都种植一些小麦、玉米、蔬菜和果树，他们饲养成群的牛、羊和猪，以供应牛肉、羊肉和猪肉，在烟草房旁边，他们建造了挤奶房和养鸡房。

在 18 世纪早期，大多数生活在种植烟草的海湾地区的托尔伯特（Talbot）、肯特（Kent）和昆安妮县（Queen Anne's County）的种植园主都在土地上发展了多样化的农业生产。每一个种植园里有一所作为住处的房屋，通常 20 英尺长、16 英尺宽或更大，多为木结构，偶尔有砖结构，一个长 40 英尺的烟草房，还有一个厨房。在建筑物旁边，分布着挤奶房、谷仓、养鸡房、牛马房等小一些的建筑，还有奴隶的房舍。种植园主还种植苹果树、桃树或樱桃树等果树，菜园里出产豌豆、黄豆、西红柿和其他作物。例如，18 世纪 30 年代昆安妮县

的一个兴旺的种植园主托马斯·马什的种植园，包括一所旧砖房（40
英尺长、20 英尺宽），一个新厨房（10 英尺长、10 英尺宽），一所奴
隶房舍（20 英尺长、16 英尺宽），一间挤奶房，一间旧的牛屋，两所
烟草房（大约 40 英尺长、20 英尺宽）。种植园里还有 198 棵苹
果树。①

　　大商人—种植园主和奴隶主的大种植园最能证明对多样化的生产
的采用。例如罗伯特·戈尔兹伯勒（Robert Goldsborough），拥有共计
达 1000 英亩的地产，生活在托尔伯特县肥沃的海湾边的地区。他的
种植园有自己的码头，直到 20 世纪早期，他的后代还在使用这个码
头，把谷物运到巴尔的摩。1730 年戈尔兹伯勒和他的两个儿子，1 个
监工和 14 个成人奴隶生活在两个种植园里。这一年，9 名田间劳动力
生产了 11012 磅烟草，戈尔兹伯勒把这些烟草运到伦敦的塞缪尔·海
德公司，卖了 34 英镑。因为在 1730 年烟草价格极低，戈尔兹伯勒划
出很大面积的土地种植谷物，他收获了 224 大桶玉米和 190 蒲式耳小
麦，价值超过 90 英镑。戈尔兹伯勒的种植园附近是另外一个显赫的
奴隶主的种植园，罗伯特·劳埃德共有三个种植园。在 18 世纪 60 年
代早期，当多样化在托尔伯特县变得更重要时，劳埃德有 4 个监工，
33 个田间劳动力，几个家内奴隶，28 个黑人小孩。在丰收的年份，
劳埃德还另外雇佣劳动力帮助收获小麦。在 18 世纪 50 年代后期和 18
世纪 60 年代前期，劳埃德的种植园每年生产 32000 磅烟草，给他带
来 135 英镑的收入。谷物收获为 320 大桶玉米，670 蒲式耳小麦和少
量燕麦，共值约 270 英镑。他还从租佃和借债收回的烟草中获得 60
英镑的收入。劳埃德把大部分烟草运到伦敦销售，在海岸贸易中运出
50 蒲式耳玉米和 400 蒲式耳小麦。农场生产的物资不仅仅供家庭消
费，劳埃德一年杀掉 8 头猪，监工得到 300 磅猪肉，成年奴隶共得到
150 磅，小孩得到的最少，只有 35 磅。他每年都把一部分剩余的猪肉
出售给这一地区的其他种植园主。每头猪要消费 5 蒲式耳玉米，每个

---

　　①　Paul G. E. Clemens, "The Operation of An Eighteenth – Century Chesapeake Tobacco Plan-
tation", *Agricultural History*, Vol. 49, No. 3（July 1975）, p. 525.

成年奴隶 4 大桶玉米。劳埃德把大部分小麦出售，留下 1/10 做种子，给监工一些，给奴隶一点。在霍利迪农场（Hollyday Farm），另一个海湾边的大种植园，在 18 世纪 60 年代谷物甚至比烟草还要重要。亨利·霍利迪使用 7 个田间劳动力和 1 个监工，平均每年生产 3700 磅烟草，315 蒲式耳小麦，185 大桶玉米，55 蒲式耳燕麦。他出售烟草可以获利 10 英镑，出售谷物则获利 76 英镑。他付给监工 500 磅烟草，37 蒲式耳小麦，20 大桶玉米，5 蒲式耳燕麦，或者大约合计 10 英镑。在收获季节还另外雇佣助手。除供给奴隶外，霍利迪还有很大部分剩余的谷物在海岸贸易中出售。①

在托尔伯特县和昆安妮县发生的从烟草种植向多样化农业的转变同样影响了小农场主。在 17 世纪大土地所有者排斥谷物生产，后来在种植园这种状况逐渐改变，而发展一种自给自足的农业，然后谷物生产的重要性逐渐增长。1700—1709 年间托尔伯特县的种植园存货清单中，有一半的种植园包括了玉米，1/3 记载了小麦。这些事例中的大多数种植园主种植两种谷物。到 1730 年每一份清单都列举了玉米，土地主人每年通常收获 40 大桶或更多的玉米，另外收获几十蒲式耳小麦出售。是大量的谷物种植使种植园主的经营获利。为了满足对肉类的需求，很多东海岸的农场养殖大量的牛、猪和羊。种植园主养羊更多地是为了获得羊肉和羊毛而不是到市场上出售。在 18 世纪 30 年代托尔伯特县最大的羊群只有 103 只羊，在一个 300 英亩的农场里只需要 30 英亩土地。而且，清单上记载平均每只母羊只有 0.74 只羊羔，每只羊产毛 1.6 磅。即使这些数字低估了，也说明羊群的管理不如 17 世纪英格兰的管理认真。但是在 18 世纪最初的 30 年，托尔伯特县的羊的数量增长了 50%（见表 25）。这有助于种植园主解决奴隶的衣食问题。同一时期，猪的数量也在增长，从 18 世纪 30 年代开始，猪肉是这个地区最重要的家畜产品。牛、羊和猪的多种养殖使整个 18 世纪东海岸基本达到自给自足。在大种植园杀一头猪可以获得

① Paul G. E. Clemens, "The Operation of An Eighteenth – Century Chesapeake Tobacco Plantation", *Agricultural History*, Vol. 49, No. 3（July 1975）, pp. 525－526.

120 磅肉，每年宰杀的猪约占一半。在 18 世纪的第一个 10 年，为托尔伯特县提供了 80 万磅猪肉，6000 居民，平均每人 150 磅。随着奴隶人口的增长，猪的数量也在增多。到 1730 年托尔伯特县有足够的猪为 7000 居民提供猪肉和熏肉，还有相当剩余供出口。[①]

表 25　　　　　　　　　托尔伯特县农场主饲养的牲畜状况
（1704—1710 年和 1730—1739 年）

牲畜	1704—1710 年	1730—1739 年
母牛、牛犊、小母牛	14000	12300
公牛	4800	3400
猪、小猪	17400	29400
羊、小羊	9900	14700

资料来源：Paul G. E. Clemens, "The Operation of An Eighteenth – Century Chesapeake Tobacco Plantation", *Agricultural History*, Vol. 49, No. 3（July 1975）, p. 527.（其来自 Inventories, 1704 – 1710, 1730 – 1739, Hall of Records, Annapolis, Maryland. ）

　　为了种植粮食，很多种植园主有多种技能，而且还促使在切萨皮克一直存在一个手工艺人阶层。种植园主希望降低开支，增加收入。手工艺人建筑房屋，制造大桶，制造和修理农用设施。具有多种手艺在小农场主中间非常普遍，但是到 18 世纪初，一半的土地主人有一些工具：伐木工具是最常见的（制造大桶时也非常有用），还有箍桶匠、制鞋匠、铁匠、制革匠、裁缝和做手套的工具。尽管他们拥有土地，主要收入从烟草种植中获得，但是 13.8% 的托尔伯特居民在1663 年和 1750 年的卖地契约上将自己列为手工艺人（见表 26）。专职的手工业者，例如制革匠和铁匠是例外。除了手工用具，绝大多数的东海岸的种植园主有种植谷物的工具。在 1700—1709 年的存货清单中有 40% 的种植园主有一张犁、一辆大车和一头牛。大多数的清单包括磨制面粉的石磨和织布用的纺车。很多没有清单的无地者也有手工技能和谷物收获用的工具。在 18 世纪 30 年代，这样的工具很普

---

　　① Paul G. E. Clemens, "The Operation of An Eighteenth – Century Chesapeake Tobacco Plantation", *Agricultural History*, Vol. 49, No. 3（July 1975）, pp. 526 – 527.

遍，尤其是小麦种植用的犁。

表 26　　　　　1663—1750 年托尔伯特县出售土地者的职业

职业	数量（人）	所占百分比（%）
种植园主	706	61.5
商人，酒店店主	46	4.0
医生、律师和其他专门职业者	13	1.1
手工工匠	158	13.8
劳动者	3	0.3
未归类者	222	19.3
总计	1148	100.0

资料来源：Paul G. E. Clemens，"The Operation of An Eighteenth – Century Chesapeake To-bacco Plantation"，*Agricultural History*，Vol. 49，No. 3（July 1975），p. 528.（其来自托尔伯特县的土地转让，1663 – 1750，Talbot County Land Conveyances，1663 – 1750，Hall of Re-cords，Annapolis，Maryland.）

　　到 18 世纪 40 年代烟草殖民地的社会经济结构与以甘蔗和水稻种植园为主的殖民地发生了明显分歧。马里兰的种植园主比西印度的种植园主贫穷，他们自己生产粮食，有时在烟草种植之余从事一些手工工作。在 18 世纪 30 年代的东海岸，白人与黑人的比例是 5∶1，在牙买加，白人与黑人的比例是 1∶10。在东海岸，平均每个人有两头牛；在牙买加，每三个人有两头牛。[①] 牙买加的种植园主既没有从事谷物种植，也没有从中发现利益。切萨皮克的农场主为西印度的种植园主提供了一定的谷物出口。甚至在南卡罗来纳，18 世纪 30 年代经济也相当多样化，但也与切萨皮克明显不同。南卡罗来纳的奴隶几乎是白人的两倍，而且这个比例还在增长。在切萨皮克的很多地区发现的小地产和谷物种植，都是烟草种植园主面临的困境的结果，使种植烟草的弗吉尼亚和马里兰与种植水稻的南部邻居不同。

---

　　① Paul G. E. Clemens，"The Operation of An Eighteenth – Century Chesapeake Tobacco Plan-tation"，*Agricultural History*，Vol. 49，No. 3（July 1975），p. 528.

四　一个18世纪烟草种植园的个例分析：种植园经营的多样化和劳动力类型的多样化

　　18世纪在以烟草种植为主的上南部出现的越来越强的经济发展多样化的趋势还可以从种植园对劳动力的多样需求中得到解释。对劳动力需求的多样化反映了种植园经营的多样化。

　　这里提供的是在18世纪上半期切萨皮克北部一个种植园的劳动力管理状况。[1] 约翰·格雷沙姆是切萨皮克北部一个富有的种植园主，他对1728年和1734—1750年种植园的劳动力状况进行了详细记录，反映了在18世纪初期这一地区向奴隶制和多样农业转型时期一个种植园主的劳动力需求状况。种植园主总是致力于减少劳动力消耗，提高利润。

　　1700—1750年间切萨皮克的种植园农业经历剧烈的变化。富有的种植园主开始扩大奴隶数量，减少对契约奴的依赖，在很多地区种植作物也多样化。他们开始把小麦和其他产品运送到其他的殖民地，虽然他们依然向英国输出烟草。大种植园主的家庭环境也在变化，白人妇女开始转向家务劳动，她们生产奶酪、啤酒、苹果酒、布以及其他产品，一方面供应自己的需要，另一方面也拿到市场上出售。只有大种植园主才有资本购买、安装这些设施。约翰·格雷沙姆所在的肯特县于1642年建立，是位于马里兰东海岸北部的一个县。肯特的人口增长很快，到1660年当地的种植园主开始与其他殖民地的商人进行多种交易。他们把烟草运往英国，殖民地之间的交易包括谷物、兽皮和木材。这些对起伏不定的烟草价格所带来的冲击是一个保护。肯特县的多样经营，像切萨皮克大多数地区一样，由大种植园主引起。在这个过程中，有一些人成为商人。

　　多样的经济追求需要多样的劳动力。切萨皮克地区可以获得各种

---

　　① Christine Daniels, "Gresham's Laws: Labor Management on an Early – Eighteenth – Century Chesapeake Plantation", *The Journal of Southern History*, Volume 62, Issue 2 (May 1996).

类型的劳动力，虽然奴隶对种植园主而言是关键的，尤其在出口经济中。作物生长的季节性、这一地区的经济形势以及战争都对种植园的劳动力需求造成影响。殖民地的种植园主依赖出口，而战争对海洋贸易具有破坏性。1689—1697 年的奥格斯堡联盟战争，1702—1713 年的西班牙王位继承战争，1739—1748 年的奥地利王位继承战争，以及 1756—1763 年的七年战争、美国独立战争都影响了切萨皮克的出口贸易。一些殖民地种植园主的绝大部分成年时期是伴随战争度过的。战争促使切萨皮克的种植园主和商人开发新产品、寻求新市场，飞速上涨的信贷和私人海盗行为也使与英国的烟草贸易充满风险。早在 17 世纪 90 年代，海上战争就促使种植园主制造一些原本需要进口的商品。1680 年以后肯特县出现自由劳动者，他们对这一地区 1700 年以后的经济发展是重要的，这些人包括服役结束后的前契约奴、单身男女、佃农，偶尔也出租奴隶。战争、家庭变化等都影响种植园的劳动力需求，显示种植园管理是相当复杂的事务。

约翰·格雷沙姆生于 1703 年，1723 年其父亲去世，他继承了 1300 多英亩的土地，1727 年其第一位妻子又带来 550 多英亩的土地，在以后的 25 年里，他又购买了 2300 英亩土地。1752 年死时，他拥有土地 4000 英亩，在切斯特城和安纳波利斯有 5 座房屋。但他并不是自己种植这些土地。像其他大种植园主一样，他把很多土地租给佃农，自己只管理两个种植园。其原地的种植园是"格雷沙姆的科利奇"（Gresham's Colledge），位于切萨皮克湾的海岸平原上，735 英亩；1735 年他建立了另外一个种植园"莫根的克里克"（Morgan's Creek），在切斯特河的一个支流上，255 英亩。格雷沙姆在科利奇的种植园有一所高大的房屋，死时个人财产价值 1656 英镑，是美国革命前肯特县最富有的人之一。到 1752 年他把一部分财富投资购买 34 名奴隶，革命前肯特县只有不到 1% 的种植园主拥有这样多的奴隶。[1] 虽然有大量的奴隶劳动力，但格雷沙姆并不完全依赖奴隶劳动，他使用混合

---

[1]　Christine Daniels, "Gresham's Laws: Labor Management on an Early – Eighteenth – Century Chesapeake Plantation", *The Journal of Southern History*, Volume 62, Issue 2 (May 1996), p. 212.

的、不断变化的劳动力队伍，包括自己的奴隶、1 名契约奴、雇佣妇女、手工工匠、按日付工资的劳动者，还曾雇佣 1 名奴隶。随时根据需要调整劳动力队伍使格雷沙姆种植园的运作更有效率。

　　格雷沙姆像许多种植园主一样，通常拥有的奴隶少于其所需要的劳动力，这是为了减少对劳动力的固定资本投资。奴隶制要求"在所有时间，占据所有劳动"以获得最大的产出。格雷沙姆种植园的劳动通常多于其奴隶所能完成的，他雇佣自由或非自由的劳动力作为对奴隶劳动力的补充。虽然这些劳动力的日花费或月花费多于奴隶，但是只短时间使用，所以从长远来看是划算的。他主要需要三种劳动力：农业、家务和技术劳动力。不同时期对不同劳动力的需求是不一样的。其对农业劳动力的需求根据农业产品的市场情况而定，并受到战争的影响。其对家务劳动力的需求主要由其家庭状况决定，也受奴隶人数和当地市场以及殖民地之间的贸易影响。他对技术劳动力的需求主要由其种植园的"生命周期"来决定，也受当地市场和殖民地之间贸易的影响。

　　格雷沙姆的绝大部分农业劳动力是奴隶，也是其可以获得的最有效率的劳动力。对奴隶的最初投资是很大的，但是，可以拥有其一生的劳动，一个奴隶平均每年的花费少于任何其他类型的劳动力。格雷沙姆不喜欢频繁地购买、出售奴隶，在 1728—1739 年他在自己的记录本上记下了 21 名成年奴隶的名字，1752 年死时仍拥有其中的 15 人。因此大部分奴隶在成年时代为格雷沙姆所拥有。1739 年格雷沙姆以 250 蒲式耳小麦（大约值 43 英镑 15 先令）的价格购买了一名成年男性奴隶。如果这名奴隶像其他大部分奴隶那样为格雷沙姆劳动至少 13 年，他每年的花费是 3 英镑 7 先令。1738 年格雷沙姆收获 1 万磅烟草，出售 282 蒲式耳小麦，1000 加仑苹果酒和 35 磅肉。1738 年的收入总计是 136 英镑 10 先令（见表 29），平均每个非自由劳动力创造了 12 英镑 4 先令的收入。因此格雷沙姆每年从奴隶劳动中获得的利润大约是 275%。[1]

---

　　[1]　Christine Daniels, "Gresham's Laws: Labor Management on an Early – Eighteenth – Century Chesapeake Plantation", *The Journal of Southern History*, Volume 62, Issue 2 (May 1996), p. 214.

格雷沙姆有时使用另外两种类型的劳动力：契约奴和自由雇工。每一种劳动力安排不同的需要。非自由的农业债务奴仆服役时间短，首先需要较少的投入。自由劳动力按日或月定契约计工资，不需要资本投入。1739 年格雷沙姆向肯特县行政长官交纳 6 英镑 14 先令购买了 1 名契约奴，还以每天 1 先令 6 便士至 2 先令的价格雇佣了 1 名自由劳工，或者 1 个月 30 先令。如果雇佣 1 年，他就要为之支出 18 英镑至 27 英镑。当然，奴隶和契约奴要负责衣食，而雇佣劳动者自己供应自己。格雷沙姆可以从一个契约奴身上获得大约 80% 的利润。如果使用自由雇佣劳工，他为之支付的工资要比这名劳工创造的收入高 30%—50%。显然，奴隶是回收利润最高的农业劳动力。但是只有被完全充分使用时才能获得这样的利润。格雷沙姆如果在有超过 6 个月的劳动时用契约奴代替奴隶，他将受益，当有超过 2 个月的劳动时，雇佣自由劳动更划算。

烟草和玉米是非自由劳动力的主要产品，两者都需要大量持续的劳动。奴隶和契约奴最初的一次性投入多，但是所获得的劳动时期长。烟草种子在 11 月和第二年 2 月开始在屋内培植，2 月和 3 月清理土地，4 月和 5 月第一次移植，一直到夏初要把更多的烟草苗移植到地里。从 8 月到 9 月开始收割、晾晒。玉米在 3 月开始锄地，4 月末到 6 月种植，8 月到 11 月收割，此后的脱粒持续到冬季。

1728 年格雷沙姆第一次记录其烟草产量，当时拥有 7 名奴隶和 1 名契约奴，把 9 大桶烟叶运往伦敦，没有记载其他的产品。到 1735 年，他扩大了经营，拥有的奴隶有 10 名，出口 20 大桶烟叶。由于奥地利王位继承战争影响了跨大西洋的贸易，1739 年以后格雷沙姆没有继续扩大产量。国际政治影响了格雷沙姆种植园的管理。战争前，格雷沙姆把绝大部分资源都投入到烟草生产中去。1735—1739 年他平均每个劳动人手的烟草产量是 1300 磅，烟草占其种植园年收入的 2/3 到 3/4（见表 29）。1739 年战争开始后英国商人不愿意冒险航行到切萨皮克，到达切萨皮克的船只减少，商人还提高了信贷，把运费负担转移到种植园主身上。1739 年前的 20 年间肯特县的种植园主每吨烟草交纳 7 英镑运费，到 1745 年上涨到 15 英镑。1740 年西班牙海盗在切萨皮克湾附近潜行，格雷沙姆的一船烟草被掠去。1741 年法国与西班牙结盟，在 18 个月内在切萨皮克海岸有大约 30 艘船只被劫掠。仅 1745 年 5 月、6 月和 7 月，至少有 7 艘烟草船只被法国海盗掠走，其中一艘来自肯特县。格雷沙姆在伦敦的代理商约翰·汉伯雷在 1740 年、1742 年、1745 年、1746 年、1748 年干脆没有往切萨皮克发船，也没有自由寄售制的船只到达。结果格雷沙姆没有运出烟草。在战争期间，烟草只占格雷沙姆种植园年收入的 1/3。1748 年战争结束，1749 年格雷沙姆出售了 17000 磅烟草，占当年总收入的 90%。这部分是希望获得进口商品的结果，只有烟草可以在英国拥有信贷，而且 1747—1751 年肯特的烟草价格从每磅 1.15 便士增长到 2.3 便士。账目在 1750 年结束。1752 年的遗产目录中，有 23 大桶烟草等待运输。

表 27　约翰·格雷沙姆种植园的烟草出口（1728 年，1735—1752 年）

年份	劳动人手（人）	烟草出口量（大桶）	每个劳动人手的产量（磅）	每磅烟草价格（便士）
1728	8	9	1385	1.05
1735	11	20	1818	1.10
1736	13	22	1692	1.40
1737	13.5	16	1185	1.65
1738	14	10	714	2.05
1739	15.5	15	968	1.95
1740	16	0	0	1.65
1741	15.5	18	1161	1.80
1742	14.5	0	0	1.55
1743	13	3	231	1.55
1744	13	10	769	1.30
1745	13	0	0	1.25
1746	13	0	0	1.25
1747	15	1	733	1.15
1748	15	0	0	1.30
1749	14	17	1214	1.75

年份	劳动人手（人）	烟草出口量（大桶）	每个劳动人手的产量（磅）	每磅烟草价格（便士）
1750	16	15	938	2.30
1752	18.5	23	1243	1.70

注：表中 12—16 岁的奴隶算作 0.5 个劳动力，成年奴隶是整个劳动力。数字包括 1747—1752 年间雇佣的 1 名奴隶。

资料来源：Christine Daniels, "Gresham's Laws: Labor Management on an Early – Eighteenth – Century Chesapeake Plantation", *The Journal of Southern History*, Volume 62, Issue 2 (May 1996), p.217. 其根据约翰·格雷沙姆的账目整理而来（From the data in John Gresham's Account Book, Jane Sprinkle Manuscript, Maryland Hall of Records, Annapolis）。

在战争前格雷沙姆就开始出售小麦，在战争期间小麦占年收入的很大一部分（见表 28）。在格雷沙姆看来，与西印度的小麦贸易比与英国的烟草贸易要安全。历史学家对切萨皮克的小麦贸易机制还缺乏研究，但是格雷沙姆的账目显示小麦贸易不是采取寄售制。他把小麦出售给当地的商人，如果运输过程中被海盗掠走，损失属于商人。而且，与当地的商人建立信贷，可以获得当地的商品和服务，运输到英国的烟草是不行的。与伦敦商人的信贷最终只能购买英国的商品。奥地利王位继承战争像其他海洋战争一样，加速了地方信贷的发展和殖民地经济的成长。小麦和其他粮食作物对劳动力的需求与烟草不同。只有当种植和收获时需要大量劳动力，在一年的其余时间只需要很少的劳动力。肯特县的种植园主重视种植冬小麦，八九月份播种，次年 6 月或 7 月收获，夏末脱粒。

表 28　　约翰·格雷沙姆种植园的小麦产量（1735—1750 年）

年份	小麦产量（蒲式耳）	亩数（英亩）	收获所需天数（天）	雇佣劳动天数（天）	雇佣劳动所占百分比（%）
1735	69.5	8.7	11.6	12	100.0
1736	217.5	27.2	36.3	7	19.3
1737	260.5	32.6	43.5	8	18.4
1738	282	35.3	47.1	9	19.1
1739	226	28.3	37.7	0	0
1740	345	43.1	57.5	2.5	4.3

续表

年份	小麦产量 （蒲式耳）	亩数 （英亩）	收获所需 天数（天）	雇佣劳动 天数（天）	雇佣劳动所占 百分比（%）
1741	264	33.0	44.0	0	0
1742	230	28.8	38.4	0	0
1743	183.5	23.0	30.7	0	0
1744	204	25.5	34.0	0	0
1745	336.5	42.1	56.1	0	0
1746	385.5	48.2	64.3	0	0
1747	178.5	22.3	29.7	0	0
1748	83	10.4	13.9	0	0
1749	121.5	15.2	20.3	2.5	12.3
1750	136.0	17.0	22.7	0	0

资料来源：Christine Daniels, Gresham's Laws: Labor Management on an Early – Eighteenth – Century Chesapeake Plantation, *The Journal of Southern History*, Volume 62, Issue 2 （May 1996）, p.220. 其根据约翰·格雷沙姆的账目整理而来（From the data in John Gresham's Account Book, Jane Sprinkle Manuscript Maryland Hall of Records, Annapolis）。

使用非自由劳动力种植小麦显然不划算，他们不能被充分占用。由于种植园主已经种植烟草和玉米，可以与小麦种植结合起来，当允许时，奴隶承担一部分劳动任务。但是种植园主还需要一定的季节性劳动，种植小麦更经济。很多种植园主雇佣日工资劳动者播种小麦，一些人进行脱粒，每个种植园主都在收获时雇佣人手。在收获季节劳动力的价格昂贵。种植园主愿意每天出4—6先令，是平时工资的3倍。格雷沙姆在1735年收获季节就雇佣了2名工资劳动者、2名种植园主和1名伐木工。每一个种植园主带来1名契约奴或奴隶，获得两个人的收入。1735年格雷沙姆出售了48蒲式耳小麦，家内消费大约21蒲式耳。1735年以后，其种植园的小麦产量急剧上升，1736年至1748年间，格雷沙姆的种植园每年的小麦产量平均达到大约260蒲式耳，战后格雷沙姆重新强调烟草种植，小麦产量降低到平均每年115蒲式耳。

烟草种植的规模而不是小麦种植的规模决定格雷沙姆是否雇佣临时劳动力。1735年他只生产了大约70蒲式耳谷物，但全部使用自由雇佣劳动力进行收获。那年每个劳动人手生产超过 1800 磅烟草。其小麦产量在 1738 年增加 4 倍，但是几乎全部使用奴隶收获。另外，他们生产的烟草数量只是 1735 年的一半。烟草生产直接决定是否需要雇佣劳动力。在他雇佣劳动力收获的年代，平均每个人手生产的烟草是 1118 磅。不雇佣人手时，平均生产的烟草是 337 磅。小麦种植的数量并没有对劳动力需求造成太大影响。相反，在他另外雇佣季节性劳动力时，小麦的生产反而少。当他使用自己的劳动力时，平均每个人手生产 17.4 蒲式耳；当使用雇佣人手时，每个人手的产量是 15.8 蒲式耳。在战争期间当烟草种植缩减时格雷沙姆没有雇佣季节性劳动力，奴隶和奴仆承担了全部劳动。战争结束后当烟草生产再次扩展时，他又使用自由劳动力。这表明在 18 世纪前期切萨皮克的种植园主主要使用奴隶生产大宗出口作物，当烟草生产允许时才用来生产小麦或其他作物。只有当奴隶忙于照料烟草、无暇顾及其他时，他才另外雇佣人手进行收获。格雷沙姆的实践还表明，多样性的经济需要一定的短期或临时劳动力，保证有效运作。

在 18 世纪 30 年代后期格雷沙姆尝试种植多样作物，这些作物的产量在战时提高，有时超过种植园年收入的 1/3（见表 29 和表 30）。他把苹果酒卖给酒店，用盐腌制肉类卖给船长，把鲜肉卖给邻居。他雇佣日工资劳动者宰杀猪牛，雇佣造桶匠制造装苹果酒和牛肉的桶，雇佣女奴仆制造苹果酒和腌制肉类。但是格雷沙姆不能生产足够的小麦、苹果酒或肉来填补烟草生产减少所带来的损失。1735 年至 1739 年，他平均每年的收入是大约 130 英镑，到 1740—1748 年减少到 56 英镑，只是以前收入的 43%。他所进行的这些多样化生产也不需要持续的劳动力。

另外，格雷沙姆和其所雇佣的农业劳动者遵守肯特县劳动力市场的供需状况。自由雇佣劳动者对其劳动没有一个固定的价值理论，他们根据种植园主对劳动力需求的季节性和技术性来要求工资。在 18 世纪 30 年代绝大多数农业工人平均每天的工资是大约 2 先令，但在小麦收获季节他们就要求更高的工资，平均每天要 4—6 先令。小麦一旦成熟，必须尽快收割，种植园主则别无选择，只能答应工人的工资要求。而且，白种自由雇佣工人常常拒绝做一些特定的劳动，除非答应他们更高的工资。自 1715 年以后肯特县的奴隶数量增加，自由的白种工人普遍不再接受烟草田里的劳动任务。当一名契约奴保罗·考内斯（Paul Conners）因生病不能在烟草田里收割烟叶时，格雷沙姆不得不用高价雇佣一名白人自由劳工托马斯·斯蒂芬（Thomas Stevenson）完成他的工作。虽然格雷沙姆要遵循劳动力的市场状况，他还充当一些工人的庇护人，以获得他们的劳动。例如他经常雇佣他的前契约奴托马斯·伍德（Thomas Wood）在秋季做一些例行工作，尤其是屠宰猪牛。西尔韦斯特·凯利（Silvester Kelley），一个他曾经使用过一年的债务奴仆，也定期应要求回到种植园做锄草、收割和砍柴等工作。

表 29　　　　　　格雷沙姆种植园每年出售的产品价值

（考虑通货膨胀因素）　　　　　　单位：英镑

年份	烟草	小麦	玉米	苹果酒和肉	手工艺品	合计
1735	85.6	7.0	5.7	0	6.3	104.6
1736	107.0	24.9	11.0	0	13.5	156.4
1737	91.7	37.1	2.7	5.7	5.4	142.6
1738	71.2	43.2	0	21.3	0.8	136.5
1739	86.8	21.2	0	13.6	0	121.6
1740	0	38.1	4.2	22.3	0	64.6
1741	96.1	36.2	3.9	4.2	0	140.4
1742	0	29.1	4.2	18.6	1.0	52.9
1743	14.0	17.7	1.2	1.9	3.6	38.4
1744	39.1	17.5	0	3.0	6.7	66.3
1745	0	29.3	1.2	5.0	3.5	39.0
1746	0	36.7	0.2	0.8	4.3	42.0
1747	36.6	14.7	0	0.6	2.3	54.2
1748	0		5.8	0	1.4	7.2
1749	87.9	7.1	0	0	0.9	95.9
1750	101.8	10.7	0.5	0.4	0	113.4
1752	124.5	13.7	0	7.8	0	146.0

注：1751 年数据缺失。

资料来源：Christine Daniels，"Gresham's Laws: Labor Management on an Early – Eighteenth – Century Chesapeake Plantation"，*The Journal of Southern History*，Volume 62，Issue 2（May 1996），p. 236. 其根据约翰·格雷沙姆的账目整理而来（From the data in John Gresham's Account Book，Jane Sprinkle Manuscript Maryland Hall of Records，Annapolis）。

表 30	格雷沙姆种植园每年的产品价值占总收入的比重		单位:%
年份	烟草	小麦	其他
1735	81.8	6.7	10.5
1736	68.4	15.9	15.7
1737	66.8	27.0	6.2
1738	52.2	31.6	16.6
1739	71.4	17.4	11.2
1740	0	59.0	41.0
1741	68.4	25.8	5.8
1742	0	55.0	45.0
1743	36.5	46.1	17.4
1744	59.0	26.4	14.6
1745	0	75.1	24.9
1746	0	87.4	12.6
1747	67.5	27.1	5.4
1748	0	80.6	19.4
1749	91.7	7.4	0.9
1750	89.8	9.4	0.8
1752	85.3	9.4	5.3

注: 1751 年数据缺失。

资料来源: Christine Daniels, "Gresham's Laws: Labor Management on an Early - Eighteenth - Century Chesapeake Plantation", *The Journal of Southern History*, Volume 62, Issue 2 (May 1996), p. 237. 其根据约翰·格雷沙姆的账目整理而来 (From the data in John Gresham's Account Book, Jane Sprinkle Manuscript Maryland Hall of Records, Annapolis)。

　　在战争前,格雷沙姆的种植园基本全效率运转,他每年大约需要 4150—5000 个农业劳动力,相当于 14—17 名全日的成年劳动力。但同一时期,他只拥有 10 名成年奴隶,最多时也不超过 15 名。他偶尔使用契约奴来补充劳动力需求。但是即使使用了契约奴,他还缺少所需要劳动力的 15%。其购买的契约奴通常服役期限较短,使格雷沙姆可以根据烟草和小麦的市场情况保持一定的灵活性。而只雇佣几个月或按天雇佣劳工就更反映了这种管理和经营的灵活性。通过使用临时性劳动力,格雷沙姆避免了过多购买奴隶所造成的劳动力闲置。

　　但是在战争期间其种植园所需求的劳动量按日计算减少了 30%。1737 年,格雷沙姆需要奴隶、契约奴和自由雇佣劳动力的近 5000 个劳动日。1746 年他仅需要 3915 个劳动日，劳动量减少了将近 1/4，实际上减少的劳动量还要多。在 1741—1747 年，他自己所有的劳动力承担了所有的农业劳动，包括收割。如果在收获季节劳动力足够使用，说明在一年的其余季节种植园的劳动力出现剩余。战争结束后，格雷沙姆恢复战前的经营，其自己所有的劳动力不能承担种植园所有的劳动量。在 1747 年和 1748 年，奴隶承担了劳动量的 96.8%，到 1752 年下降到大约 90%，与战前模式十分相似，他需要雇佣短期或临时劳动力。

表 31　　约翰·格雷沙姆种植园的全日农业劳动力需求状况

(1735—1752 年)

年份	所需农业劳动天数（天）	所需全日工人数（人）	成年奴隶数（人）	非自由奴仆劳动人数（人）	非自由劳动所占百分比（%）
1735	4151	14.3	10	1.5	80.3
1736	4370	15.1	12	1.5	89.6
1737	4980	17.2	11	3	81.5
1738	4653	16.0	13	1	87.3
1739	4932	17.0	15	0.5	91.1
1740	4953	17.0	15.5	0.5	93.7
1741	4495	15.5	14.5	0	100.0
1742	4640	16.0	13	1.5	100.0
1743	4205	14.5	13	1.5	100.0
1744	3915	13.5	13	0.5	100.0
1745	3915	13.5	13	0.5	100.0
1746	3917	14.0	14	0	100.0
1747	4495	15.5	15	0	96.8
1748	4499	15.5	15	0	96.8
1749	4656	16.1	15	0	92.6
1750	4930	17.0	16	0	94.1
1752	5945	20.0	18.5	0	90.2

注：1751 年数据缺失。

资料来源：Christine Daniels，"Gresham's Laws：Labor Management on an Early – Eighteenth – Century Chesapeake Plantation"，*The Journal of Southern History*，Volume 62，Issue 2（May 1996），p. 223. 其根据约翰·格雷沙姆的账目整理而来（From the data in John Gresham's Account Book，Jane Sprinkle Manuscript Maryland Hall of Records，Annapolis）。

作为战争的结果，格雷沙姆改变了劳动力的分配。首先，他停止雇佣自由劳动力承担农业劳动任务，而让奴隶和契约奴全部承担；其次，他不再增加奴隶，相反，他允许奴隶由于自然原因而减少。在1741—1743 年的账目中只提到了 6 名奴隶：老庞佩（Old Pompey）、老萨拉（Old Sarah）、小苏菲（Baby Sophia）、明格（Mingo）、布莱克楠（Black Nan）和贝斯（Mulatto Bess），另外 3 名奴隶庞佩、萨拉和苏菲或许死亡，或许被转卖。1742—1743 年他以契约奴取代。此后停止使用农业契约奴劳动力。

格雷沙姆没有经常购买或出售年轻奴隶，造成奴隶家庭的分裂。他首先购买的是成年男奴隶和成年女奴隶。1738 年其女奴隶开始有后代。他甚至花费 10 先令为将要生育的女奴隶请了一个白人接生婆。在生育前后女奴隶还得到良好的照顾。在 1738—1743 年间他记录的 9 名小奴隶中，只有 1 名在 10 岁以前死亡。一生中他也没有将小奴隶出售。

1747 年，格雷沙姆向伦敦商人发送了 11 大桶烟草，但是奥地利王位继承战争还没有结束，他不知道这种经济的恢复是临时的或是长久的。而且 1750 年时其种植园有 13 名小奴隶，一些将要成年。如果1748 年格雷沙姆购买 1 名成年奴隶，或许在短期内不必要。在这种情况下，格雷沙姆雇佣了 1 名 20 岁的奴隶杰克，做伐木工，向杰克的主人 1 年支付 2000 磅烟草。雇佣奴隶和奴仆使强制劳动制度具有一定的灵活性，从而避免一次性大量投资带来的损失。

在 17 世纪，即使最大的种植园也从英国进口所需的绝大部分物资。到 18 世纪 30 年代大地产所有者像格雷沙姆有资本投资家庭设施：如奶酪罐、烤炉、榨汁机、蒸馏器、纺织轮、织布机等。由于女奴隶在烟草田里劳动，白人妇女开始承担更多的家务劳动，而且经济多样化的增长正好开始于切萨皮克种植园主在西印度为各类产品开拓市场。这使像格雷沙姆一样的种植园主增加了货品的销路。虽然其妻子和家庭奴仆生产的衣物、食品大部分都在种植园供自己消费，但是格雷沙姆也定期出售一些苹果酒、腌肉、奶酪和纱给邻居。由于其家内的妇女劳动规模较大，他还把一些产品卖给商人、店主和船长。

　　格雷沙姆对技术劳动力的需求在很大程度上取决于其种植园的生命周期，种植园的生命周期由两个因素决定：格雷沙姆的年龄和市场状况。1727—1735 年格雷沙姆只经营一个种植园，1735 年 32 岁时他扩大经营，开辟另外一个种植园。他担任县行政长官或委员代表已有 8 年，这些职位给他带来丰厚的收入，平均每年 70—100 英镑。1735 年他有足够的资本购买 3 个以上的奴隶。而且在 18 世纪 30 年代中期，由于英国商人向荷兰和法国再出口更多的烟草，使肯特县的烟草价格上涨。

　　建造一个新种植园需要大量的技术劳动力，如修渠、锯木、伐木等，还包括 1 名监工。1735 年 5 月格雷沙姆的新种植园"莫根的克里克"（Morgan's Creek）开始营建。为了建造一个新种植园，格雷沙姆总计使用了 1040 个全职劳动日，其中大多数是技术劳动，如雇佣铁匠打造工具——犁、锄、斧等来装备新种植园。1735 年格雷沙姆还修缮了科利奇种植园的房屋和他在切斯特的房屋。这些都需要技术劳动。与南卡罗来纳或 18 世纪后期的切萨皮克不同，格雷沙姆没有技术奴隶，绝大多数技术劳动由契约奴承担，他平均每年花费 6 英镑 6 先令供养一名契约奴，平均每一个劳动日是大约 5 先令。这比雇佣自由劳动力要便宜。当种植园建成，他将他们剩余的服役期转让。例如一名铁匠罗伯特·哈特森（Robert Hutson）在使用 3 年后就被转让。

表 32　约翰·格雷沙姆的种植园所需的技术劳动量（1735—1750 年）

年份	所需主要技工（人）	全职劳动量（月）	所需次要技工（人）	全职劳动量（月）
1735	伐木工	25.8	砖瓦匠	1.3
1736	铁匠	4.9	伐木工	4.8
1737	伐木工	12.3	铁匠	1.9
1738	织布工	2.2	编织工	2.1
1739	伐木工	9.5	编织工	2.4
1740	伐木工	6.3	纺织工	2.6
1741	伐木工	2.8	编织工	2.0
1742	伐木工	12.0	纺织工	3.3

续表

年份	所需主要技工（人）	全职劳动量（月）	所需次要技工（人）	全职劳动量（月）
1743	纺织工	2.1	制鞋匠	1.7
1744	伐木工	10.0	纺织工	1.8
1745	织布工	6.1	造桶匠	3.5
1746	造桶匠	3.0	织布工	1.9
1747	纺织工	4.9	造桶匠	2.3
1748	造桶匠	2.6	织布工	0.8
1749	纺织工	3.5	织布工	0.7
1750	护士	2.0	纺织工	1.5

资料来源：Christine Daniels，"Gresham's Laws：Labor Management on an Early – Eighteenth – Century Chesapeake Plantation"，*The Journal of Southern History*，Volume 62，Issue 2（May 1996），p. 234. 其根据约翰·格雷沙姆的账目整理而来（From the data in John Gresham's Account Book，Jane Sprinkle Manuscript Maryland Hall of Records，Annapolis）。

战争期间，格雷沙姆使用技术契约奴制造原来从英国进口的各种物品，例如编织、制鞋等，他雇佣鞋匠制造鞋子，在当地市场上出售，供应较贫穷的种植园主和奴隶。1748 年他卖出了最后一批鞋子。战争结束后，恢复了鞋子等物品的进口，当地市场对土制的鞋子需求下降。

由此可见，格雷沙姆种植园对劳动力的需求是多样的，管理也是十分灵活的，种植园的经营也很灵活多样。影响种植园经营和劳动力需求状况的因素有市场情况、国际政治形势、种植园本人的情况和种植园的发展周期等。奥地利王位继承战争阻断了格雷沙姆的烟草输出，他开始减少劳动力人数，先停止雇佣自由工人，然后卖掉一些奴隶。当烟草不能输出时，他转而进行多样经营，扩大种植小麦和饲养家畜，制造各种日用必需品，战争的进行扩大了与西印度的商业贸易，使格雷沙姆种植园生产的粮食和其他产品出口西印度市场。格雷沙姆对种植园的经营和劳动力管理不是唯一的一个事例。1720—1750年间切萨皮克北部其他的种植园的账目也显示了类似特征。种植园主灵活多样的经营活动既是当地经济发展和切萨皮克经济多样化的一个反映，其经营活动本身也促使了经济多样化的发展。

五　种植园主的黄金时代

由于南部殖民地是在以种植园为中心的大宗作物生产上发展起来的，因此种植园主在殖民地具有最为重要的地位，也是最为重要的一个阶层。不过，在 17 世纪是以中小种植园主为主，种植园主之间地位相对较为平等。到 18 世纪使用奴隶劳动的大种植园更有效率，逐渐把中小种植园排挤到边缘地位，而拥有数千英亩土地和成群的奴隶的大种植园主成为种植园主阶层的核心，不仅在种植园主中地位显赫，而且位居北美社会的顶层，他们不仅拥有巨额财富，还凭借强大的经济实力控制殖民地的政治、宗教、地方保护和慈善事业等，具有巨大的权势，是殖民地的精英。而南部殖民地的长子继承制和嗣续限定法又加强了种植园主财产和身份的传递和保持，从而在南部出现了一系列显赫的种植园主精英家族。这些种植园主精英家族通过联姻、商业交易、政治联盟、正规教育和精致的社交礼仪等各种纽带联结在一起，逐渐创造了一种新类型的生活，不仅与其他阶层判然有别，内部也有自己的身份认同。处于南部社会的顶端，种植园主开始塑造一种强调差别和权威的社会观念，其权威不容挑战。

同时，种植园主稳步扩张其财产，加强对殖民地立法机构和县法院的控制。他们的种植园成为小的独立王国，除农业种植外，还有面粉厂、铸造厂、织布房等各种作坊和工厂，以及无数的"卫星种植园"。种植园主效仿英国的绅士，其版图的中心是一座大厦，矗立在种植园的中心，成为种植园主世界的核心。房内设施讲究，有从欧洲进口的银碟、油画、家具和书籍。房前有整齐的草坪，有四匹马或六匹马拉的马车，装饰精美，载着种植园主及其家人旅行，参加社交活动。大厦周围有"厨房、谷仓、马厩等和两三座黑奴的住所。"一名教师说，种植园本部（home plantation）"像一座城镇，但是多数居民是黑人。"乔治·梅森本人是一个富有的种植园主，他在革命后回忆到，他的父亲"在奴隶中间有伐木匠、纺织工、编织工，甚至还有一个蒸馏工"。切萨皮克的大种植园城镇，例如格罗弗（Grove）、考罗图曼（Corotoman）、萨宾豪（Sabine Hall）、雪利（Shireley）、斯塔福德豪（Stafford Hall）、道利根（Doorhoregan）、蒙蒂塞罗（Monticello）和弗农山（Mount Vernon）等主导了乡村，象征着种植园主阶层的权力。南部的种植园主精英家族是在殖民地逐渐形成的，大多有一个逐渐发迹的过程。此略举几例：

例如：弗吉尼亚的考罗图曼的卡特王——罗伯特·卡特（1662/1663—1732）。罗伯特·卡特的父亲是来自英国伦敦的约翰·卡特（1620—1669），其母亲是来自英格兰南部威尔特郡的莎拉·卢德罗（Sarah Ludlow，1635—1668）。约翰·卡特于1649年移民弗吉尼亚殖民地，在下诺福克县定居，并任议员，他只是一个商人，还不是种植园主，与伦敦的一个酒商家族有一些联系，尚是自食其力的人。后来迁移到兰开斯特县，建立了考罗图曼种植园，1653—1658年任议员。罗伯特·卡特大概在1662年或1663年出生在考罗图曼种植园中。28岁时罗伯特作为兰开斯特县的议员进入弗吉尼亚议会，1726年作为总督参事会主席，在弗吉尼亚总督休·德拉斯戴尔（Hugh Drysdale）死后代理总督之职。罗伯特·卡特以其显耀的财富、政治权势和专横的商业经营被称为"王"，成为他那个时代最显赫的贵族。当他1732年去世的时候，为后代留下超过30万英亩的土地、1000多名奴隶和1万英镑的现金。他为自己的每一个儿子和女婿创造了显赫的财产，通过儿女联姻，他与弗吉尼亚的大多数重要家族建立了联盟。①

伦道夫家族。在弗吉尼亚生活中，伦道夫家族也极其显赫，其名字代表着种植园主专制的年代。然而，威廉·伦道夫最初是作为一个商人的侄子来到殖民地的，学习过法律，被任命为议会的职员，然后资助一些契约奴来到殖民地，按照人头权获得500英亩土地，他与一个种植园主的女儿结婚，给他带来了社会关系和财产。他们的一个儿子被英国国王授以爵士头衔。他们所有的孩子都与弗吉尼亚的种植园

---

① Louis D. Rubin, Jr., *Virginia: A Bicentennial History*, New York: W. W. Norton & Company, Inc., 1977, p. 34.

主家庭联姻，在其直系后代中有托马斯·杰弗逊、亨利·李（"light horse Harry" Lee）、罗伯特·E. 李、约翰·伦道夫、佩顿·伦道夫（Peyton Randolph）、埃得蒙德·伦道夫（Edmund Randolph）、约翰·马歇尔（John Marshall）等人。①

　　李（Lee）家族：弗吉尼亚的第一个李，理查德·李，虽然可能出身贵族家庭，却作为一个商人而来。他的儿子——理查德·李二世——是一个议员。据克利福德·道迪（Clifford Dowdey）记载，他由于不利用自己的职位牟利而在同辈中很孤立——这是这个家族的特色，在他的一个后代身上重新显现出来。他是一个学者，有一个大而丰富的图书馆。在他的儿子中有一个是代理的总督，其儿子依次有理查德·亨利和弗朗西斯·赖特伏特·李（Francis Lightfoot Lee），理查德·李二世的另一个儿子的后代有赖特·豪斯·哈里（Light Horse Harry）和罗伯特·爱德华·李（Robert Edward Lee）。②

　　威廉·伯德（William Byrd Ⅱ）二世：是种植园主、商人、科学家，也许是他那个时代最有名的绅士，是伦敦一个金匠的孙子。第一个威廉·伯德在詹姆斯河瀑布线附近继承了巨大的财产，作为印第安商人、土地购买者和奴隶与契约奴的进口商、英国货物的商人，积累了巨大的财富。他的儿子在英国接受教育，带着荣誉回到家乡，在英国的社会、政治和知识界拥有无数重要的朋友。在詹姆斯的韦斯托弗（Westover），他掌管财产，进行贸易、投资，与英国社会和科学界的朋友保持通信联络，积累下一个有 3600 个主题的图书馆，身后留下17.9 万英亩的土地和无数的手稿，其写的编年史，在 19 世纪出版，使他成为殖民地时期南部最重要的文学家。③

　　以上这些家族在弗吉尼亚都是第一流的家族，种植园主精英家族还有很多，此处不能一一列举。他们都是殖民地本土成长起来的贵族，有地位和权力。除一些例外，他们都是种植园主兼商人。他们是精力充沛、乐观的商人，眼睛盯着自己的最好利益，愿意而且能够开

①　Louis D. Rubin，Jr.，*Virginia：A Bicentennial History*，p. 35.

②　Ibid. .

③　Ibid.，p. 36.

发土地，凭劳动快速致富。殖民地为他们的利益而存在。然而他们是
正直廉洁的人，有很强的责任感，如果他们的理想是英国的乡村绅士
的话，他们同样看重义务与特权。他们崇尚学习，热爱艺术、建筑，
沿潮水带河流的两岸耸立着高大的房屋和花园。如同路易斯·赖特
（Louis B. Wright）描述的那样，他们是"工作的上层人士"。他们不
得不那样，因为种植园的管理相当复杂，监督数百人劳动也需要他们
的持续参与，不能从英国进口的每一样东西都要制造，因为弗吉尼亚
没有工厂。大种植园主也参加教会，殖民地社会领袖的种植园主不仅
为教区委员会服务，事实上也控制着教区委员会，而且还建造教堂。
他们的图书馆里都藏有神学和讲道的书。

　　18世纪随着烟草种植向彼德蒙特扩张，潮水带的种植园主精英也
扩张到彼德蒙特，建立新的地产。伦道夫、贝弗利、博林、卡特、科
克、佩奇等家族都迁到了西部。彼德蒙特也逐渐孕育出一些新的家
族。美国革命的许多著名领袖都出身于这些种植园主精英家族。

　　下南部与上南部一样，一些种植园主积聚了巨大的地产和数百名
奴隶。例如亨利·米德尔顿和加布里埃尔·马尼高特各自积聚了5万
英亩土地（2万公顷）；亨利·劳伦斯有2万英亩土地（8000公顷）；
约翰·斯图亚特有1.5万英亩地产（6000公顷）。米德尔顿拥有800
名奴隶，劳伦斯有500名奴隶，马尼高特有300名奴隶，斯图亚特则
有200名奴隶。[1] 马尼高特和劳伦斯是南卡罗来纳普通的贵族，深深
卷入了商业，在一定程度上他们是殖民地最富有的人。事实上，这4
个人和其他种植园主是美洲种植园社会的精英，财富比英属北美大陆
殖民地的任何一地方根基都牢固。这些卡罗来纳的种植园主在财富和
显赫方面可以与巴贝多的对手相等。美国革命时期，一些佐治亚的种
植园主在拥有土地和奴隶方面可与南卡罗来纳的种植园主相匹敌。由
于下南部的水稻种植需要一套复杂的灌溉系统，需要修筑堤防、沟
渠、水道、排水道以及其他微妙的装置等，建设和维护灌溉设施都要

---

　　① Mary Kupiec Cayton, etc., edited, *Encyclopedia of American Social History*, New York:
Simon & Schuster Macmillan, 1993, Reproduced in History Resource Center. Farmington Hills,
MI: Gale Group. http://galenet.galegroup.com/servlet/HistRC/.

求巨大的投资。这种制度在缺乏大量劳动力的地方是不可想象的。根据绝大多数账目记载，建设一个水稻种植园所要求的最小花费，是每个水稻种植园要有 50 个奴隶，最初的基本投资约为 3000 英镑，实际中还常常更多，因此卡罗来纳的水稻种植差不多只向最富有的人们开放。① 但对于可以提供得起的人们来说，他们的投资将获得巨大的回报。下南部的水稻种植园主因此更为富有。

殖民地时期南部是种植园主的南部，尤其在 18 世纪中期是种植园主的黄金时代，以最大的殖民地弗吉尼亚最为典型，涌现出一批种植园主精英家族，不仅在当地重要，而且从北美殖民地社会而言都地位显赫，是北美殖民地社会最为重要的阶层之一。从这些种植园主精英家族里走出了美国革命的许多杰出领袖，美利坚合众国建国初期的几位总统也出身于此，以致被称为"弗吉尼亚王朝"。后来的种植园主虽然也拥有财富和权势，但从其在整个国家中的地位而言，不再同 18 世纪那样显赫和重要。

六　南部城镇的缓慢成长

南部殖民地依靠奴隶制种植园生产大宗作物烟草、水稻和蓝靛，积累了巨额财富，成为北美大陆最富裕的地区，南部的种植园主尤其是大种植园主也是北美殖民地最富裕的一个阶层。但是，与其富裕、发展不协调的是，南部城镇发展缓慢，尤其在上南部，到殖民地时期末，一直没有形成一个中心城市。1770 年弗吉尼亚和马里兰人口占北美大陆殖民地总人口的 30% 多，出口值超过 100 万英镑，但是却没有一个中心城市。两个主要城镇——诺福克和巴尔的摩，只有 6000 居民，威廉斯堡只有 2000 居民，安纳波利斯有 3700 居民。而同一时期费城人口是 3 万，纽约人口是 2.5 万，波士顿有 1.6 万人口，查尔斯

---

① Mary Kupiec Cayton, etc., edited, *Encyclopedia of American Social History*, New York: Simon & Schuster Macmillan, 1993, Reproduced in History Resource Center. Farmington Hills, MI: Gale Group. http://galenet.galegroup.com/servlet/HistRC/.

顿有 1.2 万人口，甚至纽波特也有 1.1 万人口。[1] 北美大陆殖民地的五大城市没有一个位于上南部。到美国革命结束时，弗吉尼亚最大的城镇诺福克，也只有约 7000 居民。[2]

其实上南部在殖民地时期一直就缺乏城镇的发展。早在 17 世纪，无论是欧洲的旅行者还是殖民地居民都注意到了这个现象，这也是令殖民当局深为失望和无奈的问题。因为建设城市也是欧洲向新世界殖民扩张的一个重要部分。安东尼·兰斯顿（Anthony Langston）在 1650 年代关于弗吉尼亚，曾写道，"我们的殖民方式在很大程度上阻碍了城镇的发展，每一个人都有自由占领未被占领的土地，在上面建设、清理、耕作，不受来自政府的任何形式的限制"。30 年后法国的胡格努教徒杜兰德·道菲（Durand of Dauphine）评论说："整个殖民地除议会所在地，一个叫詹姆斯敦的地方外，既没有城镇，也没有村庄，其余都是在各自的种植园上单个耸立的房屋。"[3] 这种景象在当时的英国移民眼中也是新鲜的。因为移民们无论来自城市还是来自偏远的农村，都习惯于聚居的方式：村庄、市镇、首府或城市，英国很少有人居住在离市镇几英里远的地方，步行通常不超过一个小时的路程。在烟草海岸，只有殖民地首府像一个小市镇，而且在 17 世纪的大部分时期仅同英国的村庄相差无几。上南部不仅缺乏城镇，而且也没有定期集市、拥挤的旅店和酒馆。人口稀疏，分散在广大的种植园中。

有人把上南部缺乏城镇归因于其地理条件，认为上南部海湾地区河流密布，水路交通便利。但这只是上南部城镇缺乏的一个因素，更重要的原因与其以烟草为中心的种植园经济体制有关。在早期，由于土地廉价和种植烟草需要大量的土地，种植园主意识到占有大片土地的必要（与欧洲的标准相比），并且要靠近水流，以方便交通。这样，

---

① John J. McCusker & Russell R. Menard, *The Economy of British America*, 1607 – 1789, Chapel Hall: The University of North Carolina Press, 1985, p. 131.

② Louis D. Rubin, Jr., *Virginia: A Bicentennial History*, New York: W. W. Norton & Company, Inc., 1977, p. 79.

③ P. J. Marshall, edited, *The Oxford History of the British Empire*, Vol. 1, p. 181.

烟草种植园主沿河流两岸开拓种植园，分散开来，而不是建立城镇。在道路缺乏的年代，遍布的河流成为主要的交通运输方式。每一个或一组种植园都有自己的码头，从海洋远行而至的船只可以直接驶进来，装载或卸掉货物。水路交通不仅是运输大量桶装烟叶的最好方式，而且也受到英国商人的欢迎，他们喜欢直接与种植园主个人交易：运来伦敦、布利斯托尔或其他港口的制造品、酒类和奴仆等，后来又运来奴隶，运走种植园生产的烟草。而且，烟草体积相对小，不需要太多的储存设施。这样，上南部的贸易都在各个种植园码头完成，根本不需要商业中心买卖货物。烟草种植园的体制和贸易方式使城镇的发展缺乏动力。

殖民地时期的城市主要承担两种功能：商业中心和行政中心。北美殖民地发展起来的城市大多是商业贸易中心，是港口城市，如纽约、波士顿、下南部的查尔斯顿都是如此。虽然其他地区的贸易量并没有切萨皮克地区大，但都形成了商业贸易中心。上南部的贸易量虽然大，但大量贸易都通过各个种植园码头完成。上南部最大的两个城镇巴尔的摩和诺福克的兴起，与烟草无关，这两个城镇位于切萨皮克的边缘地带。威廉斯堡和安纳波利斯分别是弗吉尼亚和马里兰首府所在地，其发展因为是殖民地政府所在地，同时也有商业的原因。重商主义的限制和以英国为中心的市场机制使殖民地的物资供应和烟草出口都掌握在英国商人手中。至多，殖民地的商人充当英国商人在殖民地的代理人或合作伙伴，负责集中烟草、商品零售等。奴隶制也抑制了城镇的发展，它限制消费需求，鼓励种植园自给，引导种植园主都把精力集中于大宗作物生产。这些因素都限制了切萨皮克对城镇中心的需要。殖民地居民需要的服务都集中到英国的港口或分散在殖民地的种植园中。

到了 18 世纪，随着殖民地人口密度的增加，烟草出售机制的改变，出口产品的日趋多样化，以及殖民地内部市场的扩大都促进了城镇的发展，表现为在种植园地带小村庄的增加，但也只有几百个居民，主要为烟草业服务，不能兼顾其他的城市功能。

最大的变化发生在上南部周边地带。食物、森林产品的生产，产生了对市场、加工、交通、储存等的需要。而且殖民地商人更能控制这些环节。而且，这些产品的生产使当地居民收入的分配更为平衡，刺激了消费需求的活跃，吸引了有些人的注意力转向农业生产之外，投入到商业以及其他活动中去。这从诺福克的兴旺、巴尔的摩的迅速发展以及周边地区一系列小镇的出现可以得到证明。巴尔的摩迟至1750年还是一个小村庄，此后才发展起来。城镇发展如此缺乏，主要是烟草种植园经济体制所致。可见烟草对上南部社会发展影响之大。

　　以水稻和蓝靛生产为主的下南部，没有上南部城镇明显缺乏的特征。下南部城镇的兴起与水稻、蓝靛等大宗作物的出口直接相关。下南部的城镇，如查尔斯顿、萨凡纳等，都是著名的水稻港口。其中查尔斯顿的发展最为显著，与稻米、蓝靛的出口和奴隶贸易密不可分，在殖民地末期还是北美大陆殖民地的第四大城市。但是由于上南部的影响，使南部殖民地作为一个整体而言，可以说城镇发展是缓慢的。

第五章

独立战争与战后南部种植园
经济的转变

英属北美南部殖民地生产大宗作物的种植园经济总体来说是英帝国体制下的一部分。从某种程度上而言无论是烟草、水稻，还是蓝靛的生产都是在英国重商主义的保护政策下发展起来的，因此对英国存在高度的依赖。独立战争的爆发、北美十三个殖民地要脱离英国而独立必然对种植园经济产生全面而重大的影响，不仅包括国家主体的改变，以及由此带来的政策的变化，英帝国的保护政策和贸易市场不可避免地失去，而且战争本身对经济就是一种破坏。

一　独立战争的爆发及种植园主阶层的分化

1756—1763 年的英法七年战争是英国与北美十三个殖民地关系的转折点。七年战争以后，北美十三个殖民地与英国的矛盾和冲突不断。英国要加强对殖民地的控制，而北美十三个殖民地的独立运动日益增强。随着 1776 年 7 月 4 日《独立宣言》的发表，北美十三个殖民地终于宣布独立，战争的爆发也不可避免。从 1775 年 4 月 "莱克星顿的第一枪" 到 1783 年 9 月美英签订《巴黎和约》，北美的独立战争共进行了 8 年多。

面对独立，北美十三个殖民地人立场不尽相同，发生分化。南部的种植园主阶层也不例外。整个北美十三个殖民地，大约 1/5 的白人仍然忠于英王，2/5 的白人积极支持和谋求独立。[①] 在南部种植园主中，潮水带的种植园主精英是独立事业的积极支持者和参与者，美国学者的史学著作中常常称之为"爱国者"，而很多高地的南部种植园主则是英王的忠实追随者，成为"效忠分子"。由于潮水带种植园主精英家族依靠强大的经济实力，一直控制着弗吉尼亚的政治、司法、宗教等各项权力。18 世纪 50 年代以后随着高地种植园经济的发展和稳定，高地种植园主要求扩张权力，不满潮水带种植园主控制整个地区的政治。

为什么南部的种植园主精英很多会走向反叛英国的道路，成为美国革命的最重要领导阶层之一？这是由众多因素促成的，日益增强的经济实力、独立和自主的意识、对英国政策和控制的不满等都促使种植园主走向反叛英国的道路。在殖民地发展时期，英国的政策和保护是其赖以发展的重要因素，而随着殖民地力量的增强和独立意识的发展，英国日益加强的控制则被认为是对殖民地的奴役，对殖民地的发展不利。

18 世纪 60 年代以后越来越严重的债务问题是引起种植园主对英国不满的重要因素之一。英国商人的信贷是南部烟草种植园经济发展的一个重要资本来源。英国商人为了获得稳定的烟草供应，与切萨皮克的烟草种植园主建立并保持稳定的商务关系，他们首先把种植园主所需的商品以信贷的方式运送到弗吉尼亚和马里兰，但是一旦烟草的价格跌落，货币的供应减少，商人就无法获得预期的货款。正如雅各布·普来斯（Jacob M. Price）所看到的，信贷在 1776 年前的 30 年帮助切萨皮克的种植园主创造了财富，财富又鼓励了信贷的扩大，因为投资看起来是安全的。[②] 但是不断拖延的还款逐渐积累起来，变成了对英国商人的欠债。这种形势在 18 世纪 60 年代变得日益严峻。英法七年战争中由于失去了法国烟草市场，南部的烟草业遭受了沉重打

---

① Mary Beth Norton, etc. , edited, *A People and A Nation*, *A History of the United States*, Vol. 1, p. 156.

② Kenneth Morgan, "The Organization of the Convict Trade to Maryland", *William and Mary Quarterly*, Third Series, Vol. 42, Issue 2（Apr. , 1985）, p. 224.

击，为了挽回损失，种植园主依靠英国的信贷增加购买奴隶，扩大生产。烟草种植园经济陷入损失—信贷—扩大生产—烟草价格降低—再次扩大生产—扩大信贷的恶性循环之中。烟草种植园主普遍欠债严重，而且一年高过一年。1775 年在马里兰仅有两三个种植园主有良好的借贷信誉。仅前文提到的布利斯托尔的斯蒂芬 - 伦道夫 - 切斯特公司，到 1775 年末在马里兰就有 8000 英镑的债务无法收回。① 包括大种植园主也对英国商人欠债。较小的种植园主由于对大种植园主的依赖也被卷入债务链条中。同时，英国商人的借贷条件也越来越苛刻。种植园主被迫接受这些苛刻的条件。1758 年一个弗吉尼亚的大种植园主罗伯特·卡特写信给一个英国债主说："我已经感到以我的土地和黑人奴隶进行生产将会不足以支付维持他们必不可少的需求，我已经出卖了一部分来减少我负的债务。"② 虽然债务问题是北美殖民地普遍存在的问题，但是烟草种植园主的债务尤其严重，上南部是北美殖民地所有地区中欠债最高的。独立战争结束后，美国代表与英国谈判债务问题，清算的结果是美国公民共对英国欠债 300 万英镑，仅弗吉尼亚就占 46%，而弗吉尼亚人口只占全国人口的 21%。上南部人均负债是其他地区的三倍。③ 这些债务都是独立战争前留下，而且只包括有正式记录的。可见当时债务问题之严重。债务成为种植园主的沉重负担，促使种植园主对英国的不满，而且加重他们对英国商人的依赖感。这与他们日益增强的自主和独立意识是不相符的。南部种植园长期分散独立的生产和生活使种植园主逐渐培养出个人自主和独立的意识。种植园主的这一特征给初来此地的人留下深刻印象。1760 年一个英国旅行者说"弗吉尼亚的公众或政治特征反映了他们的个人特征：他们崇尚自由，并且小心翼翼地维护着自己的自由，厌恶约束，而且很难容忍接受权势力量的控制的想法。"这反映了当地人的普遍观念。而且，自由在这里甚至被当作一种最高的原则，1765 年弗吉尼亚的一

---

① Kenneth Morgan, "The Organization of the Convict Trade to Maryland", *William and Mary Quarterly*, Third Series, Vol. 42, Issue 2（Apr. 1985），p. 225.

② 齐文颖主编：《美国史探研》，中国社会科学出版社 2001 年版，第 153 页。

③ 同上书，第 152 页。

个年轻人写道："对我来说，自由与独立是所有神赐之中最有价值的，因为我知道在生活历程中没有比依赖更痛苦的了。"债务问题和对英国的依赖感与种植园主所信奉的自主与独立的原则相冲突，债务被当作不自由的表现，在种植园主看来，有一分债务就有一分不自由，一个自尊的人不会长期容忍这种情况。① 债务问题随着时间的推移更加严重，1766—1776 年的 10 年间切萨皮克的种植园主所欠的债务总数又增加了一倍。② 托马斯·杰斐逊在 1786 年写信给一个法国人谈道：英国商人首先出好价钱，提供大量贷款，使切萨皮克生产尽可能多的烟草，种植园主信任他们商务上的英国朋友，没有意识到大量信贷是一个圈套的诱饵，要把他们引诱到依赖英国人的境地，杰斐逊写道："这个目的的有力动力是给种植园主好价格和信贷，直到他们陷入大量债务之中，不出卖土地和奴隶就无法支付债款。然后降低烟草的价格……他们永远不允许他清除债务，这些债务已经成为从父到子的许多代人的积债，使种植园主成为附属于某个伦敦商业家族的一种财产。"③殖民地的债务问题如此严重，以致进步主义史学家查尔斯·比尔德认为："对英国商人和其他个人的欠债是导致美国革命的有力原因之一。"④ 虽然比尔德的观点在 1962 年遭到了埃默里·伊凡斯（Emory E. Evans）的批判，⑤ 多数史学家也接受了伊凡斯的观点，认为债务与美国革命没有多大关系，但是最近雅各布·普来斯又提出这一问题是存在的。应该说，债务是促使种植园主对英国不满的因素之一。

1776 年 6 月 28 日，弗吉尼亚宣布独立，里奇蒙·帕特里克·亨

---

① E. S. Morgan, *American Slavery, American Freedom: The Ordeal of Colonial Virginia*, New York, 1975, p. 197.

② Kenneth Morgan, "The Organization of the Convict Trade to Maryland", *William and Mary Quarterly*, Third Series, Vol. 42, Issue 2 (Apr. 1985), p. 224.

③ 齐文颖主编：《美国史探研》，中国社会科学出版社 2001 年版，第 158 页。

④ John J. McCusker & Russell R. Menard, *The Economy of British America*, 1607 – 1789, pp. 353 – 354.

⑤ Emory E. Evans, "Planter Indebtedness and the Coming of the Revolution in Virginia", *William and Mary Quarterly*, 3d Ser., Vol. 54 (1962), pp. 511 – 533.

利当选为弗吉尼亚共和政体的第一任总督，从此结束了 169 年的殖民地时代。在所有的皇家殖民地中，弗吉尼亚是与母国联系最紧密的，却走在了要求独立的领导位置。弗吉尼亚也是十三个殖民地中最大、人口最多的殖民地，北美殖民地每五个居民中就有一个是弗吉尼亚人。弗吉尼亚的革命由上层人士领导。

经济利益、独立观念、对英国政策的不满等诸多因素促使南部的很多种植园主精英走向反叛英国的道路。切萨皮克的很多种植园主不仅支持独立事业，成为美国独立的重要领导阶层之一，而且像托马斯·杰斐逊、乔治·华盛顿等都成为独立事业的杰出领导者。

独立战争最初在北部打响，北部是主要的战场。南部的战斗首先开始于 1778 年英军袭击佐治亚，1778 年 12 月在萨凡纳发生战斗。1779 年英军在亨利·克林顿（Henry Clinton）的指挥下南进，整个战场开始南移。南、北卡罗来纳是南部的主要战场。1779 年下半年克林顿调动由 8500 名士兵、军官组成的军队从纽约沿海南下，攻击南部最重要的城镇查尔斯顿，展开激烈的战斗，1780 年 5 月 12 日查尔斯顿落入英军之手。克林顿在南卡罗来纳组织了效忠政府。英军深入内地，在南、北卡罗来纳与大陆军展开争夺。在南卡罗来纳，1780 年 8 月发生了卡姆登（Camden）战斗，1781 年 1 月发生考彭斯（Cowpens）战斗，1781 年 3 月在北卡罗来纳的吉尔福德（Guiford）发生战斗。[①] 美英之间最后的决斗于 1781 年 9 月在弗吉尼亚的约克镇进行。此后大规模的战事基本结束，只有零星的、小范围的冲突。直到 1783 年 9 月《巴黎和约》签署，英军撤退。

独立战争不仅对南部种植园经济形成直接的破坏，尤其在战事频仍的下南部，破坏更是严重，而且独立后南部由英国的殖民地转变成美国的一部分，意味着南部的发展开始了一个新的阶段，虽然仍然维持奴隶制的种植园经济体制，但是生产格局却逐渐发生了重大变化。

---

① Mary Beth Norton, etc. , edited, *A People and A Nation*, *A History of the United States*, pp. 171 – 172.

二　关于奴隶制的争端及妥协

到美国革命时期，北美南部的种植园采纳奴隶制为主要的劳动制度已经半个多世纪了。历经半个多世纪的发展，奴隶制已经与种植园经济牢固地结合起来，不可分割。奴隶制不但成为南部的特色，更是牵涉到种植园主的切身利益。但是奴隶制却与追求自由与独立的美国革命原则相违背。

奴隶制因此是美国革命时期不可避免的争论的重大问题之一。在此之前，曾有人反对奴隶贸易，有的殖民地为限制输入奴隶对奴隶进口征收高额关税，有的宗教团体，主要是教友派教徒，对一个人是否有权力奴役另一个人提出质疑，认为黑人是上帝的子民，有权力享受自由和平等。1775年该教会规定，禁止其教徒奴役和买卖黑人，违者开除教籍。但这些只是微弱的声音。总体来说，在1763年以前奴隶制没有受到正面攻击。几乎没有奴隶主为此感到良心不安。绝大多数种植园主认为黑人是令人厌恶的但却是必需品，一些种植园主振振有词甚至美化他们作为奴隶主的作用。七年战争是一个转折点。1763年开始殖民地人对奴隶制有了新的看法。在意识到并反对英国的压迫时，他们意识到自己不仅是被压迫者，作为奴隶主同时也是压迫者。奴隶制与革命时期宣传的天赋人权、独立、自由的精神相违背。争取独立和自由的殖民地也意识到这一点。于是开始谴责奴隶制和奴隶贸易，废奴运动由此兴起。一些废奴主义者在抨击英国暴政的同时，对倡导自由的奴隶主也提出了尖刻的批评，他们说道："你们假装倡导自由平等不感到脸红吗？你们这些无聊的爱国者们，这些倡导人类自由同时又践踏非洲裔人们的神圣权利和特权的人不感到在自我嘲弄吗？"另外，在革命精神的影响下，黑人自己争取自由的斗争在不断高涨。詹姆斯·奥蒂斯撰写《英国殖民地的权利》一书，肯定黑人具有不可剥夺的自由权利。艾萨克·斯基尔曼神父在1773年宣称，遵循自然法则，奴隶应该反抗他们的主人。艾比盖尔·亚当斯 1774 年写信给她的丈夫说："我们自己为之斗争的东西，也就是我们每天都从那些和我们一样应该拥有自由权利的人们身上所盗取掠夺的东西，这对我来说总像是一种极其不义的行径。"大约同时，托马斯·杰斐逊写了《英属美洲权利综论》一书，他在书中说：废除奴隶制是殖民地人民所渴望的伟大目标，但是由于英国不断阻挠殖民地为终止奴隶贸易所做的一切努力，要实现这个目标也越来越困难了。① 由此可见，一部分殖民地人在思想上经历了这样一个过程：从最初不假思索地接受奴隶制，到革命时期认为奴隶制与他们正在进行的反抗英国的斗争不协调，最后认为英国应该对奴隶制的存在负责。1774 年，纽约和宾夕法尼亚首先成立了以富兰克林和汉密尔顿为首的废奴协会，致力于废除奴隶制和禁止奴隶贸易。

1774 年 10 月，大陆会议呼吁"彻底禁止这种邪恶的、残酷的、违背人道的贸易"，通过了从 1775 年 12 月 1 日以后不再输入奴隶的协议。唯一没有代表参加大陆会议的佐治亚殖民地在 1775 年 7 月也通过了类似决议。但是斗争没有这么简单。奴隶制对北部而言不太重要，黑人奴隶在北部不多。对主要依靠奴隶制劳动而生存的南部的种植园主兼奴隶主而言，奴隶制直接涉及他们的重大的切身利益，可以说，离开奴隶制，他们不知该如何生存。作为革命的领导阶层之一，此后在革命阵营内部，南部的代表与北部的代表在奴隶制问题上展开激烈的争论，主要有三次：②

第一次，1776 年 7 月 1 日至 4 日围绕《独立宣言》而展开的争论。1776 年托马斯·杰斐逊在提交给大陆会议的独立宣言的初稿中有一段关于奴隶制的论述，认为奴隶制是英王的罪过之一，这段文字是这样写的：

他进行残酷的战争来反对人类天性本身，破坏那些从未冒

① ［美］约翰·富兰克林：《美国黑人史》，第 103 页。
② 梁茂信：《美国革命时期黑奴制合法地位的确立》，《历史研究》1997 年第 6 期。

犯过他的远方人们的最神圣的生存和自由的权利，把他们抓住
并把他们运到另一个半球变成奴隶，或者使他们在航运途中悲
惨地死去。这种海盗式的战争，这种异教徒式的强权的可耻行
径，就是大英帝国基督教国王所进行的战争，他决心把买卖人
的市场一直开放下去，不惜滥用他的否决权，压制想通过立法
禁止或限制这种罪恶商业的各种企图；而且为使这种恐怖行为
的渊薮不至于欠缺高明的花招的事例，他现在挑动这些人在我
们当中拿起武器来杀害另一些人，以赎回他剥夺的自由，而这
些人强加给那些被杀害者的也是他；这样，他怂恿这些人犯下
谋害另一些人的生命的罪行，以此来抵消他以前剥夺这些人的
自由的罪行。①

这段文字被约翰·亚当斯形容为是"对黑人奴隶制的猛烈抨
击"。但这是大陆会议中很多的南方代表所不能接受的，尤其受到
南卡罗来纳和佐治亚代表的强烈反对，同时，他们得到一些从奴隶
贸易中受益很多的北部代表的支持。于是文件在公开发表时这段关
于奴隶制的文字被删除了。1776 年 7 月 4 日正式发表的《独立宣
言》在奴隶制和奴隶贸易问题上没有论述，显示了回避和沉默的
态度。

第二次，1776 年 7 月 30 日至 8 月 1 日围绕《邦联条例》草案第
十款进行的争论。该条款规定，国会为共同防务或其他社会福利所需
之费用由"各殖民地按其居民人数（不分男女老幼和平等地位）的比
例提供"。由于该条款将黑人纳入课税对象之列，因而涉及黑人的身
份即奴隶制的合法性问题。对此，南部各州坚决反对。马里兰的代表
提出，黑人奴隶是财产，不是公民。奴隶主对黑人奴隶的投资就像北
方的农场主对牛羊的投资一样，"按照南部农场主的人头和他的奴隶
征收南方诸州的税与按照北方农场主的人头和他的牛羊头数征收北方
诸州的税一样，都是没有道理的"。南卡罗来纳的代表甚至威胁说，

①　[美] 约翰·富兰克林：《美国黑人史》，第 104 页。

"如果对黑人奴隶是否属于我们的财产而争论不休，邦联将由此终结。"南部诸州的强硬态度迫使大陆会议改变做法，把各州"所有土地价值的比例"作为课税标准，而且将黑人作为"财产"写入了《邦联条例》。这样，就把黑人奴隶作为财产而不是人以法律形式固定下来，南部巧妙地利用财产权维护了自己的利益，并且为奴隶制的继续合法存在找到了法律依据。因为财产权是神圣不可侵犯的权利。后来，在1783年4月制定税额法时，黑人奴隶纳税的问题又被提了出来，最初提出将黑人按1/2的比例折算，但是南卡罗来纳和佐治亚不愿意多纳税，提出1/4和1/3的比例，经各方妥协后，采用了麦迪逊提出的3/5的比例。①

第三次，1787年6月至9月在制宪会议上的争论，这也是最为重要的一次争论，是最后一个回合的战斗。从辩论过程和宪法条文看，共有四项内容与奴隶制有关。

（1）宪法第一条第二款规定，各州选派众议员和纳税时应以所有自由人口及3/5的黑人人数为标准。即著名的"五分之三"条款。这项条款是制宪会议上达成的第一个也是最重要的妥协，因此又称"五分之三"妥协。7月7日，当代表们讨论国会席位分配时，詹姆斯·麦迪逊提出："在一院中应按自由居民来确定，在另一院中将黑人如实统计并分配席位。"而南卡罗来纳代表则主张在两院中"将黑人与白人平等对待"。对于南方既要维护奴隶制又要增加国会席位的意图，北方代表坚决反对。7月12日，不甘心失败的南卡罗来纳代表再次提出将黑人与白人同等对待的提案，结果又一次被否决。在这种情况下，弗吉尼亚代表埃德蒙德·伦道夫以1783年4月18日国会颁布的税额法为依据，要求将黑人以3/5的比例折算。北卡罗来纳代表附议时提出，自该法案实施以来，黑人一直是纳税者，分配席位时不应将他们排除在外，南部加入联邦至少必须以3/5的比例为条件，如果"将黑人排除在外，制宪会议将就此结束"。北方代表不得不做出让步，采纳了"五分之三"方案。这意味着黑人是作为"半人半财产"

---

① 梁茂信：《美国革命时期黑奴制合法地位的确立》，《历史研究》1997年第6期。

被写入宪法中的。

（2）关于奴隶贸易的问题，宪法第二条第九款规定，在 1808 年以前，国会不得禁止引进黑奴，但每引进一名黑奴应征税 10 美元。这项条款是在南卡罗来纳和佐治亚的代表的坚持下各州让步的结果。制宪委员会最初规定禁止引进黑奴的时间下限是 1800 年，但这两个州却坚持以 1808 年为下限。虽然一些北方代表持有异议，但在最后表决中，除南部各州外，马萨诸塞州和康涅狄格州也投了赞成票，因为这两州有不少商人从事黑奴贩运。

（3）宪法第四条第二款规定，当黑奴逃往他州时，奴隶主有权追捕，各州不得阻挠和干涉。这项规定是由南卡罗来纳代表提出的，目的是防止黑奴通过逃跑而获得人身自由。因为此时有关黑人奴隶的身份和黑奴贸易的条款已定，最关键的问题已经解决，各州没有产生分歧，一致通过。

（4）宪法第五条规定，若各州议会或国会两院 2/3 的议员提出修正案时，须经州议会或国会两院 3/4 议员的同意才能通过。这项条款旨在保证宪法条文的长期稳定性和有效性，不是专门针对奴隶制的，但是对奴隶制也不无影响，它在客观上堵死了通过修改宪法条款来解放奴隶的途径。因为在当时的 13 个州中，有 5 个是蓄奴州，自由州根本无法构成宪法规定的 3/4 票数。它确保了奴隶制得以长期存在下去。

这样，美国革命时期关于奴隶制的争端告一段落。由于南部种植园主兼奴隶主坚决维护自己的利益，围绕《独立宣言》《邦联条例》《宪法》的起草和制定，革命领导者在奴隶制问题上达成妥协，奴隶制事实上得到国家的认可。各州是否继续保留奴隶制可以自己选择。事实上，在宪法制定之前，北部各州已经通过州宪法或法令废除了奴隶制。纽约和新泽西也在 1799 年、1804 年分别废除了奴隶制。南部各州中，弗吉尼亚和马里兰在 1782—1783 年通过了允许奴隶主自愿解放奴隶的法令。

三　战时种植园经济的衰败

从 1775 年 4 月到 1783 年 9 月长达 8 年多的独立战争，对南部的种植园经济造成严重破坏。与英国贸易的中断、英军的海上封锁政策，限制了烟草、稻米等大宗作物的出口，而在战争期间，由于战事的进行、奴隶的流失等原因使很多种植园无法维持正常生产，更有甚者，一些种植园主或本人逃离，或带领奴隶逃离避难，使一些种植园空无一人而荒弃，尤其在战事频仍的下南部，破坏更为严重。

战争期间奴隶流失严重。奴隶流失的方式很多，如逃跑、参军、获得自由、死亡等。奴隶流失的一个重要途径是参军服役，进而获得自由。关于黑人奴隶是否可以参加军队，大陆军和英军有不同的做法和策略。大陆军最初禁止黑人奴隶参军，华盛顿在 1775 年 7 月 9 日召开的军事会议上，命令不得招募"政府军的逃兵、流浪汉、黑人、游民或涉嫌为敌视美国自由的人，以及不满 18 岁的少年"入伍。1775 年 11 月 12 日，华盛顿再次命令新兵招募人员不得招募黑人入伍。

为什么美国革命者禁止黑人参军入伍呢？原因是多方面的。一个主要原因是绝大多数黑人是奴隶，是奴隶主的财产，允许他们登记入伍意味着侵犯了其主人的财产权利，这是很多身为奴隶主、宣称"私有财产神圣不可侵犯"的革命者所不愿看到的，军队也绝不能成为逃跑奴隶的避难所。另一个原因是担忧和恐惧，一个拿起枪的奴隶将是"麻烦"的根源。早在 1715 年卡罗来纳的一群奴隶主就表达了这种担忧，"必须高度警惕在军队中雇佣黑人，以免我们的奴隶武装起来可能变成我们的主人"。[1] 随着与英国战争的临近，这种担忧在黑人奴隶集中的地区变得更为普遍和强烈。1775 年 4 月，马里兰的一个代表团

---

① Benjamin Quarles, *The Negro in the American Revolution*, Published for the Institute of Early American History and Culture at Williamsburg, Virginia, The University of North Carolina Press, 1961. pp. 13 – 14.

拜访总督罗伯特·艾登，请求军队镇压黑人奴隶的任何反叛行动。1775 年 5 月 20 日，马萨诸塞安全委员会建议，无论怎样都不能考虑让奴隶进入马萨诸塞的军队。1776 年 1 月 22 日，马萨诸塞通过民兵条例，把黑人、印第安人和黑白混血人排除在军队之外。[1] 新英格兰、中部各州纷纷效仿马萨诸塞的做法。在战争早期，南部对黑人参军保持沉默，只有弗吉尼亚允许自由黑人参军。这样，把黑人排除在外成为各州和大陆军的普遍政策。

英国方面的做法截然不同。在革命前夕，黑人奴隶自己也已经意识到即将到来的革命对其自身独立的重要性，他们想利用奴隶主阶级内部的分歧来扩大他们的权利，甚至想赢得自由。1775 年 4 月，一个奴隶代表团拜访弗吉尼亚的皇家总督邓摩尔爵士，提出以服役为条件来换取自由。邓摩尔虽然当时未置可否，但奴隶的大胆举动使总督确信奴隶可以算作英王陛下的朋友。1775 年 11 月，随着形势日趋紧张，邓摩尔勋爵于 11 月 7 日发出公告："我特此……宣布，为了更迅速地使本殖民地恢复其固有的尊严，凡是体格健全、愿意拿起武器、尽快参加英王陛下的军队的所有契约奴、黑人或其他人（也适用于反叛者）都可获得自由。"[2] 邓摩尔的许诺激励了整个大陆殖民地的奴隶，对南部种植园中的奴隶也是如此。这个公告成为黑人奴隶的福音，一经发布，黑人男女纷纷设法逃离种植园，涌向总督所在的诺福克港口，参加英军，数量在不断增加。面对这种形势，1775 年 11 月 23 日，威廉斯堡报纸上刊登了一篇文章，严厉地批评了邓摩尔的公告，并且向黑人指出，英国人完全是出于自私的动机，力劝黑人不要参加邓摩尔的军队。12 月 13 日，弗吉尼亚的大陆委员会谴责英军调唆奴隶逃跑，而且答应宽恕在十日以内返回的奴隶。但是这样的谴责无济于事。黑人奴隶仍然蜂拥投奔邓摩尔。华盛顿不得不部分改变大陆军不招募黑人的政策，在提交给大陆会议主席的报告中，他说打算允许自由黑人入伍，如果不允许他们入伍，他们就会去投奔英国军队。大

---

[1]　Benjamin Quarles, *The Negro in the American Revolution*, p. 16.

[2]　［美］约翰·富兰克林：《美国黑人史》，第 107 页。

陆会议于 1776 年 1 月 16 日批准"曾在坎布里奇部队中忠诚地服役过的自由黑人"重新登记入伍。后来又逐渐放宽入伍的条件，开始征召一些自由黑人入伍。各个宣布独立的州也分别开始招募自由黑人甚至奴隶参军。1777 年弗吉尼亚要求入伍的黑人只要交一份由当地治安官发给的自由证书就行了。马里兰和弗吉尼亚还允许奴隶代替其主人服役。这样，黑人奴隶或参加英军，或参加大陆军和各州军队。但总体来说，大陆军和各州招募黑人的政策是严格的，南卡罗来纳和佐治亚一直反对黑人奴隶入伍。

在邓摩尔公告的吸引下，黑人奴隶纷纷逃离种植园，投奔英军。在乔治·华盛顿的弗农山庄，华盛顿的管事坦白承认将军的奴隶找到了自由的"甜头"，"没有一个奴隶离开我们，如果他们相信可以逃跑。"事实上，当邓摩尔的舰队靠近海岸时，如同一个沮丧的主人所说，奴隶开始"涌向邓摩尔"，奴隶主遭受沉重打击，以致他们在《弗吉尼亚公报》上直接给奴隶们发表一篇文章，威胁逃跑者将以死罪论处，并且命令奴隶要"满意自己的条件，在下一个世界上再期望更好的条件。"诺米尼豪（Nomini Hall）的罗伯特·卡特，卡特王的孙子，也是弗吉尼亚最大的奴隶主之一，把奴隶召集到一起，揭发邓摩尔的阴谋。在得到奴隶忠诚的保证后，卡特指导他们在面对英国的攻击时该怎样做。卡特的演讲似乎收到了预期的效果，但是当机会到来时，卡特的奴隶还是逃跑了。[1]

邓摩尔利用黑人奴隶组成的军队袭击弗吉尼亚海岸，其黑人战士又帮助数以百计的奴隶逃跑，有时帮助整个种植园的奴隶疏散。1776 年 8 月，当邓摩尔撤退到百慕大时，300 名逃跑奴隶随之北上，希望能在军队中服役并获得自由。据说总计有 800 名奴隶逃跑，加入到邓摩尔的队伍中来。[2] 1777 年 2 月，英国海军实行封锁政策，只允许英国军队定期登陆。英国的战舰成为奴隶逃亡的避难所，超过 300 名奴隶逃离弗吉尼亚海岸，在以后的岁月继续有不少于此数的奴隶前来寻

---

① Ira Berlin, *Many Thousands Gone: The First Two Centuries of Slavery in North America*, p. 257.

② Ibid., p. 258.

求英国的庇护。8 月，威廉·豪将军指挥的舰队驶离切萨皮克海湾，前往攻击费城，逃跑的奴隶人数增加。奴隶主为了阻止奴隶逃跑，甚至没收了最小的小船，并且通告军队"阻止奴隶结队从内地逃跑"，被抓获的逃跑者则予以处决。但是要守卫切萨皮克众多的河流和港口几乎是不可能的，即使最严密的看守或者被敌军抓获后遭受凌辱和虐待的谣言也无法阻止奴隶逃跑的洪流。正如一个有名的种植园主在 1781 年惋惜的那样，奴隶"继续逃向英国一方，不顾许多逃跑者告诉他们所遇到的悲惨对待。"① 英国军官让数以百计的奴隶做工。本尼迪克特·阿诺德雇佣 300 名奴隶在朴次茅斯修建防御工事，以防卫美国军队的反击。很大数量的黑人男女充当私人奴仆，一个雇佣兵战士注意到，"每名军官都有 3—4 名奴隶，每名班长有 1—2 匹马和奴隶，每名未受任命的军官有 2 匹马和 1 名奴隶。"正式入伍的战士也"有自己的奴隶，替他携带物资和行装。"黑人，很多是新近的逃跑者，驾驶着驳船和小舟，在切萨皮克海岸巡逻，黑人妇女则在营地做清扫、洗衣和其他工作。

在战争爆发初期，奴隶流失只是局限在潮水带，随着战争的扩大，奴隶逃跑向内地蔓延。英军所到之处，都会有奴隶前来投奔。当普林斯从彼德蒙特的种植园逃跑时，其主人"希望他到达豪的军队，他曾经试图参加邓摩尔的军队。"在英军一次侵犯詹姆斯河之后，一个著名的传教士报告说"在这次行动范围之内的家庭受到严重影响，一些家庭损失了奴隶 40 名，一些损失 30 名，每个家庭都损失了很大一部分奴隶。"在切萨皮克重要的大种植园主中间，包括卡特家族、哈里森家族、杰斐逊家族、尼尔森家族和华盛顿家族，至少都损失了相当一部分奴隶。② 例如当英国军队在 1781 年侵犯华盛顿的弗农山之后，有 17 名奴隶逃跑，包括华盛顿最为信任的工匠和家务奴隶。③ 一些逃跑者不久以后又返回原来的种植园中，不是企求原谅，而是带领

---

① Ira Berlin, *Many Thousands Gone*: *The First Two Centuries of Slavery in North America*, p. 258.

② Ibid. .

③ Ibid. , p. 259.

家人和朋友逃往英方。1781 年当康沃利斯爵士率领军队到达弗吉尼亚时，有更多的奴隶逃离主人，很多种植园空了 1/4，"你的邻居托利弗上校（Col. Taliaferro）和特拉维斯上校（Col. Travis）失去了所有奴隶，帕拉代斯（Paradise）先生只剩下一名奴隶"，里查德·亨利·李在追踪康沃利斯在弗吉尼亚的行动时说，"这是靠近敌方的居民的普遍事例。"康沃利斯指挥的军队到达约克镇时，约 4000—5000 名奴隶在其队伍里。① 1783 年英军向纽约撤退时，他们把超过 1000 名弗吉尼亚和马里兰的奴隶带到加拿大和其他地方予以解放。

除奴隶主动逃跑外，还面临着私掠船和盗匪的袭击，反对革命的保守分子也加入进来，他们经常与逃跑的奴隶一道，抓捕主张独立的种植园主的奴隶。一个这样的探险队抢劫了几艘驳船，由"保守分子和奴隶"指挥，在马里兰东海岸的楠蒂科克河（the Nanticoke River）上航行，"抢劫居民的奴隶和有价值的物资"。1779 年夏英国军队侵袭弗吉尼亚海岸，主要在詹姆斯河和拉帕汉诺克河之间的半岛上，使爱国者奴隶主付出了约 1000 名奴隶的损失，以至于一名奴隶主确信"如果这样的行动不停止，我们最有价值的奴隶也会逃跑。"另有一支探险队由叛徒本尼迪克特·阿诺德指挥，沿詹姆斯河发动了一系列侵袭，1781 年 1 月到达里士满，使弗吉尼亚的种植园主损失了数百名奴隶。② 有的奴隶加入盗匪团伙，在战争后期，黑白各色人等组成的盗匪团伙在乡间横行，成为摆在奴隶主面前的一个日益严重的问题，奴隶主发现这些团伙在"吸引我们的奴隶方面十分成功"。

还有一些奴隶获得自由。一些为美国的独立和自由而战的奴隶主意识到其为自由而战的虚伪的一面，开始少量释放其奴隶或允许其赎买自由。例如詹姆斯·麦迪逊释放了他的奴隶比利，比利在逃往英军一方时被抓获，麦迪逊发现这名年轻人只渴望"自由，这正是我们不惜无数鲜血的代价而奋战的，并且宣称这是值得每一个人追求的权利"，他认为逃跑已经使比利深受感染，他不再是"弗吉尼亚奴隶中

---

① Ira Berlin, *Many Thousands Gone: The First Two Centuries of Slavery in North America*, p. 260.

② Ibid., p. 259.

的合适的一员。"这样，通过私人自愿释放、自我赎买、诉讼、逃跑和移民等方式，一些奴隶获得了自由。1781 年一个愤怒的弗吉尼亚种植园主抱怨道："有理由相信，很大数量被英国军队带走的奴隶现在在这个国家里自由穿行。"上南部的自由黑人数量在增加。马里兰最能反映这种变化。在 1755 年到 1790 年间，马里兰的自由黑人人口增加了 300%，增长到大约 8000 人。① 在上南部的其他地方，虽然自由黑人的增长无法与马里兰相比，但也都增长显著。在 1782 年，即弗吉尼亚使私人解放奴隶合法化的那年，圣·乔治·塔克估计在弗吉尼亚有自由黑人约 2000 名。②

总计，由于逃跑、抓捕、获释等原因，战争期间上南部的奴隶减少 1 万名以上。而由于英军的封锁，与英国的烟草贸易破坏严重，带来了严重的经济混乱，远离战场的大种植园主得以幸存，中小种植园主遭受的打击尤其沉重。在这种形势下，种植园主普遍减少烟草种植，增加小麦、玉米等粮食作物的生产，种植蔬菜，以及开展手工业制造，开始制造以前从英国进口的物品或从事各种各样其他日用必需品的生产，例如织布、制黄油、蜡烛、制鞋、煮盐、梳毛等。一个到弗吉尼亚的参观者注意到编织是"女奴隶的主要工作"。以满足战争时期种植园自给的需要，或在当地市场出售。

下南部是独立战争的主要战场之一，战事频仍、争夺激烈，种植园和经济的破坏更为严重，奴隶流失也更为严重。奴隶流失的途径主要是逃跑、参军、战争双方互相抓捕、死亡等。最初的一批逃跑者是男奴隶，随着战争的进行，逃跑成功的可能性也增大，奴隶开始成群逃跑，以家庭甚至整个种植园的奴隶为单位逃跑。在下南部，不像北部和上南部那样奴隶逃跑通常是单个的，下南部的奴隶经常结成群体迁移，显示了在大种植园中奴隶之间通过亲情和友情纽带联系之紧密。大卫·乔治在牙买加岛上发现了一群逃跑者，其中一人"回忆到，在英军逼近时他的主人逃走了，于是，他及其家庭和大约 50 多

---

① Ira Berlin, *Many Thousands Gone: The First Two Centuries of Slavery in North America*, p. 283.

② Ibid., p. 263.

名奴隶"长途跋涉"寻求英王军队的庇护"。南卡罗来纳参加大陆会议的代表托马斯·平克尼于 1779 年春返回家乡时，发现其种植园几乎是空的，只有几名老人和孕妇。平克尼的经历并非鲜见。奴隶携带枪支、农具和衣食供养向沼泽进军，建立营地，或者向西部迁移，寻求与友好的印第安人结盟。更多的数以千计的奴隶寻求英国军队和海军的庇护。下南部城镇比上南部较为发达，尤其在水稻港口，在数以百计的黑人中间要躲避抓捕十分容易，因此城镇也是奴隶逃跑的一个方向。例如，1778 年初亚伯拉罕逃往查尔斯顿，他自由通行，在主人找到其藏身所在、广告招回之前，他甚至找到了一份砌砖的工作，做了三个月。奴隶成功逃跑如此频繁，以致奴隶主在逃跑广告上增加了一句新内容："如果回来，他们将获得原谅。"

一旦到了城镇且获得安全，奴隶就改名换姓，改装易服，变换身份，称自己是"受雇外出"。如果拥有一点现金，他们就会登上查尔斯顿、萨凡纳或稍小港口的船只，希望远航到一个地方开始新的自由生活。但是更多的奴隶到英国军队里躲藏，1781 年约 15 名奴隶从一个临近的种植园逃跑到查尔斯顿，其主人报告说他们"分别躲在总军需官的不同部队里为陛下服务。"城镇生活有其危险性，绑匪横行，疾病蔓延，尤其在避难黑人集中、简陋拥挤的小屋中。1779 年和 1780 年查尔斯顿发生了几次天花和麻疹传染，逃跑奴隶是主要的受害者。但在战争蹂躏的城镇机会也很多，逃跑者冒险自我防卫。很多白种商人和房主不加盘问就雇佣他们，被军官、士兵雇佣更是平常事。在萨凡纳，从前的奴隶聚集在废弃的建筑物里，公开"出售，进行交易，没有任何限制或检查。"1779 年 6 月，在英军进犯南卡罗来纳前夕，总指挥官亨利·克林顿向离开反叛主人的奴隶承诺"追随我们，获得完全的安全，可以从事任何自己认为适合的职业。"奴隶把这当作长期谣传的总解放宣言。普通士兵尤其欢迎逃难奴隶，奴隶替他们背负行李等，换取食物、保护和自由。根据一个观察者说，不仅每一个士兵有自己的仆役"扛运供给和包裹"，而且"士兵的家眷也有黑奴供使用。"充当私人仆役只是一小部分奴隶的任务。大部分到英军避难的奴隶则承担修建防御工事、赶车运输、伐木砍柴、饲养马匹等英军急需的后勤服务工作，很少区分是爱国者的奴隶还是效忠者的奴隶。

奴隶担任最脏、最累的工作，偶尔也有奴隶成为士兵，参加战斗。1776 年佛罗里达的皇家总督委任 4 个黑人军团，同白人士兵、印第安人并肩作战。1779 年，一支法美联合部队包围萨凡纳，英军指挥官将黑人仆役和劳工武装起来击退进攻。后来，由于黑人士兵在保卫城市中表现英勇，佐治亚的皇家总督还单独列出，予以表彰。皇家立法机构还授权武装奴隶保卫殖民地，虽然只是在"紧急时期"。

不仅英国军队招募和使用黑人奴隶作劳动力，由于战争双方争夺激烈，出于修建防御工事等的需要，美军也需要大量劳动力。同英国军队一样，美军在每一种劳动中也都雇佣奴隶：修建防御工事、赶车、砍树、照顾伤兵、做饭等。但是美军只是抓捕或雇佣奴隶做劳动力，而不是同意黑人参军。那些不能被用来劳动的奴隶就被出售，双方的军队和土匪会来种植园抓捕劳动力，而且在这二者之间经常很难区分。仅在佐治亚的皇家总督詹姆斯·怀特的 11 个种植园中，他们就掠走了 500 多名奴隶。① 下南部为了吸引白人参军，奴隶还被用来作为赏金，或者用来补偿爱国者奴隶主的损失。爱国者一旦重建政府，他们便将抓获的奴隶出售以增加收入，有时赏赐给士兵作为补偿。

与此同时，种植园主和地方当局采取措施在城镇加强防卫，以阻止向城镇逃跑的奴隶。"为了震慑这些错误的生灵，防范任何敌意的企图"，立法者扩大警卫、增加军队、组织巡逻。1775 年有 3 艘船的士兵（three companies of militiaman）在查尔斯顿的大街上巡逻。威明顿是水稻带的北界，其安全委员会授权巡逻士兵"搜查并没收黑人奴隶携带的任何武器"，奴隶主也以处死相处罚。下南部的种植园主还加强种植园的控制和管理，南卡罗来纳的一个爱国者领袖亨利·劳伦

---

① Ira Berlin, *Many Thousands Gone: The First Two Centuries of Slavery in North America*, p. 299.

斯在 1775 年 6 月把其兄弟的奴隶集中在一起，"以最大的淫威恐吓他们叛逆的危险"，并且警告"他们在这个危险时期行为要谨慎"。查尔斯顿一个成功的自由黑人领航员、曾被南卡罗来纳的皇家总督称为是该殖民地有用的一员的托马斯·杰里迈亚因阴谋率领奴隶与英国为盟而被逮捕，总督抗议抓错人了，查尔斯顿的安全委员会威胁要在行政大厦的门柱上将杰里迈亚吊死。总督被迫闭嘴，但也无济于事，杰里迈亚被吊起来，然后被烧死。

由于战事频繁，奴隶逃跑严重，为了确保"黑人财产"的安全，一些种植园主兼奴隶主不得不将奴隶转移。他们携带奴隶逃离战争地带，到安全的地方避难。一些下南部的种植园主把奴隶运送到北至弗吉尼亚的地方，还有一些种植园主把奴隶运到密西西比河谷、东佛罗里达甚至西印度岛屿避难。但是在下南部种植园，奴隶规模大，组织避难的难度也大得多，种植园要转移的是数以百计的奴隶，需要大规模的运动。常常造成奴隶家庭和朋友的分离。奴隶因此并不希望逃亡，逃亡不但把亲友分开，而且还减少了他们获取自由的机会。一旦有迁移的迹象，一些奴隶就行动起来，拒绝转移。一个把奴隶撤退到佛罗里达的南卡罗来纳效忠派种植园主计划把他们向新普罗维登斯岛（New Providence Island）进一步转移时，发现他们"不愿意一起走"，当受到威胁要被迫转移时，"他们决定逃向森林，经陆路找道返回南卡罗来纳"。最后，这位种植园主不得不决定把奴隶卖掉。有的奴隶逃跑到树林或沼泽里暂时躲避起来，直到主人离开，然后再返回去占领被废弃的种植园，自己劳动，丰衣足食。

还有一些没有外出避难的奴隶主实行新的限制，防止奴隶聚众逃跑。例如一个佐治亚的种植园主把男奴隶与妇女和孩子分开，防止家庭式的逃跑，但是这些措施对阻止奴隶逃跑发挥作用甚微。奴隶主还挨家挨户地搜查武器枪支，组织彻夜巡逻，防止奴隶叛乱。在北卡罗来纳接近南卡罗来纳边界的彼特县，当地的安全委员会授权巡逻者"向一个或多个携带武器又不自愿投降的黑人奴隶开枪"，授权巡逻者可以随时"向任何超过 4 人以上、离开主人种植园，并不服从的奴隶群体开枪。"① 有时关于奴隶的叛乱只是传言，种植园主也把嫌疑者予以血腥镇压。在北卡罗来纳的博福特，有报告说"有一个恐怖残酷的计划（Horrid Tragick Plan），要把该地所有居民都毁灭，不管年龄或性别。"据此 40 个黑人男女被投入监狱，很多人被鞭打，一些人被刘割。1775 年 12 月，几百名在查尔斯顿港口的沙利文岛接受英军保护的逃跑奴隶开始袭击沿海的种植园，袭击持续到新年，独立者最终以无情的屠杀把他们赶出了该岛。

英国军队虽然是接受逃跑奴隶，但是奴隶的涌入同时也使他们惧怕，他们担心充当奴隶的朋友会使效忠英王的奴隶主转向爱国者的阵营。英国指挥官一方面需求奴隶劳工，另一方面又担忧与奴隶主之间的同盟，左右摇摆。一些军官和士兵继续庇护逃跑奴隶，还有一些不提供庇护，而把他们投入监狱、鞭打，遣回到效忠英王的主人身边，以换取奴隶主的忠诚和供给。

为了帮助效忠同盟恢复奴隶财产，英军指挥印制查尔斯顿每月逃亡的奴隶名单。在萨凡纳，英国军队立即把到达的奴隶拘捕在"一个坚固便利的房屋或者监狱里"，尽快把他们送回到主人身边。"不友好人士"的奴隶则被送到被没收的种植园中强迫劳动，或者赏赐给效忠分子作为对其奴隶逃亡的补偿。英国指挥官还把奴隶作为奖品，以招募白人士兵为陛下服役，或者出售以获取利益。效忠分子还侵犯反叛分子的种植园，把多达 8000 名奴隶带到处于英国控制之下的东佛罗里达，使那里的种植园兴旺起来。还有奴隶被效忠分子或私掠船长带到或者卖到蔗糖岛屿、西佛罗里达和路易斯安纳。

为了与效忠的种植园主结盟，表明良好的统治秩序，并从种植园中获利，英国方面专门组建警察董事会，接管被没收的由独立者遗弃的种植园，在效忠派居民、军官和专门指定的监工指挥下开始生产。在南卡罗来纳，约 5000 名奴隶在没收的种植园中

---

① Ira Berlin, *Many Thousands Gone: The First Two Centuries of Slavery in North America*, p. 293.

劳动。查尔斯顿的监工董事会于 1780 年 5 月成立，发布规定把奴隶限制在种植园中，离开种植园游荡的奴隶将被作为逃跑者拘捕，送回主人处。

　　黑人奴隶发现无论在英国和效忠者一边，还是在独立和爱国者一边，他们都受尽苦难。一旦有可能的时机，奴隶都尽量躲开双方，到自由黑人、印第安人或没有奴隶的白人一边避难。随着战争的进行，社会秩序的进一步混乱，这种行为越来越普遍，以致伤心的种植园主在奴隶逃亡广告中又专门补充了一条，是针对庇护逃跑奴隶的犯罪："该行为被认为是丑恶可耻的、不被赞成的，将受到惩罚。"很多年轻的奴隶加入到横行乡里的土匪团伙中间，袭击种植园，靠出售所获赃物过活。有时这些盗匪与在沼泽里建立营地的逃跑奴隶或印第安人联合起来。1782 年，有 50—100 名"粗暴的黑人"在南卡罗来纳古斯河（Goose Creek）附近抢劫。这些黑人团伙携带武器。一个女种植园主在受到一伙黑人盗匪的抢劫后数周难以入睡，处于惊吓中。一个英国军官抱怨说："蜂拥而至的黑人奴隶盗匪所带来的损害比整个军队的破坏大一万倍还多。"①

　　即使留在种植园中的奴隶，也变得难以管治。1781 年，在一个低地种植园中当一些奴隶试图割断监工的喉咙时，另一些奴隶"用他自己的毛瑟枪把他射得脑浆迸裂。"一个女主人伊里萨·卢卡斯·平克尼，在丈夫离开期间掌管种植园，发现其奴隶"粗鲁无礼，在很大程度上自己是自己的主人"。一些人放弃劳动，用托马斯·平克尼的话说，他们"现在完全自由，依靠种植园的收入生活"。这些事件对种植园主及其代表都产生了很大的震动和影响。由于男人前去打仗，留下妇女掌管种植园，她们在管理奴隶方面面临很大的困难，甚至像伊里萨·卢卡斯·平克尼这样有管理种植园经验的人也不例外。男人也面临着类似的困难，无论主人是谁，奴隶都"乐意怎么做就怎么做"。种植园主努力召集一队奴隶集中在一个田地劳动，但奴隶往往就不见

---

　　① Ira Berlin, *Many Thousands Gone: The First Two Centuries of Slavery in North America*, p. 300.

了。1780 年伊里萨·卢卡斯·平克尼估计"由于奴隶在种植锄草季节擅离职守，收成很少"。很多种植园主在混乱的 1780 年和 1781 年放弃了收获的希望。

战争结束，英军撤退时，大量奴隶随皇家军队和海军撤走。英军撤离时带走了数以千计的奴隶，也许多达 2 万名，从萨凡纳带走5000—6000 名，从查尔斯顿带走 10000—12000 名。[1] 当撤退的船只离港时，常常看到奴隶抓住船沿不放，力图抓住最后获取自由的机会。这些奴隶很多通过由西班牙控制的圣奥古斯丁转移。还有少量奴隶在战争和疾病中死亡。

因为逃跑、撤离、死亡等原因使下南部的奴隶大幅度减少。1775年到 1783 年，佐治亚的奴隶数量从 15000 名减少到 5000 名，减少了2/3。在南卡罗来纳，奴隶减少了 25000 名，根据一些估计是南卡罗来纳战前奴隶数量的大约 1/4。在战事激烈的地方，减少得更多。南卡罗来纳的圣约翰·伯克利教区在 1775 年有奴隶 1400 名，战后损失了几乎一半。由于男奴隶最易逃跑和受到军队征召，因此在减少的奴隶中，男性居多数。[2]

大量奴隶减少、战事频繁使下南部的经济破坏更为严重。由于战争破坏和英军封锁使下南部的作物出口几乎不可能。在南卡罗来纳，稻米产量从战前每年的 155000 大桶降低到 1782 年的不到 25000 大桶。[3] 由于大陆会议禁止向英国出口蓝靛，并且丧失了英国的补贴，以及一系列自然灾害完全破坏了蓝靛种植，使蓝靛生产几乎完全消失。

值得注意的是，在战争时期，虽然上南部的奴隶也有流失，但是减少的奴隶只是这个地区奴隶人口中的一小部分。而且由于自然增长，上南部的奴隶总人数不但没有减少，反而整体上有所增加。在马里兰，奴隶人口从战争开始时的 80000 人增加到 1783 年的 83000 人，

---

① Ira Berlin, *Many Thousands Gone: The First Two Centuries of Slavery in North America*, p. 303.

② Ibid., p. 304.

③ Ibid., p. 302.

弗吉尼亚则从大约 210000 人增加到 236000 人。[①] 除去战争带来的死亡率上升和一些奴隶逃跑等因素，切萨皮克的奴隶人口以每年 2% 的速度在增加。而烟草种植的减少使其劳动力过剩。由于拥有的奴隶人数过剩，切萨皮克的种植园主成为非洲奴隶贸易的重要反对者。他们谴责在战争结束后急于补充奴隶的下南部的种植园主，也谴责渴望从事奴隶贸易的北方商人。不过，上南部的种植园主在谴责国际奴隶贸易的同时，却赞成州际贸易。战后的切萨皮克成为奴隶的纯输出地。

因此，在战争结束时，上南部的奴隶增多，下南部的奴隶减少。这是在 1787 年制宪会议上，下南部的代表反对上南部代表提出的禁止进口奴隶的提议，认为 "南卡罗来纳和佐治亚没有奴隶就无法运转"。

四　战后的生产调整与烟草地位的衰落

在独立和筹建新国家的过程中，南部种植园主兼奴隶主经过几个回合的斗争，维护了奴隶制的合法存在。不过，经过长期的战争破坏及其导致的混乱，南部种植园主面临着重建种植园的重任，而且他们还面临着美国独立后的新经济形势。

上南部的种植园主相信烟草才是最快的致富途径，因此在战后很快重操旧业，进行烟草种植。很多已经离开田地到商店、织房做工的奴隶发现他们在战后又回到烟草田中。这样，在 18 世纪 90 年代初期，烟草生产量又达到了战前的水平。1790 年出口量迅速增至 1.01 亿磅，当年估计产量为 1.3 亿磅，约 78% 出口。[②] 1790 年到 1792 年平均年产量达到 11 万大桶。但是上南部的经济从未回到独立战争前以烟草生产为主的状况。战争所带来的混合农业的发展趋势继续影响

---

① Ira Berlin, *Many Thousands Gone： The First Two Centuries of Slavery in North America*, p. 264.

② *Yearbook of the United States Department of Agriculture*, 1919, （Washington Government Printing Office, 1920）, p. 152.

这一地区的种植园和农场。加上 18 世纪 90 年代欧洲拿破仑战争的影响，使上南部的烟草在战争中失去了法国市场，导致烟草价格跌落，混合农业生产越来越占据重要地位，包括玉米、小麦、牛奶、蔬菜和其他一些产品的生产，使烟草垄断经济永久地失去了地位。在 18 世纪最后 10 年，烟草第一次在马里兰的出口中占不足一半的比例。弗吉尼亚也是如此。[1] 即使在最富裕的烟草生产地区，农场主仍然种植玉米、谷类和蔬菜，饲养牲畜。在上南部的一些地方，甚至极少种植烟草。小麦的种植却在增加。对小麦的需求随着不断加深的欧洲危机而增长。但是小麦生产与烟草不同，它只在播种和收割季节需要大量劳动力。在一年的其余季节里，劳动者基本不用管理。种植园主仍然希望最大限度地利用奴隶劳动。这就带来了劳动力过剩的问题，需要减少奴隶的数量。

战争时期上南部奴隶人口的稳步增加使很多原来没有奴隶的白人现在拥有了奴隶，从而得以位居奴隶主之列。1782—1790 年在马里兰查尔斯县的财产所有人中间，拥有奴隶的人数从 47% 上升到 60%，在其他地方也一样，因此约有 2/3 的白人财产所有者拥有奴隶。[2] 但是奴隶数量的增长主要不是在新奴隶主中间，而是在大种植园主中间，即种植园主精英中间，其拥有的奴隶人数大幅度增加，使种植园膨胀为一个大的种植园城镇。在很多种植园，奴隶的数量超过所需要的劳动力数量。乔治·华盛顿说："已经很明确，我所有的能够劳动的奴隶比实际所需的多出一半。"[3] 上南部的种植园主因此将奴隶转卖给他人，国内的奴隶贸易有巨大的利润，马里兰的一家报纸称它"几乎是全体的赚钱途径"。种植园主通过出售"过剩"的奴隶迅速积累起资金，将其中很大一部分资金马上投入到这一地区正在迅速发展的制造业中。例如马里兰东海岸最大的奴隶主爱德华·劳埃德把一部分奴隶卖掉，通常是十几岁的孩子，使其种植园里的劳动力保持在他认

---

① Ira Berlin, *Many Thousands Gone: The First Two Centuries of Slavery in North America*, p. 266.

② Ibid., p. 264.

③ Ibid..

为合适的水平上。这种做法为许多种植园主所采纳，甚至最谨慎的种植园主也发现定期卖掉一些奴隶是必要的。

除出售奴隶外，一些种植园主带着其奴隶到西部寻求新的发展机会。向彼德蒙特地区的移民在战后仍在继续。他们越过蓝带山脉，进入谢南多厄谷地，逼近到阿利根尼山的边缘，很快到达了肯塔基和田纳西，一些人还带着奴隶沿密西西比河南下。1790 年肯塔基有 1.3 万名奴隶，几乎全部来自切萨皮克地区，10 年后增加到 4 万人。在田纳西、密苏里和路易斯安那也有奴隶。据估计，由于出售、迁移等，在 1780 年到 1810 年间总共有大约 11.5 万名奴隶离开潮水带。①

种植园主在调整劳动力数量和结构的同时，还企图恢复他们在战争中失去的"主人"的权力。因为奴隶在战争期间的自主性和独立性大大增强。种植园主自称是"改进中的农场主"，他们引进新的管理技术，使生产合理化，提高利润。从奴隶的角度看，新兴的农业与旧时的烟草种植业区别不大，"改进"只是主人"增加奴隶的劳动强度和劳动时间"的"热情"。按照一个研究切萨皮克农业的历史学家的说法，种植园主"逐渐攀升到战前的旧标准。"在弗农山，华盛顿建立了一种机制，使奴隶除了劳动之外，所剩的时间无几，他命令监工要求奴隶"天一亮就开始工作，直到天黑。在工作中要保持勤劳"。他还强调，"在不危及健康或宪法允许的范围内，每一个劳动力要在 24 小时内尽最大力量"。华盛顿用皮鞭和一系列激励方式来促使其奴隶劳动，达到其所要求的"勤劳"标准。他还实行近距离监督的制度，声称"如果黑人奴隶不自觉完成职责，他们必须被强迫去做"②。

在下南部，战争结束时，很多重返家园的种植园主面对的不但是荒芜、空无一人的种植园，用一个萨凡纳商人的话说，"缺乏我们最有价值的居民及其奴隶"。种植园主一方面追捕逃奴，购入奴隶，一方面调动军队反击黑人的武装团伙和据点，粉碎其武装，杀死其首领，把奴隶的据点赶到沼泽更深处。暴力活动持续到 18 世纪 90 年

---

① Ira Berlin, *Many Thousands Gone: The First Two Centuries of Slavery in North America*, p. 265.

② Ibid. , p. 268.

代。在种植园里，则加强控制，暴力水平也急剧上升。种植园主要恢复战前的统治秩序，奴隶要求巩固和扩大战争期间获得的权利。面临奴隶的挑战，在种植园，奴隶主使用皮鞭重建权威。在恢复奴隶制统治秩序的同时，种植园主很快就恢复了大宗作物的生产，巩固了对下南部的控制，并把种植园体制进一步扩展。在18世纪90年代，随着种植园主把水稻生产区域从内陆推广到潮水地带（这一过程在18世纪中期就已经开始），水稻生产达到并且很快超过战前最高水平。但蓝靛生产没有恢复。

1783年美英签订《巴黎和约》后对英国的贸易开始恢复。1783年美国向英国出口烟草1600万磅，1790年出口增加到4700万磅。[1]1783年从查尔斯顿港输出稻米24255磅，1789年输出增加到10万磅。[2]

在种植园主恢复生产秩序的过程中，一种新的种植物在南部种植园悄然兴起，并且具有不可估量的发展前景，以至于取代了烟草成为南部之"王"。这就是棉花。棉花在南卡罗来纳和佐治亚一直有少量种植，尤其在奴隶的菜园和份地中受到欢迎，可以用来制作衣物。种植园主也尝试种植棉花，虽然一直种植不多。但由于战时布料供应短缺，美国独立事业的倡导者又提倡使用自制的布料衣服，棉花的种植和产量扩大，最初几乎完全为了国内消费。种植园主把棉花作为有利可图的替代品，在战后成为种植园的大宗种植作物。在18世纪90年代棉花和水稻、烟草一起成为种植园主的主要产品之一。1786年引进的优质长绒棉品种"海岛棉"是主要种植的品种，它易于脱籽，生长期长，价格很高，1795年佐治亚生产的优质长绒棉在纽约每磅可以卖到1先令6便士。海岛棉的引进使南部的种棉业"第一次获得了商业上的重要性"。东南沿海气候温暖而湿润，对海岛棉的生长极为有利，于是沿海种植园主纷纷转向棉花生产，在北至南卡罗来纳的圣蒂河、

---

① U. S. Department of Commerence, Bureau of the Census, *Historical Statistics of the United States*, *Colonial Times to* 1970, U. S. Government Pringting office, Washington, D. C. , 1975, Part 2, p. 1190.

② Ibid. , p. 1192.

南至佛罗里达的圣约翰斯河之间逐渐形成一片连续不断的棉花种植区。1793 年轧棉机的发明，解决了棉花脱籽的难题，高地种植园主也很快转向生产棉花。棉花产量很快上升，1790—1800 年，南卡罗来纳每年的棉花出口量从不到 1 万磅增加到 600 万磅。① 棉花同烟草和水稻一样，需要大量人力。棉花生产的急剧扩大使南部种植园对奴隶的需求激增。种植园主一方面补充战争期间减少的劳动力，另一方面增加新劳动力。一个善察商机的商人看到："黑奴贸易是我们的一个重大目标，种植园主将不惜一切获得黑奴。"种植园主通过各种途径输入成百上千的黑奴。1790—1810 年，下南部高地的奴隶数量从29000 名增加到超过 85000 名。1760 年，南卡罗来纳的在低地以外的奴隶不到 1/10，到 1810 年增加到将近一半。虽然南卡罗来纳在 1787年决定禁止非洲奴隶贸易，佐治亚在 10 年后也实行这一政策，但是棉花种植园扩张的迫切需求使 1803 年南卡罗来纳重开大西洋奴隶贸易，非洲奴隶开始涌入下南部。从 1803 年至 1808 年宪法禁止奴隶贸易的条款生效为止，输入南卡罗来纳的奴隶超过 35000 名，是历史上相同时期的两倍以上。② 奴隶大量涌入使下南部的奴隶拥有数量超过战前水平，在 1782 年至 1810 年间，仅南卡罗来纳就总计输入奴隶将近 90000 名。③ 南卡罗来纳非洲出生的黑奴在奴隶人口中的比重，在1790 年下降到约 10%，在 19 世纪前 10 年随着非洲奴隶贸易的进行迅速上升，1810 年占到 20%。④ 非洲奴隶在 1783 年到 1787 年间主要从黄金海岸输入，1804 年到 1807 年则主要来自安哥拉。

　　促使"棉花王国"兴起的根本动力，是 18 世纪 60 年代开始的英国"工业革命"，以及由此形成的大西洋两岸对棉花的巨大需求，因为这场革命无论在英国，还是在美国和法国，都是从棉纺织业首先起步的。棉花作为新兴的工业原料投入市场。无比广阔的市场前景和奴

---

① Ira Berlin, *Many Thousands Gone: The First Two Centuries of Slavery in North America*, p. 307.

② Ibid., p. 308.

③ Ibid., p. 309.

④ Ibid., p. 314.

隶制种植园的生产效率，使南部的棉花产量迅速增加。到 1810 年，棉花已取代烟草成为南部的主要种植物。棉花地位的上升、烟草地位的下降是"南部经济史上影响最大的变动之一"①。19 世纪烟草虽然仍然是南部种植园的重要种植物之一，肯塔基、田纳西、弗吉尼亚是烟草的主要产区，但是从不断扩大的南部整体而言，已经退居次要了。因此，烟草地位的衰落可以从两个方面看待：第一，从南部整体而言，烟草地位衰落，棉花取而代之；第二，即使在原来以烟草种植为主的"旧南部"，烟草也不再居于主要。烟草为"王"的时代已经一去不复返了。

---

① 何顺果：《美国"棉花王国"史》，中国社会科学出版社 1995 年版，第 10 页。

结　语

　　美国南部的种植园出现于 17 世纪英国在北美大陆殖民之初。它首先与烟草的种植密不可分。烟草作为一种刚刚传播和兴起的人类的消费品，在 17 世纪初价格昂贵，还是一种奢侈品。烟草在弗吉尼亚的试种成功，不仅挽救了英国在北美的这块殖民地，找到了有利可图的出口产品，而且直接促使了种植园的产生。种植园出现之际，指的是在开拓的一块土地上种植如烟草一样的主要供应市场的作物，以有别于传统的以自给自足为目的的农场，这是种植园的原初含义。种植园产生之后，以切萨皮克湾为中心，在北美大陆南部有一个逐渐扩散的过程。首先在弗吉尼亚，烟草种植园经济成为殖民地的经济命脉，17 世纪 30 年代随着马里兰殖民地的开拓，烟草种植园又向马里兰发展，同样成为马里兰的经济支柱。17 世纪中前期烟草种植园主要在上南部潮水带发展，17 世纪晚期开始越过潮水带，向高地扩张。同时在下南部的卡罗来纳殖民地，出现了水稻种植园并在下南部迅速发展。18 世纪 40 年代作为水稻种植园的补充，又出现了蓝靛种植园。因此，英属北美南部殖民地的种植园经济大体可以分为上南部的烟草种植园经济和下南部的水稻和蓝靛种植园经济两个部分。无论上南部的烟草，还是下南部的水稻和蓝靛，都采用了种植园的生产和组织形式，属于以出口为导向的大宗商品作物生产。但是烟草种植园是南部种植园的主导。在殖民地时期，种植园不仅是一种农业生产单位，还是一种拓殖体制。随着一个个种植园的开辟和建立，南部各殖民地逐渐成形。因此，种植园的发展史可以说就是南部殖民地的形成史。种植园经济不仅是南部殖民地的主要经济形式，而且种植园的开辟和分布奠定了南部殖民地的版图。

英属北美大陆南部殖民地的种植园经济不仅首先开始于烟草种植园，而且是以烟草种植园经济为主的。烟草种植园经济是南部殖民地种植园经济的主要组成部分和主导发展形式。这不仅表现在烟草的生产和出口规模上，烟草一直是南部殖民地第一位的大宗出口产品，而且在整个英属北美十三个殖民地的各类出口品中，烟草的出口价值也一直位居第一。主要生产烟草的弗吉尼亚殖民地是英属北美十三个殖民地中面积最大、人口最多的殖民地。虽然就某些单个种植园而言，下南部的水稻种植园拥有黑人奴隶的数量即奴隶劳动力的规模可能大于上南部的烟草种植园，黑人奴隶的数量在南卡罗来纳甚至超过白人人口，在人口中占据多数，但是就整个殖民地而言，上南部烟草种植园经济区拥有的黑人奴隶数量远远超过下南部的水稻和蓝靛种植园经济区拥有的奴隶数量。根据美国历史学家统计的数字，1700 年，弗吉尼亚和马里兰的黑人人口共有 19617 人（弗吉尼亚有黑人 16390 人，马里兰有 3227 人），而南卡罗来纳的黑人只有 2444 人；殖民地末期，弗吉尼亚和马里兰的黑人人口超过 25 万（1770 年弗吉尼亚的黑人人口是 187605 人，马里兰的黑人人口是 63818 人，北卡罗来纳的黑人人口是 69600 人），而下南部的黑人人口仅有 8 万多人（1770 年南卡罗来纳有黑人 75178 人，佐治亚有黑人 10625 人）。[①]

烟草种植园经济不仅使用了最大数量的黑人奴隶，还主导了北美南部殖民地黑人奴隶制的形成过程，决定了其发展特点。在任何一种经济发展中，人都是最根本、最具活力的因素。经济活动是人的活动，尤其在工业革命以前的时期，经济发展主要依靠人力。人和劳动力的来源至关重要，直接关系一地或一种经济的兴衰。对于十分耗费劳动力的南部种植园经济而言更是如此。在殖民地时期的整个发展过程中，南部的种植园经济都对劳动力有大量的需求。不过，种植园经济并不是从开始就采纳了黑人奴隶制的劳动制度。种植园在北美产生之际，指的是在开拓的一块土地上种植如烟草一样的主要供应市场的

---

① U. S. Department of Commerce, Bureau of the Census, *Historical Statistics of the United States*, *Colonial Times to* 1970, U. S. Government Pringting office, Washington, D. C., 1975, Part 2, p. 1168.

作物，也并没有特定的劳动制度。从一个 18 世纪烟草种植园的个例
分析中可以看出，它同时采纳了当时历史条件下所具有的三种劳动制
度，即自由雇佣工资制、契约奴制和黑人奴隶制。其中黑人奴隶制和
契约奴制这两种非自由的劳动制度最为重要，是种植园的基本劳动制
度和劳动力的基本保障。黑人奴隶制与种植园并没有天然的联系，也
不是从开始就在北美存在的，它有一个逐渐形成的过程。在黑人奴隶
制之前，北美南部的烟草种植园首先采纳的主要是白人契约奴制的劳
动制度。白人契约奴制直接源自英国，由弗吉尼亚公司首创，早期也
以来自英国的移民为主。它首先作为一种移民方式，为殖民地吸引了
大量人力，也为烟草种植园经济的发展提供了劳动力来源。到殖民地
后，它又成为烟草种植园中的重要劳动制度，在 17 世纪的大部分时
间白人契约奴是烟草种植园的主要劳动力。17 世纪晚期随着英国国内
局势的稳定，英国向北美的契约奴移民减少，契约奴的价格上涨，同
时皇家非洲公司成立，英国开始大规模参与非洲奴隶贸易，向北美殖
民地的黑人奴隶供应增加，黑人奴隶制逐渐取代白人契约奴制成为烟
草种植园的主要劳动力。与白人契约奴制直接源自英国、人口也主要
来自英国不同，黑人奴隶制不但没有源自英国，因为英国没有奴隶制
的传统，而且人口也来自非洲大陆。黑人奴隶制是在北美殖民地逐渐
形成的。但是不能把北美黑人奴隶制的形成直接归因于种植园经济，
因为在没有种植园经济的北部和中部殖民地也同样形成了黑人奴隶
制。因此从整体上而言，美国的黑人奴隶制不是南部种植园经济导致
的必然结果。但是在南部殖民地可以这么说：正是由于种植园对劳动
力的巨大需求，黑人奴隶制不但形成，而且格外发达和严格；不仅表
现在数量上，还表现在动产奴隶制的形成上。南部殖民地形成的黑人
奴隶制不是一般的奴隶制，而是种族界限严格、黑人奴隶的地位格外
低等的动产奴隶制。黑人被与白人严格隔离开来，固定在奴隶的位置
上，而且被剥夺得一无所有，仅剩下作为主人财产的身份，其法律地
位类似于物，因为是活动的，所以是"动产"，北美南部的奴隶制因
此被称为"动产奴隶制"，失去了人的色彩，黑人奴隶没有一点人的
基本权利和尊严。这是北美南部的黑人奴隶制的一个特点。北美南部

黑人奴隶制的另一个特点是，它有一整套成文法典来规范，黑人有自己专门的法律规范，其他人的法律不适用于黑人。虽然南部黑人动产奴隶制的形成是多种因素综合作用的结果，包括种植园对劳动力的巨大需求、种植园主的绝对优势地位、南部殖民地的人口特征，以及源自英国背景的没有奴隶制的传统、白人至上的优越意识、资本主义原始积累时期对利润的强烈追求等，但是南部殖民地进行以烟草为主的大宗作物生产的种植园经济的需要是其形成的根本动力，起最终的决定作用。正是种植园经济对劳动力的极大需求，使黑人沦为终生服役的奴隶，而以种植园主为主要领导阶层的南部殖民地，之所以剥夺黑人奴隶的各种权利，使其降到类似于物的地位，其最终目的也是确保更好、更安全地使用其劳动，为大宗作物生产服务。在种植烟草为主的上南部，可以清晰地看到黑人动产奴隶制的形成过程。因此，烟草种植园经济主导了黑人奴隶制的形成。

黑人奴隶制一经形成并与种植园经济结合起来，便以其规模劳动产生巨大的经济效益，使种植园经济获得巨大的生命力，从此二者互相促进，紧密结合，使奴隶制种植园成为种植园经济的主导形式，并对南部社会和文明产生深远的影响。这是奴隶制种植园格外重要的原因所在。在北美南部殖民地，奴隶制种植园生产了大约65%的烟草和全部的稻米和蓝靛。南部种植园经济最终采纳了黑人奴隶制作为主要的劳动制度，是当时历史条件下的产物，采用奴隶制的强制劳动形式能获得巨大的经济效益。因此，在谴责黑人奴隶制的残酷一面的同时，不能忽略这种劳动制度具有的高效率和产生的巨大经济效益，不能忽略它对经济发展的贡献。这也是其长期存在的原因，虽然它是残酷的、不人道的。奴隶制的劳动制度也不能否定种植园经济的资本主义性质。北美南部殖民地的种植园经济混合了古代的、中世纪的和近代的因素：古代的因素即指奴隶制；中世纪的因素指南部殖民地存在的长子继承制和嗣续限定法，以及代役租，加强了种植园和家族的联系；近代资本主义的因素是指其生产目的是为世界市场而生产，完全是一种商品经济。但是北美南部种植园经济的基本性质是近代资本主义的，只不过由于混有古代和中世纪的成分，是一种不发达、不完全的资本主义生产形式，是资本主义发展过程中的一种过渡形态。

　　以烟草等大宗作物生产为中心的北美南部种植园经济的生产目的是为市场而生产，因此它是一种商品农业经济，最早出现的烟草种植园经济则是美国商品农业的源头。作为一种商品农业，种植园经济必然以市场和出口为导向。南部殖民地是英国的殖民地，英国历经几代人，不遗余力地开展殖民事业和开拓殖民地的最终目标，是为了获得殖民地的出产品，为母国的繁荣和发展服务，因此南部殖民地的种植园经济不可避免地被纳入英帝国以重商主义为指导的保护体系之中。虽然英国最初对北美殖民地发展烟草是不满的，但是一经发现其利益所在，就改变了态度，转而保护其发展。北美南部烟草种植园经济的发展得到英帝国的保护，其出产品烟草，以及后来的稻米和蓝靛无一例外地作为航海条例中的"列举品"全部输入到英国。但英帝国的保护并没有消除市场对它的影响。无论是烟草种植园经济，还是水稻种植园经济的兴衰都受到世界市场，主要是欧洲市场的强烈影响，价格是它的晴雨表。

　　由于南部的种植园经济是处于英帝国的重商主义的保护之下发展起来的，独立战争必然对其造成严重影响。虽然种植园经济的发展也多次受到战争的影响，如18世纪40年代的奥地利王位继承战争，1756—1763年的英法七年战争，但独立战争的影响是转折性的。此后南部不再是英国的南部殖民地，而是美国的南部地区。虽然种植园经济在美国南部继续存在、发展，并且继续采纳奴隶制劳动，但是由于工业革命的发生引起的世界市场的变化、海岛棉的引进、轧棉机的发明等一系列因素的影响，使南部种植园经济发生了转变，一直是南部之"王"，并且是北美殖民地之"王"的烟草的地位衰落，棉花取而代之。但是在殖民地时期发展和管理都已渐趋成熟的奴隶制种植园为棉花的生产提供了现成的形式，也为"棉花王国"的兴盛打下了基础。

　　总之，种植园和奴隶制是美国南部社会和文明形成中最重要的两个元素，也是美国历史发展和文明形成的重要组成部分，而这两个元素都是在殖民地时期出现的。奴隶制种植园的形成有一个过程，烟草种植园经济是促使北美南部黑人动产奴隶制形成和发展的最终动力和决定性因素，而烟草种植园经济一旦采用了黑人奴隶制的劳动制度，就如同获得巨大的生命力，得到前所未有的发展。奴隶制种植园对南部社会经济发展产生了巨大而深远的影响。因此可以说，殖民地时期的经历奠定了以后南部的发展道路和特色。

参考文献

中文部分

［美］塞缪尔·埃利奥特·莫里森、亨利·斯蒂尔·康马杰等：《美利坚共和国的成长》，天津人民出版社 1980 年版。

［美］丹尼尔·布尔斯廷：《美国人：开拓历程》，三联书店 1993 年版。

［英］R. C. 西蒙斯：《美国早期史》，商务印书馆 1994 年版。

［美］比尔德：《美国文明的兴起》，商务印书馆 1991 年版。

［美］菲特：《美国经济史》，辽宁人民出版社 1981 年版。

［美］施莱贝克尔：《美国农业史》，农业出版社 1981 年版。

［美］格兰特：《美国黑人斗争史》，中国社会科学出版社 1987 年版。

［美］富兰克林：《美国黑人史》，商务印书馆 1988 年版。

［美］福斯特：《美国历史中的黑人》，三联书店 1960 年版。

［美］理查德·克鲁格：《烟草的命运》，海南出版社 2000 年版。

［美］拉尔夫·布朗：《美国历史地理》，商务印书馆 1990 年版。

［西］萨尔瓦多·德·马达里亚加：《哥伦布评传》，朱伦译，中国社会科学出版社 1991 年版。

齐文颖主编：《美国史探研》，中国社会科学出版社 2001 年版。

唐陶华：《美国历史上的黑人奴隶制》，上海人民出版社 1980 年版。

龚念年：《美国黑人运动史》，义声出版社 1980 年版。

何顺果：《美国"棉花王国"史》，中国社会科学出版社 1995 年版。

陈永国：《美国南方文化》，吉林大学出版社 1996 年版。

张福运：《美洲黑奴》，福建人民出版社 2000 年版。

李剑鸣：《美国的奠基时代》，人民出版社 2001 年版。

何顺果：《美利坚文明的历史起源》，《世界历史》2002 年第 5 期。

何顺果：《关于美洲奴隶种植园经济的性质问题——释马克思的"接种论"》，《世界历史》1996 年第 1 期。

何顺果：《关于早期美国黑人的地位及其演变》，《北大史学》1993 年第 1 期。

梁茂信：《美国革命时期黑奴制合法地位的确立》，《历史研究》1997 年第 6 期。

李世雅：《北美殖民地的契约奴移民》，《美国史论文集（1981—1983）》，三联书店 1983 年版。

懋炎：《美国独立前的奴隶来源和奴隶制度》，《历史教学问题》1958 年 12 月。

许良国：《美国独立战争中的黑人问题》，《中央民族学院学报》1979 年第 4 期。

刘祚昌：《美国奴隶制度的起源》，《史学月刊》1981 年第 4、第 5 期。

赵耀军：《北美独立战争与黑人奴隶制度》，《河北学刊》1994 年第 3 期。

高春常：《英国历史传统与北美奴隶制的起源》，《历史研究》2001 年第 2 期。

英文部分

Abraham, Roger D., *Singing the Master: the Emergence of African A-merican Culture In the Plantation South*, New York: Pantheon Books, 1992.

Adler, Mortimer J., ed., *The Annals of America*, Chicago: Encyclopedia Britannica, Inc., 1976.

Altman, Susan, *The Encyclopedia of African – American Heritage*, New York: Facts on File, 1997.

Atack, Jeremy & Passell, Peter, *A New Economic View of American History: From Colonial Times to* 1940, New York: W. W. Norton & Company, 1994.

Ayers, Edward L. , edited, *The Oxford Book of the American South*, New York: Oxford University Press, 1997.

Bake, William A. , Kilpatrick, James J. , *The American South: Towns & Cities*, Birmingham, Ala. : Oxmoor House, 1982.

Ball, Edward, *Slaves in the Family*, New York: Farrar, Straus and Giroux, 1998.

Bailyn, Bernard, *The Peopling of British North America: An Introduction*, New York: Knopf, 1986.

Berlin, Ira, *Many Thousands Gone: The First Two Centuries of Slavery in North America*, Cambridge, Mass. : The Belknap Press of Harvard University Press, 1998.

Beeman, Richard R. , *The Evolution of the Southern Backcountry: A Case Study of Lunenburg County, Virginia*, 1746 – 1832, Philadelphia: University of Pennsylvania Press, 1984.

Boles, John B. , *The South through Time: A History of an American Region*, Upper Saddle River, N. J. , Prentice Hall, 1999.

Bode, Carl, *Maryland: A Bicentennial History*, New York: W. W. Norton & Company, Inc. , 1977.

Brugger, Robert J. , *Maryland: a Middle Temperament*, 1634 – 1980, London: Jons Hopkins Univ. Pr. , 1988.

Bromley, Rosemary D. F. , *South American Development: A Geographical Introduction*, Cambridge: Cambridge University Press, 1988.

Bracey, John H. , *American Slavery: The Question of Resistance*, Beimont, Calif. : Wadsworth Pub. Co. , 1971.

Brown, Richard D. , *Slavery In American Society*, Lexington,

Mass. : D. C. Heath, 1969.

Brownlee, W. Elliot, *Dynamics of Ascent*: *A History of the American Economy*, Belmont, Calif. : Wadsworth Pub. Co. , 1988.

Brown, Jessica S. , edited, *The American South*: *A Historical Bibliography*, Santa Barbara, Calif. : ABC – Clio, Inc. , 1985.

Burtt, Everett Johnson, *Labor in the American Economy*, New York: St. Martin's Press, 1979.

Cash W. J. , *The Mind of the South*, New York: Alfred A. Knopf, Inc. , 1941.

Chapin, Bradley, edited, *Provincial America*: 1600 – 1763, New York: Free Press, 1966.

Craven, Wayne, *Colonial American Portraiture*: *The Economic, Religious, Social, Cultural, Philosophical, Scientific and Aesthetic Foundations*, Cambridge [Cambridgeshire] : Cambridge University Press, 1986.

Cooper, William James, Jr. , *The American South*: *A History*, New York: Alfred A. Knopf, 1990.

Cooper, William J. Jr. , Terrill, Thomas E. , *The American South*: *A History*, New York: McGraw – Hill, 1991.

Countryman, Edwond, *Enjoy the Some Liberty*, *Balck Americans and the Revolutionary Era Lanham*, Md. : Rowman of Littlefield Publishers, INC. , 2012.

Curry, Richard O. , *Slavery in America*: *Theodore Weld's American Slavery as it is*, Itasca, Ill. : F. E. Peacock Publishers, 1972.

Countryman, Edward, *How Did American Slavery Begin? Readings*, Boston: Bedford/St. Martin's, 1999.

Curtin, Philip D. , *The Rise and Fall of the Plantation Complex*: *Essays in Atlantic History*, Cambridge: Cambridge Univ. Pr. 1990.

Cumming, W. P. , *The Exploration of North America*: 1630 – 1776, London: Paul Elek, 1974.

Davis, Allen F. , *Conflict and Consensus In Early American History*,

Lexington, Mass. : D. C. Heath, 1984.

Ely, James W. Jr. , edited, *Property Rights in the American History*: *From the Colonial Era to the present*, New York: Garland Pub. , 1997.

Elkins, Stanley M. , *Slavery*: *A problem In American Institutional and Intellectual Life*, Chicago: University of Chicago Press, 1968.

Emst, Joseph, Albert, edited, *The Forming of A Nation*, 1607 – 1781, New York: Random House, 1970.

Engle, Ron, Miller, Tice L. , ed. , *The American Stage*: *Social and Economic Issues From the Colonial Period To the Present*, New York: Cambridge University Press, 1993.

Engerman, Stanley L. , Gallman, Robert E. edited, *The Cambridge Economic History of the United States*, New York: Cambridge University Press, 1996, Vol. 1.

Faragher, John Mack, edited, *The Encyclopedia of Colonial and Revolutionary America*, New York: Facts on File Publications, 1990.

Finkelman, Paul, *Proslavery Thought, Ideology, and Politics*, 1989.

Fogel, Robert William, and Engerman, Stanley L. , *Time On the Cross*: *the Economics of American Negro Slavery*, Boston: Little, Brown, 1974.

Fogel, Robert William, *Without Consent or Contract*: *The Rise and Fall of American Slavery*, New York: Norton, 1989.

Foner, Philip S. , *The Black Worker*: *A Documentary History from Colonial Times to the Present*, Philadelphia: Temple university Press, 1978.

Foner, Philip Sheldon, *History of Black Americans*: *From Africa to the Emergence of the Cotton Kingdom*, Westport, Conn. : Greenwood Pr. , 1975.

Garstar, Patrick & Cords, Nicholas, ed. , *Myth and Southern History*: *The Old South*, Chicago: Rand Mcnally College Pub. , Co. , 1974.

Games, Alison, *Migration and the Origins of the English Atlantic*

World, Cambridge, Mass.：Harvard University Press, 1999.

Gallay, Alan, edited, *Voices of the Old South：Eyewitness Accounts*, 1528 – 1861, Athens：University of Georgia Press, 1994.

Gilbert, Alan, "*Black Patriots and Loyalists：Fighting for Emancipation in the Worr for Independence.*" Chicago：The University of Chicago Press, 2012.

Goetzmann, William H. , *The Colonial Horizon：America In the 16th and 17th centuries：Interpretive Articles and Documentary Sources*, Reading, Mass. : Addison Wesley Pub. Co. , 1969.

Goodman, Paul, *Essays on American Colonial History*, New York：Holt, Rinehart and Winston, 1972.

Gray, Richard J. , *Writing the South：Ideas of an American Region*, Cambridge：Cambridge Univ. Pr. , 1986.

Greene, Jack P. , and Pole, J. R. , *Colonial British America：Essays In the New History of the Early Modern Era*, Baltimore：The Johns Hopkins University Press, 1984.

Hoffer, Peter Charles, *The Context of Colonization：Selected Article on Britain in the Era of American Colonization*, New York：Garland Pub. , 1988.

Hoffer, Peter Charles, edited, *Planters and Yeomen：Selected Articles on the Southern Colonies*, New York：Garland Pub. , 1988.

Hoffman, Ronald, edited, *The Economy of Early America, the Revolutionary Period*, 1763 – 1790, Charlottesville：The University Press of Virginia, 1988.

Huggins, Nathan Irvin, *Black Odyssey：The Afro – American Ordeal in Slavery*, New York：Vintage Books, 1979.

Jackson Turner Main, *The Social Structure of Revolutionary America*, Princeton：Princeton University Press, 1965.

James Horn, *Adapting to a New World, English Society in the Seventeenth – Century Chesapeake*, The University of North Carolina Press,

1994.

Jessica, Kross, ed., *American Eras*, Detroit: Gale Research, 1997.

Jefferson, Thomas, *The Complete Jefferson*, assembled and arranged by Saul K. Padover, New York: Duell, Sloan & Pearce, 1943.

Jones, Houston Guynne, *North Carolina Illustrated*, 1524 – 1984, Chapel Hill: Univ. Of N. C. Pr., 1983.

Johnson, George Lloyd, *The Frontier in the Colonial South: South Carolina Backcountry*, 1736 – 1800, Westport, Conn. : Greenwood Press, 1997.

Kane, Harnett T. , *Gone Are the Days: An Illustrated History of the Old South*, New York: Bramhall House, 1960.

Katz, Stanley N. etc. , edited, *Colonial America, Essays in Politics and Social Development*, New York: Alfred A. Knopf, Inc. , 1983.

Kauffman, Kyle D. , *New Frontiers in Agricultural History*, Stamford, Conn. : JAI Press, 2000.

Kavenagh, Keith W. ed. , *Foundations of Colonial America: A Documentary History*, New York: Chelsea House Publishers, 1973, Vol. 3.

Kirkland, Edward C. , *A History of American Economic Life*, New York: F. S. Crofts & Co. , 1946.

Kirby, Jack Temple, *Media – made Dixie: the South in the American Imagination*, Baton Rouge: Louisiana State University Press, 1978.

Kolchin, Peter, *American Slavery: 1619 – 1877*, New York: Hill and Wang, 1994.

Kupperman, Karen Ordahl, edited, *Major Problems in American Colonial History, Documents and Essays*, Lexington: D. C. Heath and Company, 1993.

Leder, Lawrence H. , edited, *Dimensions of Change: Problems and Issues of American Colonial History*, Minneapolis: Burgess Pub. Co. , 1972.

Levine, Lawrence W., *Black Culture and Black Consciousness: Afro - American Folk Thought from Slavery to Freedom*, New York: Oxford University Press, 1977.

Lloyd, Trever Owen, *The British Empire*, 1558 - 1983, Oxford: Oxford University Press, 1984.

Louis D. Rubin, *Virginia*, *A Bicentennial History*, New York: W. W. Norton & Company, Inc., 1977.

Mary Kupiec Cayton, etc., edited, *Encyclopedia of American Social History*, New York: Simon & Schuster Macmillan, 1993.

Martin, Harold H., *Georgia: A Bicentennial History*, New York: W. W. Norton & Company, Inc., 1977.

Marshall, P. J., edited, *The Oxford History of the British Empire*, Oxford: Oxford University Press, 1998, Vol. 1, Vol. 2.

Miller, Randall M., *Dictionary of Afro - American Slavery*, New York: Geedfood Pr., 1988.

Middleton, Richard, *Colonial America: A History*, 1607 - 1760, Cambridge, Mass.: Blackwell, 1992.

Morgan, D. J., *The Official History of Colonial Development*, London: Macmillan Press, 1980.

Morris, Richard Brandon, *Encyclopedia of American History*, New York: Harper & Row, 1976.

Nash, Gary B., *Red, White, and Black: the Peoples of Early America*, Englewood Cliffs, N. J.: Prentice - Hall, 1982.

Newby, I. A., *The South: A History*, Orlando, Florida: Holt, Rinehart and Winston, Inc., 1978.

Osgood, Herbert L., *The American Colonies in the Seventeenth Century*, New York: Macmillan, 1904.

Paterson, John Harris, *North America: A Geography of the United States and Canada*, New York: Oxford Univ. Pr., 1989.

Piersen, William D., *From Africa to America: African American His-*

tory From the Colonial Era to the Early Republic, 1526 – 1790, New York: Twayne Publishers, 1997.

Perkins, Edwin J. , *The Economy of Colonial America*, New York: Columbia University Press, 1980.

Philips, Ulrich Bonnell, *The Slave Economy of the Old South: Selected Essays in Economic and Social History*, Louisiana State University Press, 1968.

Priestley, Herbert Ingram, *The Coming of the White Man*, 1492 – 1848, New York: Macmillan, 1969.

Powell, William S. , *North Carolina: A Bicentennial History*, New York: W. W. Norton & Company, Inc. , 1977.

Raimo, John W. , *Biographical Directory of American Colonial and Revolutionary Governors*, 1607 – 1789, Westport, Ct. : Meckler Books, 1980.

Reiss, Oscar, *Blacks in Colonial America*, Jefferson, N. C. : Mcfarland & Co. , 1997.

Rubin, Louis D. , *The American South: Portrait of a Culture*, Washington, D. C. : United States International Communication Agency, 1979.

Schafer, Joseph, *The Social History of American Agriculture*, New York: Da Capo Press, 1970.

Smith, Kenneth H. , *American Economic History*, Minneapolis: Lerner Publications Co. , 1970.

Stewart, James Brewer, *Holy Warriors: The Abolitionists and American Slavery*, New York: Hill and Wang, 1990.

Taylor, William R. , *Cavalier and Yankee: The Old South and American National Character*, Cambridge, Mass. : Harvard University Press, 1979.

Tyler, Alice Felt, *Freedom's Ferment: Phases of American Social History: From the Colonial Period to the Outbreak of the Civil War*, New York: Harper & Row, 1962.

United States Department of Commerence, Bureau of the Census, *Historical Statistics of the United States*, *Colonial Times to* 1970, U. S. Government Pringting office, Washington, D. C. , 1975.

Vaughan, Alden T. , *The American Colonies in the Seventeenth Century*, New York: Appleton – Century – Crofts, 1971.

Ward, Harry M. , *Colonial America*, 1607 – 1763, Englewood Cliffs, N. J. : Prentice Hall, 1991.

Washington, George, *Writings*, Selected by John H. Rhodehamel, New York: Literary Classics of the United States, 1997.

Walton, Gary M. , & Rockoff, Hugh, *History of the American Economy*, New York: Harcourt Brace Jovanovich, Publishers, 1990.

Weinstein, Allen, edited, *American Negro Slavery*: *A Modern Reader*, New York: Oxford University Press, 1968.

Whitten, Norman E. Jr. , *Black Frontiersmen*: *A South American Case*, Cambridge, Mass. : Schenkman Pub. Co. , 1974.

Wilcox, Walter W. , *Economics of American Agriculture*, Englewood Cliffs, N. J. : Prentice – Hall, 1974.

Wilson, Charles Reagan, etc. , edited, *Encyclopedia of Southern Culture*, Chapel Hill: Univ. Of North Carolina Pr. , 1989.

Woodward, C. Vann, *American Counterpoint*: *Slavery and Racism in the North – South dialougue*, New York: Oxford University Press, 1983.

Wright, Donald R. , *African Americans In the Colonial Era*: *From African Origins Through the American Revolution*, Arlington, Heights, Ill. : Harlan davidson, 1990.

Wright, J. Leitch, Jr. , *The Only Land They Knew*: *The Tragic Story of the American Indians in the Old South*, New York: Free Press; London: Collier Macmillan, 1981.

Articles

Douglas Helms, "Soil and Southern History", *Agricultural History*,

Vol. 74, No. 4 (Fall 2000).

Donald M. Sweig, "The Importation of African Slaves to the Potomac River, 1732 – 1772", *William and Mary Quarterly*, Vol. 42, No. 4 (October 1985).

John Thornton, "The African Experience of the '20 and Odd Negroes' Arriving in Virginia in 1619", *William and Mary Quarterly*, Vol. 55, No. 3 (July 1998).

Engel Sluiter, "New Light on the '20 and Odd Negroes' Arriving in Virginia, August 1619", *William and Mary Quarterly*, Vol. 54, No. 2 (April 1997).

Philip D. Morgan and Michael L. Nicholls, "Slaves in Piedmont Virginia, 1720 – 1790", *William and Mary Quarterly*, Vol. 46, No. 2 (April 1989).

W. Neil Franklin, "Agriculture in ColonialNorth Carolina", *The North Carolina Historical Review*, Vol. 3, Num. 4 (October, 1926).

Mary Mckinney Schweitzer, "Economic Regulation and the Colonial Economy: The Maryland Tobacco Inspection Act of 1747", *The Journal of Economic History*, Volume 40, Issue 3 (Sep. , 1980).

L. C. Gray, "The Market Surplus Problems of Colonial Tobacco", *Agricultural History*, Vol. 2, Num. 1 (Jan. , 1928).

Leonard Stavisky, "The Origins of Negro Craftsmanship in Colonial America", *Journal of Negro History*, Vol. 32, Issue4 (October, 1947).

Alan Gallay, "Jonathan Bryan's Plantation Empire: Land, Politics, and the Formation of a Ruling Class in Colonial Georgia", *William and Mary Quarterly*, Vol. 45, No. 2 (April 1988).

Theodore Saloutos, "Efforts at Crop Control in Seventeenth Century-America", *The Journal of Southern History*, Vol. 12, Issue1 (Feb. , 1946).

Stacy L. Lorenz, " 'To Do Justice to His Majesty, The Merchant and the Planter': Governor William Gooch and the Virginia Tobacco Inspection

Act of 1730", *The Virginia Magazine of History and Biography*, Vol. 108, No. 4 (2000).

David W. Galenson, "The Rise and Fall of Indentured servitude in theAmericas: An Economic Analysis", *The Journal of Economic History*, Vol. 44, Issue1 (Mar., 1984).

Alexa Silver Cawley, "A Passionate Affair: The Master – Servant Relationship in Seventeenth – Century Maryland", *The Historian*, Vol. 61, i4 (Summer 1999).

Oscar and Mary F. Handlin, "Origins of the Southern Labor System", *William and Mary Quarterly*, Third Series, Vol. 7, i1 (Apr., 1950).

David, W. Galenson, "British Servants and the Colonial Indenture System in the Eighteenth Century", *The Jornal of Southern History*, Vol. 44, i1 (Feb., 1978).

Harold B. Gill, JR., "Wheat Culture in Colonial Virginia", *Agricultural History*, Vol. 52, No. 3 (July 1978).

Christopher Tomlins, "Reconsidering Indentured Servitude: European Migration and the Early American Labor Force, 1600 – 1775", *Labor History*, Vol. 42, i1 (Feb., 2001).

Aaron S. Fogleman, "From Slaves, Convicts, and Servants to Free Passengers: The Transformation of Immigration in the Era of the American Revolution", *The Journal of American History*, Vol. 85, i1 (Jun., 1998).

Jean B. Russo, "A Model Planter: Edward Lloyd IV, 1770 – 1796", *William and Mary Quarterly*, Vol. 49, No. 1 (January 1992).

David W. Galenson, "White Servitude and the Growth of Black Slavery in Colonial America", *The Journal of Economic History*, Vol. 41, i1, (Mar., 1981).

David Klingaman, "The Significance of Grain in the Development of the Tobacco Colonies", *Journal of Economic History*, Vol. 29, No. 2 (June 1969).

Russell R. Menard, "From Servant to Freeholder: Status Mobility and Property Accumulation in Seventeenth – Century Maryland", *William and Mary Quarterly*, Third Series, Vol. 30, Issue 1 (Jan. , 1973).

Kenneth Morgan, "The Organization of the Convict Trade to Maryland: Stevenson, Randolph & Cheston, 1768 – 1775", *William and Mary Quarterly*, Third Series, Vol. 42, i2 (Apr. , 1985).

Alden T. Vaughan, "Blacks inVirginia: A Note on the First Decade", *William and Mary Quarterly*, Third Series, Volume 29, issue 3 (Jul. , 1972).

Elizabeth Donnan, "The Slave Trade intoSouth Carolina Before the Revolution", *American Historical Review*, Vol. 33 (1928).

Judith A. Carney, "From Hands to Tutors: African Expertise in the South Carolina Rice Economy", *Agricultural History*, Vol. 67, No. 3 (Summer, 1993).

Edmund S. Morgan, "The Labor Problem at Jamestown, 1607 – 1618", *American Historical Review*, Vol. 76, No. 3 (1971).

Lorena S. Walsh, "The Chesapeake Slave Trade: Regional Patterns, African Origins, and Some Implications", *William and Mary Quarterly*, 3d Series, Vol. 58, Num 1 (January 2001).

Gary B. Nash, "The Image of the Indian in the Southern Colonial Mind", *William and Mary Quarterly*, Third Series, Vol. 29, Issue 2 (April 1972).

Darold D. Wax, "Preferences for Slaves in ColonialAmerica", *Journal of Negro History*, Volume 58, Issue 4 (Oct. , 1973).

Russell R. Marnard: "The Maryland Slave Population, 1658 – 1730: A Domographic Profile of Blacks in Four Counties", *William and Mary Quarterly*, Third Series, Vol. 32, Issue1 (Janu. , 1975).

Paul G. E. Clemens, "The Operation of An Eighteenth – CenturyChesapeake Tobacco Plantation", *Agricultural History*, Vol. 49, No. 3 (July 1975).

A. Glenn Crothers, "Agricultural Improvement and Technologinal Innovation in a Slave Society: The Case of Early National Northern Virginia", *Agricultural History*, Vol. 75, No. 2 (2001).

Christine Daniels, "Gresham's Laws: Labor Management on an Early – Eighteenth – Century Chesapeake Plantation", *The Journal of Southern History*, Volume 62, issue 2 (May 1996).

Allan Kulikoff, "The Transition to Capitalism in Rural America", *William and Mary Quarterly*, Third Series, Vol. 46, Issue1 (Jan. , 1989).

后　记

在本书即将付梓之际，拿着沉甸甸的书稿，我的心情是喜悦而又复杂的。这本书是我多年学习和工作的一个总结。本应早几年就出版，因为种种原因，迟至今天才付梓。这本书使我思绪飞扬，心潮起伏，不由得想起了很多，想起了我的专业道路，以及一路走来的风景和百般感受。

在我踏入大学校门，以历史学为专业时，正是 20 世纪 90 年代初期经济学在我国炙热、历史学最"冷"的一段时期，我却不知其"冷"，毅然填报了自己喜欢的、有趣的历史学作为我的专业志愿。不承想，这个专业一学十年，并成了我一生的职业。虽然学习和研究历史这么多年，历史早已不是一个中学生所认识的那样，但我仍然认为历史学是有趣的，我仍然喜欢读历史书，获得历史的知识，做历史的学问。我很赞同也很喜欢一位老师说的话："历史知识是好的。史学是许许多多学问中的一种，它也跟各种学问一样，使我们聪明，给我们快乐。"

我的本科、硕士、博士都是在北京大学历史系读的。我的成长，也首先得益于北京大学十年的培养。优美的校园风景、丰富而独特的校园文化氛围、藏书丰富的图书馆，使我度过了充实而愉快的大学时光。在这里不仅学习了专业知识，打下了比较坚实的专业基础，更重要的是，培养了开放的胸襟、包容的精神，学会了科学的思想方法。在这里我实现了人生的一次质的飞跃。无论身处何时何地，燕园读书生活都是最美好的人生记忆，一塔湖图永远是我心中最美的地方，并不断给予我力量，激励我前行。燕园情深、师恩难忘，在此最要感谢的是众多的师长。在北大求学十年，教过我的老师很多，他们各有所长，风采各异，都对我求学治学有所助益。需要特别提出感谢的，是我的导师何顺果先生。我从本科就上何老师的课程，从硕士研究生到博士研究生，在何老师门下六年时光，受益匪浅。何老师不仅治学精深，成果丰硕，研究自成体系，在指导和管理学生方面，也有自己的一套方法。何老师对学生，既有宽松自由的学习氛围，也有恰到好处、高屋建瓴、一语中的的学术指导，常常能够使人有醍醐灌顶、茅塞顿开之感。

来到中国社会科学院世界历史研究所工作后，正式开始了以史学研究为职业的生涯，同样得到了众多良师益友的关心和指导，感怀良多，此处不再一一赘述。光阴似箭，时光如飞。在学问之道上越是深入，越感到自己的渺小和有限，犹如在浩瀚的大海里游弋，要想激起一朵璀璨的浪花，需要付出艰苦的努力，并把握正确的方向，掌握科学、正确的治学方法。"在科学的道路上没有平坦的大道，只有不畏艰险沿着陡峭山路向上攀登的人，才有希望达到光辉的顶点。""路漫漫其修远兮，吾将上下而求索"。谨以此勉励自己，不忘初心，砥砺前行。

本书的出版得到了中国社会科学院世界历史研究所领导、学术委员会的支持和中国社会科学院创新工程学术出版项目的资助，谨致谢忱！在本书出版过程中，得到了中国社会科学出版社李庆红女士的大力帮助，李女士为书稿的编辑和校对付出了大量心血，特别感谢！

在本书即将付梓之际，恰逢中国社会科学院实施"登峰计划"，我所在的欧美近现代史学科被评为优势学科。本书有幸被列为学科的一个成果，是意外之喜。愿欧美近现代史学科能够良好建设，顺利发展，真正创建"优势"，实现"登峰"。

本书的不足之处，敬请读者和师友批评指正。